指挥控制软件工程

Software Engineering on Command and Control

刘东红　李永红　著

国防工业出版社

·北京·

内容简介

本书结合指挥控制信息系统软件研制的一般特点，以及作者在指挥控制软件工程实践中的运用经验和教训，对软件工程本质的认识，介绍了软件工程相关基本理论，涉及软件需求工程、设计开发、测试联试验证、数据工程、配置管理、组织运用、定价与知识产权等普遍性理论和方法。

本书可作为指挥控制系统工程相关专业师生的教材，也可作为工程技术人员从事指控软件科研开发或者管理的参考书籍。

图书在版编目（CIP）数据

指挥控制软件工程/刘东红，李永红著．—北京：国防工业出版社，2018.6

ISBN 978-7-118-11633-5

Ⅰ.①指…　Ⅱ.①刘… ②李…　Ⅲ.①指挥控制系统—软件工程　Ⅳ.①E072-39

中国版本图书馆 CIP 数据核字（2018）第 129700 号

※

国防工业出版社出版发行

（北京市海淀区紫竹院南路 23 号　邮政编码 100048）

三河市腾飞印务有限公司印刷

新华书店经售

*

开本 710×1000　1/16　**印张** 20¼　**字数** 287 千字

2018 年 6 月第 1 版第 1 次印刷　**印数** 1—2500 册　**定价** 88.00 元

国防书店：（010）88540777　　发行邮购：（010）88540776

发行传真：（010）88540755　　发行业务：（010）88540717

FOREWORD | 序一

在中国指挥与控制学会和国防工业出版社的共同策划下,“指挥控制系列丛书”之一——《指挥控制软件工程》,终于面世了。作为专著撰写过程的见证者,我有幸在第一时间通览了书稿,在此愿与广大读者分享我的一些学习心得。

软件是指挥控制信息系统的主体和灵魂,软件工程是规范软件开发的基本原则和遵循。专著在第1章开宗明义地介绍了指挥控制(C^2)与软件工程(SE)的基础概念,从而将全书内容定位在两者的交集上。指挥控制软件工程既有软件工程的共性,也有指挥控制的特色,这个指导思想贯穿全书。通常每章在介绍完一般性软件工程知识后,会针对指挥控制软件的特点介绍具体的要求或方法。这样做可避免泛泛而谈或以偏概全,同时有利于读者对照阅读,加深理解。

软件工程通常包括软件开发技术和软件项目管理两部分。本书的第2~5章围绕软件设计与开发这一中心,辅以从软件的需求工程、测试验证和数据工程等不同侧面加以阐述,他们在软件开发过程中相互交织,又有相对的独立性,共同构成了专著的核心内容。

顾名思义,软件工程化就是用工程化的思想开发软件,最初是为了应对“软件危机”。但近半个世纪的历史证明,软件工程很难像硬件工程(如土木工程、水利工程、化学工程……)那样,按一个模式(规范化)生产制品。软件开发中的艺术创作成分使软件产品的风格、质量因人而异,不同的软件往往会采用不同的工程化方法。由于没有解决软件危机的“银弹”,所以至今仍存在多种软件工程模型和开发方法就不足为怪了。

就指挥控制软件开发方法而言,实践证明:按部就班的瀑布式模型基本不适用。虽然我们将需求生成提升到工程的高度,但其规范化程度还不如“软件工程”。指挥控制软件需求的分散性、模糊性、滞后性等特点,决定了需求难以固化,难以达成共识。还应指出,指挥控制软件通常不是定制产品,需求不能被某个特定单位、特定个人所左右。产品要有普适性,可推广使用,需求就不能由少数人说了算。“最终用户的需求是天然合理的”,这种绝对化的观念不符合需求工程化的思维原则。可以说,在指挥控制系统建设中,软件需求工程至今仍是最薄弱的一环。

众所周知,软件测试只能发现程序有错,不能证明程序无错。这也是软件测试与硬件检测的根本区别之一。在现有评测技术水平大致相同的条件下,软件中已发现的问题数量与未发现的问题数量的比例相对固定,所以测试的成效不能用发现问题的多少来衡量,关键是发现的问题中哪些是致命性的、隐藏较深的错误。尽早发现这类错误,可以降低纠正的成本。软件测试也不能以发现的错误全部归零、通过了回归测试而终止,需要继续跟踪软件的组织应用,因为最好的软件测试手段是大范围、长时间的使用。随着软件规模的增大,软件测试工具越来越多,自动化水平越来越高,从这个角度看,软件测试过程的工程化程度相对比较成熟。

数据工程与软件工程是相辅相成的。数据是程序处理的对象,但随着数据量的增大,二者的独立性越来越强。在云计算模型中,就有人将数据服务(DaaS)和软件服务(SaaS)相提并论。数据与软件一样,也有由不同阶段组成的生命周期,但二者并不重合。指挥控制系统的数据工程是一个全新的课题,数据的采集、存储、检索、挖掘、呈现等已超出了软件工程的范畴。近年来大数据技术的广泛应用,为指挥控制软件的数据处理增添了新的活力。

本书的第6~8章,论述了软件工程项目管理的三项内容:配置管理、组织运用、软件定价与知识产权。工程管理的重要性不言而喻。对指挥控制软件的项目管理而言,还有一个转变思想观念的问题,即不能完全套用硬件工程的管理方法。比如软件是定型还是定版?由于指挥控制软件产品的可塑性,很难保证它在定型后三五年内不会修改,所以定版比定型更切合实际。再如软件定价问题,工程界探讨多年,至今仍无完美的解决方案。如果转变思路,软件不为我有,但为我用,就可不按软件的规模、质量或许可证数目收费,而按服务收费,如网络的应用商店一样。再如指挥控制软件在组织运用中,如何提高常态化使用的概率?因为许多指控功能模块与作战指挥密切相关,平时难有运行的机会。

因此,如何充分利用模拟仿真、教学训练、兵棋推演等活动,广泛组织指控软件的常态化使用,是管理部门面临的一大难题。

本书作者及其团队长期在一线工作,有丰富的实践经验,对指挥控制软件工程有切身的体会。这次他们将其总结梳理成书,是一次大胆的尝试和挑战,也是他们对指挥控制软件工程认识的一次升华。书中阐述的理论、原则、指导思想等均是成功经验的总结,包括一些失败的教训。由于非学术原因,这些理性知识背后的生动事例没有展开说明。此外,专著还有一些可商榷或可改进之处。实际上,指挥控制软件工程的学术研究与工程开发一样,也需要反复迭代才能逐步逼近真理。我们在祝贺国内首部有关指挥控制软件工程专著问世的同时,也期待作者在再版时能给读者带来更多的亮点和启迪。

中国工程院院士 戴浩

二〇一八年二月

FOREWORD | 序二

今年是软件工程50年！

20世纪60年代后期，大量的应用需求导致了为大系统制造可靠软件的困难度不断增加，软件系统的规模和复杂性不断增长，软件开发人员极度短缺，开发效率和软件质量难以满足用户的需求。1968年10月，北大西洋公约组织(NATO)的科学委员会在德国加尔密斯(Garmisch)开会，讨论软件可靠性及“软件危机”问题，并首次提出了“软件工程”概念，一个新学科就此诞生。

由于软件开发是知识密集型活动，个体差异和社会化生产环境成为影响效率的重要因素，而这些因素又都难以度量和理解，导致软件开发过程难以有效控制。软件工程发展到今天，进步长足，成效显著，积累了大量的原则、方法和技术以提高开发效率和软件质量，如信息隐藏、分而治之、模块化等软件开发基本原则，结构化、面向对象、构件化等软件工程方法学。然而，仍需看到，计算平台的发展导致软件本身的形态变化，应用领域的扩展带来软件新的运行场景，软件的规模和复杂性持续增长，软件开发的效率和质量仍然面临严重挑战，软件危机并未从根本上得到缓解。

回顾软件的发展，大体上经历了软硬一体化、产品和产业化、网络化和服务化三个阶段，从简单到复杂，从单机到网络，软件的形态、特征和运行平台不断演变，软件工程也随之不断发展。自20世纪40年代第一台电子计算机诞生后，从早期单纯的“程序”概念到“软件”概念出现，在相当长一段时间内，程序或软件是作为硬件的附属品存在，应用领域也非常有限，移植性和灵活性差。高级语言的出现，导致了软件应用的逐步繁荣，需求的增大使得软件开发逐渐变成复杂的群体协同活动，规模越来越大，项目工期越来越难以控制，质量越来越难以保证，如IBM System/360操作系统的研制就是一个典型案例。软件开始成为独立于硬件系统的成分而自成体系发展，软件工程也随之诞生。20世纪

70年代后期,开始了软件的产品和产业化阶段,软件以面向单机的“拷贝”形态存在,通过付费版权形式对外发售。软件逐渐颠覆了计算机产业“硬件为王”的格局,在各个行业领域不断普及,极大地影响、甚至改变了人类生产和生活方式。这个阶段软件工程得到了长足发展,成为计算机领域一个重要的分支学科。90年代中期开始,伴随着互联网的普及,软件从单机向网络延伸,软件逐步进入到网络化和服务化阶段,覆盖到社会经济生活的方方面面。“软件即服务”开始成为重要的软件交付形态和使用方式,推动了软件产业从“以产品为中心的制造业”向“以用户为中心”的服务业转型。伴随着2010年前后移动互联网和智能终端设备的大量普及,又出现App化的软件形态和应用商店模式。用户通过App来连接并访问互联网上的各种信息服务,而应用商店则提供了将开发者和用户更紧密地连接在一起的平台。互联网的快速发展和深度应用,催生了各种新的商业模式和赢利模式,并开始颠覆传统行业。如果说,互联网的核心价值是“连接”,那么,软件就是实现“连接”的基础使能技术。

当前,互联网和电信网、移动网、物联网等的交汇融合,进一步推动了人类社会、信息空间和物理世界的融合,形成新的人机物融合计算环境。作为互联网的延伸,人机物融合标志着我们从终端互联、用户互联、应用互联开始走向万物互联。“无所不在”的软件不断渗透到人类生产和生活的各个角落,并开始呈现出“基础设施化”的趋势,一方面作为信息技术应用基础设施的重要构成成分;另一方面,对传统物理世界基础设施和社会经济基础设施进行重塑和重构,通过软件定义的方式赋予其新的能力和灵活性。软件定义一切的时代正在开启!这一切,对经典的软件工程带来了前所未有的挑战,也给软件工程的创新发展带来了新的机遇。

军事领域一直是计算技术应用的重要领域。军事指挥控制系统历来都是国之重器,更是一个国家科技实力的综合体现。指挥员通过指挥控制系统,将其意志传导给各级机构和人员,并驱动各种武器装备,从而形成一个高度融合的人机交互系统,复杂度极高。随着信息技术的发展,软件在武器装备和指挥控制系统中的比重越来越大,作用越来越明显。例如,美军的第五代战斗机F-35机载软件超过800万行,是首款第五代战斗机F-22“猛禽”机载软件代码量的4倍,软件是盘活F-35强大战斗力的关键。20世纪90年代以来,信息技术催生了新的军事变革,信息化条件下的联合作战成为新的战争样式,信息技术成为武器效能的“倍增器”,而软件正是这种倍增效能的“引擎”和推动力。特别是战场固有的模糊性,战争固有的不确定性,对指挥控制系统的适应性和灵活性提出了更高的要求,这些都需要相应的软件技术来实现。毋庸置疑,在武器装备的机械化和电子化水平越来越趋同的今天,指挥控制的“胜负手”突出表现为以软件技术和软件工程能力为主的“软实力”。未来的指挥控制系统也将是人机物融合的系统,在软件定义一切的时代趋势下,在灵活性、动态性、适应性方面将是复杂软件系统的典型代表。指挥控制系统的软件工程是一类典型的领域软件工程,通用软件工程的许多原则、方法和技术都是适用的。但是,指挥控制软件项目本身的计划性、周期性、管理策略、研制模式、开发人员等均具有不同于通用软件项目的特点,软件质量设计和管理仍然缺乏可以直接借鉴的现成经验,如何结合通用软件工程的成果与时俱进地创新,仍有许多难题需要在实践中不断探索。

我和本书作者有着长期的合作。在军队信息化建设伊始,结合联合作战指挥控制系统的开发,我们在软件构件技术和软件中间件等方面就多有交流合作,使我团队的理论方法研究更为有的放矢,研究成果也有了用武之地。此后,在国家重点科技项目支持下,我们还就如何将我建立的基于体系结构的软件开发方法ABC应用到指挥控制软件的开发过程建立了深度合作,通过不断迭代,建立指挥控制软件的体系结构并实现体系结构驱动的开发,便于从顶层把控指挥控制软件的进度、质量和演化方向。在合作过程中,我对指挥控制系统的软件工程有了初步认识和体会,受益良多。同时,也见证了指挥控制软件工程的发展,见证了在指挥控制领域工作多年的一线科研人员如何建设和发展该领域的信息系统,以及本书作者及其团队在军事信息化建设过程中在软件工程化方面的执着和付出。正是基于此,当作者邀我为书作序时,欣然应允。

本书作者及其团队对指挥控制软件工程中的方法有深刻的认识,有管理大型项目、规划设计信息系统发展路线的丰富经历,对该领域相关的各种新技术的萌生、发展、应用和演化脉络有很好的把握,在指挥控制软件开发全生命周期的各个阶段都有难得的宝贵经验。

本书内容按照软件全生命周期的不同阶段组织，结合软件工程的通用原理和方法，对指挥控制领域进行分析，实践性和领域性较强。对信息系统的项目管理人员、军事信息系统的软件开发技术人员、指挥控制系统规划和建设的高层次论证人员等，都有很好的参考价值和指导意义。

本书的出版也是对软件工程50年的一份献礼。

中国科学院院士
发展中国家科学院院士

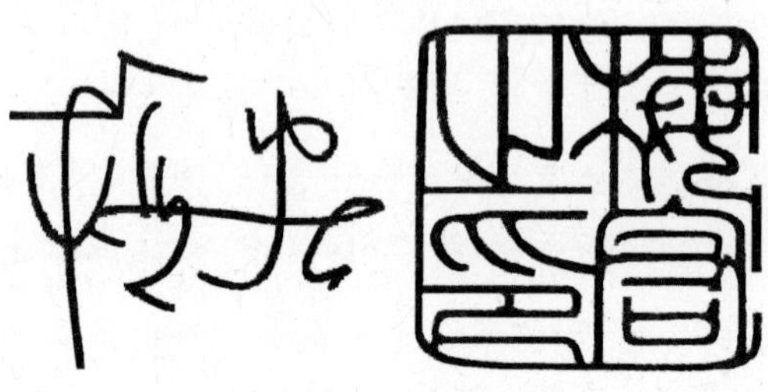

2018年3月于北京

PREFACE 前 言

三年前，收到指控学会撰写此书提议的时候，出于职业习惯以及作为学会成员和该领域工作者的责任，加上戴浩院士的信任，我痛快地接受了这个任务，觉得有诸多经典理论作为指导，有很多从事该领域工作的实践与心得，有这样一个分享的渠道，应是一件有意义的事。

“软件工程”一词提出已有多年的历史，软件工程方法也在这一发展进程中不断演进，呈现出多样化的特点。作为最具有创新激情的领域之一，软件工程理论和技术的发展已不足以用日新月异来描述，对人类社会进步做出的贡献，令所有赞美的词都显得苍白，特别是其通用原理和方法，已经被领域专家奉为圣典，引导着一波又一波的软件科学家创造出一个又一个奇迹，今天已被公认为一门重要的学科。

一般来讲，软件工程本质上是借鉴工业生产，通过将规则和秩序极致化于产品生产过程，以保证产品质量，将系统化、规范化、可度量的方法应用于软件开发、运行和维护的过程。建造高质量软件的工作框架，起点和终点都是软件质量。软件工程的生命力在于其开放性和持续发展性，需要与时俱进地把经过实践证明正确的管理技术和最优的技术方法结合起来。如同人类文明发展的本质特征是秩序的不断建立和完善一样，软件工程追求的是对至臻完美的规则和秩序的践行，以严格的产品控制和实用的技术创造代表先进生产力的软件。

对软件及软件工程本质的认识，贯穿软件实践的始终，但始终存在理论和实践的背离问题。在特定的历史阶段，既有对软件及软件工程的实践和理论突破，同时还存在大量无法自觉将软件工程已经揭示的基本方法、原则贯彻于实践的情况。这与软件工程工作框架的本质特点有关，要求实践者在一系列规范过程与具体条件之间达成平衡，这无疑是十分困难的，实践者或者刻板地照本宣科，或者肆意践踏那些已被证明是正确的法则。

透析工业生产要素间的关系,生产投入和产品质量这两个基本因素决定生产过程的一般规律,即高质量产品的生产离不开高的生产投入,其中生产投入包括时间、人员及其水平、技术、管理制度、资金、政策等要素。设定了产品质量目标,也就明确了对生产要素组合的预期,二者关系必须要在一个平衡区间内,如果生产投入偏离了预期,那么产品质量的偏差在所难免。因此,在借鉴工业生产方法时,一般性规律需得到足够重视,然而,实践表明这一点是最容易被忽视的。

要解决这些问题,就有必要将普遍性理论和方法与具体领域实践相结合,有助于实践者把握好一个平衡"度",同时这一行业的发展规律也已证明了结合的必要性。大多领域的软件和软件工程一般都是从作坊式发展而来的,现实的需求使得工作框架在任何阶段都不可避免地存在或多或少的作坊基因。然而实践中,作坊因素的存在能够被认可本身就有难度,即使采取了与普遍理论和方法相结合的措施予以调整,也往往会被误认为是落后的和不时髦的,导致调整的效果难以达到预期目标的那个"度"。

这些现象,同样在指挥控制软件工程中普遍存在。要对领域内类似问题提出解决方法,并从理论层次进行提炼和总结,困难重重,这与完成某项具体科研工程所要解决的难题有所不同。

指挥控制软件项目本身的计划性、周期性、管理策略、研制模式、开发人员等,均具有不同于通用软件项目的特点,软件质量设计和管理缺乏可直接借鉴的经验,如何结合通用软件工程成果进行领域性创新,仍有许多难题需要在实践中不断探索。例如,有时候用户对质量的要求是空前乃至绝后的高,这不是用户为了使需求看上去很高大上,而是有特殊的使命需要,然而软件工程方法和技术水平等无法在有限的条件下生产出相匹配的产品,一些明知不可为而为的事情不得不发生。

当指挥控制信息系统的信息化目标不仅仅满足于电子化,而是寻求基于信息力促进战斗力,追求在网络化、无人化、智能化等新型作战样式下取得信息优势,甚至要将通过"语言艺术"来表达的思维活动物化为软件产品,在计算机科学产品中承载指挥控制艺术,为宏观思想和微观实践的碰撞提供平台……这些指挥控制软件发展中呈现的新特征给软件工程带来了新的挑战。

指挥控制信息系统建设通常分阶段建设和投入使用，是一个从小到大、从简单到复杂不断演化的过程，并最终迭代成为复杂的大型信息系统。伴随复杂大型信息系统的是高度复杂性、高度可变性和演化的高度不确定性，引发大量任务的涌现。这些爆炸式的任务有时会让研发团队崩溃，技术人员不再是彬彬有礼的绅士，不再怡然自得地完成工作，加班成了常态、无序成了常态、"被困在了煤焦油中"……然而，幸运的是，经过一段混乱后，一切又神奇地回到了经典方法轨道上，工程状态也会变得井然有序。如果用棱镜透视这个过程，会看到经典软件生命周期中的需求、设计、开发、测试、发布、维护等阶段，经常在某一时刻交织在一起，甚至是混乱不堪，没有章法！虽然也曾有过几近完美的计划，但部分过程却违背了几乎所有普遍理论和方法的要求。这是灾难吗？是谁的错吗？不，这不是灾难，谁都没有错，每一个人都那么忘我在工作，那么让人感动，而且经过调整后，一切又都回归了正常，这难道不是一幅彩虹般美丽的画面嘛！这是一个奇迹，至少是一段特殊的历史吧，以后很可能不会再有！

想起学生时代，物理和化学老师讲的故事里，科学家们会在试验中发现异端，然后就此深入分析，发现新的元素、新的规律、新的定理……科学总是在阶段性不完美中产生爆发。各种鞭策和老师的谆谆教诲，使命感和责任感，让我和我的团队即便再困惑、即使不能发现新规律，也需要把这些现象和感受以自己的视角忠实地记录下来，克服那些重重困难，并竭力去提炼和总结。这本书也可以看作是对这段经历的铭记。

我们在指挥控制领域内实践大规模的软件工程近30年，本书可以看作是普遍工程原则和方法在这一领域运用经验和教训的汇总。指挥控制软件存在独有的特征，例如其瞄准的终极业务通常在现实中未必出现，委托方和使用方往往还存在一定的分离等，这些特征往往影响软件成果的使用和评价。从这个角度看，本书也可以视作指挥控制软件工程这个特定的领域相应方法的拓展总结。

本书结合指挥控制信息系统软件研制的一般特点，介绍了软件工程相关基本理论，涉及软件需求工程、设计与开发、测试联试验证、数据工程、配置管理、组织运用、定价与知识产权等普遍性理论和方法，包含8章内容：第1章主要阐述了相关的基本概念和组成，包括软件和软件工程的一般概念，指挥控制信息系统和指挥控制软件的内涵、基本组成、主要特点及其工程要求等；第2章需求工程，介绍了软件需求的定义、分类和质量要求，需求工程的内涵与发展、过程和方法等，重点介绍了军事需求的特点、分类，详细介绍了指挥控制软件军事需求的特点及需求工程过程；第3章设计开发，介绍了软件设计的基本观点、本质、思维、内容和经典的软件开发方法，重点介绍了指挥控制软件体系结构、功能模块、数据和用户体验等方面的设计要求和方法，以及再工程和演化方法，并讨论了云计算、群体工程、软件定义、机器学习等新技术的影响，展望了其军事应用；第4章测试联试验证，介绍了软件测试概念、阶段划分、测试模型、测试流程、通用和专用测试技术等，重点介绍了指挥控制软件的测试特点、测试模型、测试形态、测试过程管理以及指挥控制信息系统联试等；第5章数据工程，主要阐述了对数据基本概念的理解、数据处理技术、数据与软件的关系、数据管理以及指挥控制信息系统数据集成与共享、大数据与软件工程等；第6章配置管理，介绍了配置项、基线、配置库等相关基本概念，配置管理的基本目标、原则、主要活动、实施原则、角色及职责、流程等，并介绍了常见的国内外配置管理工具，重点介绍了指挥控制软件配置管理的特点和版本管理方法等；第7章组织运用，简要介绍了指挥控制软件组织运用的基本要求和基本流程等；第8章定价与知识产权，主要介绍了商用软件定价、知识产权保护的内涵和方法，重点阐述了指挥控制软件定价和知识产权保护的特点等。

从实践中不断进行理论总结和升华，并不断指导实践不是一件易事，处处充满了挑战。本书原计划朝着方法和技术的目标去写撰写，但回头来看，觉得也包含了许多思想性的内容，也许在这个领域，思想的解放比技术的获得更加重要一些。

本书由刘东红主笔，李永红统稿，初宁、郭长国、朱燕、阮启明、王强、刘必欣、张捷、罗睿、张宇、刘建强、童岚岚、张慕华、马宁、许京奕、王军玲、刘丽、张红亮、李晓莉、王小娟、贡岩、林鹏、杨豹、曹洁静、王锐华等提供了大量的素材。感谢我的团队，感谢大家在繁忙的工作之余为本书的无私付出。

特别要感谢中国指挥与控制学会前任理事长戴浩院士至始至终对我及团队的悉心指导，对书稿多次审阅和亲自修改，并为本书作序，深刻洞悉了指挥控制领域软件工程的本质。再次表达谢意！

还要特别感谢梅宏院士，以其对软件工程高深造诣，引导和帮助我们将普遍性的软件工程理论与方法，应用于指挥控制领域的实践，并给本书作序。在此深表谢意！

在本书的撰写过程中，我们查阅了大量的材料，并参考和引用了许多国内外相关著作和文献，衷心感谢所有这些作者和因疏忽而未在参考文献中列出的作者，特别是书中借鉴和吸收了我们参加的诸多项目的研究成果，对这些项目的研究人员表示诚挚的谢意。

由于作者水平有限，业界对指挥控制的理论研究和应用范畴缺乏统一的认知，同时信息系统本身就是在自我批评中不断完善，加之信息技术发展日新月异，其理论和技术也不断发展和完善，书中难免有错误与不妥之处，乃至一家之言，没有穷尽工程中的所有问题和方法，敬请读者批评指正。

作者

2018 年 6 月

CONTENTS 目录

第1章 概述

1.1 软件与软件工程

1.1.1 软件定义

对于软件的定义,有一种观点认为"软件就是程序,开发软件就是编写程序"。其实,软件这一概念本身也是在不断发展的。软件一词源于程序,在计算机系统发展的早期时代(20世纪60年代以前),软件是为计算机专业或程序设计人士服务的,软件是为每个具体应用专门编写的,这时的软件通常是规模较小的程序,编写者和使用者往往是同一个人或同一组人。这种个体手工劳动的生产方式,使得软件设计通常是在人们头脑中进行的一个隐含过程,除了程序清单之外,没有其他文档资料保存下来。因此,在这个阶段,可以认为软件就是程序。到20世纪60年代初期,软件规模逐渐增大,需要设计类文档对程序进行说明,以便于程序员之间互相理解;又随软件应用范围逐渐扩大,需要使用类文档辅助用户使用程序,人们逐渐认识到与程序有关的文档的重要性,软件内涵也随之发生了变化,软件不仅仅指程序,还包括有关文档。以下列举了几种对"软件"的定义。

"与计算机系统的操作有关的计算机程序、规程和可能相关的文档"

——《IEEE 软件工程术语汇编》

"计算机系统中的程序和有关文件(文档)"

——《中国大百科全书》

"计算机系统中的程序及其文档。程序是计算任务的处理对象和处理规则的描述；文档是为了便于了解程序所需的阐明性资料。”

——《计算机科学技术百科全书》

以上定义虽在具体用词上不尽相同，但本质相同，即软件=程序+文档。

1.1.2 软件工程定义

从20世纪60年代中期到70年代中期是计算机系统发展的第二个时期，软件开始在其他领域得到应用，如何开发软件成为一个重要问题。这一时期，出现了“软件生产作坊”，基本上仍然沿用早期形成的个体化软件开发方法。随着软件需求量、规模及复杂度的迅速增大，生产作坊的方式已不能适应软件生产的需要，出现了所谓“软件危机”，即软件生产效率低，大量质量低劣的软件涌入市场或在开发过程中夭折。“软件危机”的不断扩大，对软件生产产生了严重危害。

针对“软件危机”，人们开始寻找一种理想的软件生产方式（软件开发模型），这种生产方式不仅可以提高生产效率，而且可以提高软件质量。1968年，在著名的北大西洋公约组织（NATO）软件可靠性会议上第一次提出了“软件工程”的概念，采用工程化的概念、原理、技术和方法来开发和维护软件。此后，人们对软件开发是否已符合工程化思想这一核心问题进行了长达数十年的探索，以及软件工程作为一门学科有何自身特点等问题展开了广泛的讨论和研究，形成了软件工程的各种各样的定义和软件开发模型。

“软件工程是应用计算机科学理论和技术以及工程管理原则和方法，按预算和进度，实现满足用户要求的软件产品的定义、开发、发布和维护的工程或进行研究的学科。”

——《IEEE软件工程术语汇编》

“软件工程是应用计算机科学、数学、逻辑学及管理科学等原理，开发软件的工程。”

——《计算机科学技术百科全书》

“软件工程是运用现代科学技术知识设计和构造计算机程序，以及开发、运行和维护这些程序所必须的相关文件资料。”

——P. Wegner和B. Boehm

可见,软件工程就是指导软件全寿命周期的准则,通俗地讲,就是指导软件全寿命周期中各个环节的“最佳实践”。

1.1.3　软件工程知识领域

2014 年,IEEE 发布了 SWEBOK V3.0(Software Engineering Body of Knowledge),总结了软件工程所包含的 15 个知识领域。分别是软件需求(Software Requirements)、软件设计(Software Design)、软件构造(Software Construction)、软件测试(Software Testing)、软件维护(Software Maintenance)、软件配置管理(Software Configuration Management)、软件工程管理(Software Engineering Management)、软件工程过程(Software Engineering Process)、软件工程模型和方法(Software Engineering Models and Methods)、软件质量(Software Quality)、软件工程专业实践(Software Engineering Professional Practice)、软件工程经济学(Software Engineering Economics)、计算机基础(Computing Foundations)、数学基础(Mathematical Foundations)、工程基础(Engineering Foundations)。其中前 12 个描述了软件工程学科本身的知识领域,后 3 个描述了软件工程的三大类基础知识领域。

(1) 软件需求包括需求工程过程、需求跟踪、需求分析、需求规格说明、需求确认和需求管理。

(2) 软件设计是一个解决问题和规划软件解决方案的过程。

(3) 软件构造要尽量用先进的、实用的、可靠的工具与技术,以减少软件的复杂性,这里面包括语言化构造、形式化构造和可视化构造的方法。

(4) 软件测试指用来促进鉴定软件的正确性、完整性、安全性和质量的过程。

(5) 软件维护是指在软件产品发布后,因修正错误、提升性能或其他属性而进行的软件修改。

(6) 软件配置管理,又称软件形态管理,界定软件的组成项目,对每个项目变更进行管控,并维护不同项目之间的版本关系,以使软件在开发过程中任一时间的内容都可以被追溯。

(7) 软件工程管理主要是组织、过程的管理和软件工程的测量。

(8) 软件工程过程指生产一个最终能满足需求且达到工程目标的软件产品所需要的步骤。

(9) 软件工程模型和方法指软件开发的全部过程、活动和任务的结构框架和具体方法。

(10) 软件质量是指软件系统或系统中的软件部分的质量,即满足用户需求(包括功能需求和性能需求)的程度。

(11) 软件工程专业实践包含了软件工程师以专业、负责和道德的方式实践软件工程所必须具备的知识、技能和态度。

(12) 软件工程经济学主要研究软件工程领域中的经济问题和经济规律。

(13) 计算机基础描述了软件工程过程中所需具备的计算机领域的基础知识。

(14) 数学基础描述了软件工程过程中所需具备的数学领域的基础知识。

(15) 工程基础描述了软件工程过程中所需具备的工程领域的基础知识。

1.1.4 软件工程模型

软件工程为软件开发提出了"如何做"的技术,即采用"工程化"的方法,使得软件的利益攸关方之间能够有效协作,合理分配资源,软件工期可预期,软件投入可计算,软件价格能合理衡量。

然而,不同类型的软件在工程化上的要求是不同的,一个具体的工程化要求可适用于不同类型的软件。因此,在软件开发时,一方面要吸收软件工程化的成果,坚持"工程化开发"这个基本原则,另一方面要针对具体软件的特性(例如所属行业、软件规模、需求规范等)以及在"工程"上的约束(例如研制周期、经费投入、开发者水平、使用者素质等),合理选择,找到最佳的软件开发方式。

在数十年的软件工程实践中,人们在寻找"最佳的软件开发方式"的过程中逐渐积累了许多经验,并将经验总结为一些行之有效的模型。在现有的文献中,这些模型被称作"软件开发模型""软件过程模型""软件开发过程模型""软件生命周期模型"等,其实都是一回事,都属于软件工程知识领域中的"软件工程模型和方法",本书统一将其称之为软件工程模型。

世界上知名的软件公司,都在长期的实践中,根据自己软件产品的特征形成了具有本公司特色的软件工程模型,例如微软公司的微软解决方案框架(Microsoft Solution Framework,MSF),帮助微软和许多其他公司实现了高效的软件开发;Rational 公司(2003 年被 IBM 收购)在 20 世纪 90 年代提出的统一过程 RUP(Rational Unified Process),为 Intel、Oracle、Ericsson 等上千家公司所使用。一些软件工程的研究者,也在不同时期提出了一些具有通用性的软件工程模型,例如温斯顿·罗伊斯在 20 世纪 70 年代提出的瀑布模型,还有近些年越来越引起关注的敏捷模型等。原则上,这些软件工程模型对提高软件生产率和提高软件质量都是有帮助的,使用上,要根据自身软件特性和工程约束合理选择和裁剪,切忌生搬硬套。没有一个模型能够适合所有的软件开发,选择适合的模型是软件项目成功的重要条件。在软件工程的研究中,形成了很多软件工程模型,这里简要介绍每个模型的特点,适用软件的特征以及要注意的问题,主要是为了便于软件开发者按照实际情况进行选择。书中之所以不使用"优点"和"缺点"这样的字眼,就是为了提醒读者,任何软件工程模型的优劣都不是绝对的,都有适用的范围和要解决的最主要的问题,优缺点的说法往往是脱离了该模型适用范围的评价。

1. 边做边改模型(Build-and-Fix Model)

边做边改模型是一种类似作坊的开发方式,在这个模型中,既没有规格说明,也没有详细设计,软件随着用户的需要一次又一次地不断被修改。这个模型的特点是能很快见到成效。运用该模型时需要注意的是:

(1) 缺少规划和设计环节,软件的结构随着不断的修改越来越糟,导致无法继续修改。

(2) 忽略需求环节,给软件开发带来很大的风险。

(3) 没有考虑测试和程序的可维护性,也没有任何文档,软件的维护十分困难。

这个模型适用于编写逻辑不需要太严谨的小程序。

2. 瀑布模型(Waterfall Model)

瀑布模型是1970年温斯顿·罗伊斯提出的软件工程中最有影响力的模型。瀑布模型将软件生命周期划分为制定计划、需求分析、软件设计、程序编写、软件测试和运行维护等6个基本活动,并且规定了它们自上而下、相互衔接的固定次序,如同瀑布流水,逐级下落。瀑布模型的特点是严格遵循预先计划的步骤顺序进行,一切按部就班,比较严谨。运用该模型时需要注意的是:

(1) 各个阶段的划分完全固定,阶段之间产生大量的文档,极大地增加了工作量。

(2) 由于开发模型是线性的,用户只有等到测试过程的结束才能见到开发成果,从而增加了开发的风险。

(3) 早期的错误可能要等到开发后期的测试阶段才能发现,进而带来严重的后果。

(4) 各个软件生命周期衔接花费时间较长,团队人员交流成本大。

(5) 瀑布式方法在需求不明并且在项目进行过程中可能变化的情况下基本是不可行的。

瀑布模型适用于需求易于完善定义且不易变更的软件系统。

3. 快速原型模型(Rapid Prototype Model)

快速原型模型是利用原型辅助软件开发的一种思想,经过简单的需求分析,快速实现一个原型,用户与开发者在试用原型过程中加强沟通与反馈,通过反复评价和改进原型,减少误解,弥补漏洞,适应变化,最终提高软件质量。快速原型模型的特点是可以克服瀑布模型的缺点,减少由于软件需求不明确带来的开发风险。运用中需要注意的是:

(1) 快速建立起来的系统结构加上连续的修改可能会导致产品质量低下;

(2) 使用这个模型的前提是要有一个展示性的产品原型,因此在一定程度上可能会限制开发人员的创新。

快速原型模型适用于需求复杂、难以确定、动态变化的软件系统。

4. 增量模型(Incremental Model)

在增量模型中,软件被作为一系列的增量构件来设计、实现、集成和测试,每一个构件是由多种相互作用的模块所形成的提供特定功能的代码片段构成。增量模型在各个阶段并不交付一个可运行的完整产品,而是交付满足用户需求的一个子集的可运行产品。整个产品被分解成若干个构件,开发人员逐个构件地交付产品。增量模型的特点是软件开发可以较好地适应变化,用户可以不断地看到所开发的软件,从而降低开发风险。运用增量模型时需要注意的是:

(1) 由于各个构件是逐渐并入已有的软件体系结构中的,所以加入构件必须不破坏已构造好的系统部分,这需要软件具备开放式的体系结构。

(2) 在开发过程中,需求的变化是不可避免的。

增量模型的灵活性可以使其适应这种变化的能力大大优于瀑布模型和快速原型模型,但也很容易退化为边做边改模型,从而使软件过程的控制失去整体性。增量模型适用于技术风险较大、用户需求较为稳定的软件系统。

5. 螺旋模型(Spiral Model)

螺旋模型于 1988 年由巴利 · 波姆正式提出。它将瀑布模型和快速原型模型结合起来,强调了其他模型所忽视的风险分析。螺旋模型强调每个阶段首先是确定该阶段的目标,完成这些目标的选择方案及其约束条件。然后从风险角度分析方案的开发策略,努力排除各种潜在的风险,有时需要通过建造原型来完成,如果某些风险不能排除,该方案立即终止,以减少损失。方案通过风险分析后,方可启动下一个开发步骤。最后,评价该阶段的结果,并设计下一个阶段。螺旋模型的特点是由风险驱动,强调可选方案和约束条件,从而支持软件的重用,有助于将软件质量作为特殊目标融入产品开发之中。运用螺旋模型时需要注意的是:

(1) 螺旋模型强调风险分析,但要求许多用户接受和相信这种分析,并做出相关反应是不容易的,因此,这种模型往往适应于内部的大规模软件开发。

(2) 如果执行风险分析将大大影响项目的利润,那么进行风险分析毫无意义,因此,螺旋模型比较适合于大规模软件项目。

(3) 软件开发人员应该擅长识别可能的风险,准确地分析风险,否则将会带来更大的风险。

螺旋模型适用于需求难以获取和确定、软件开发风险较大的大型复杂软件系统。

6. 敏捷开发模型(Agile Development Model)

敏捷开发是近年来得到广泛关注的软件开发方法,其核心是让用户参与到项目之中,用户及时使用产品,及时提出意见,这样有助于尽早得到真正符合用户需求的产品。其主要工作方式可以归纳为:一个小组作为一个整体、按迭代周期工作,每次迭代交付一些成果,关注业务优先级和检查与调整。敏捷开发的特点是快速适应需求的变化。运用中需要注意的是项目规模增大时,敏捷开发导致沟通成本增大。因此,敏捷开发适用于规模较小、需求萌动并且快速改变的情况。敏捷开发的好处是项目进入实质性开发很快,迭代周期也不长,用户可以很快看到一个基线架构版本的产品,这样能比较好的改善用户满意度。不过因为敏捷开发更注重人,所以对人员素质和稳定的要求更高。项目组中如果新手太多,那么用敏捷开发反而可能会效率更低。人员流动也会造成十分严重的问题。它的核心原则是沟通、简单、反馈、勇气和谦逊,主张简单、拥抱变化。敏捷开发要想获得成功,必须满足6个条件:

(1) 项目组的技术牛人比较多,或者对类似项目的经验特别丰富,无需学习业务知识。

(2) 项目有一个比较好的设计架构,尤其在设计之初就考虑好了一些关键问题,例如性能。

(3) 团队成员的自觉性,又或者为职业操守。

(4) 项目负责人的团队领导能力。

(5) 上级领导及项目管理人员的支持。

(6) 用户的理解与配合。

7. 演化模型(Evolutionary Model)

软件开发实践表明,许多开发项目由于人们对软件需求的认识模糊,很难一次开发成功。因而,返工再开发难以避免,常常要做二次开发,其产品才能令用户满意。在演化模型中,用户可以给出待开发系统的核心需求,并且当看到核心需求实现后,能够有效地提出反馈,以支持系统的最终设计和实现。在开发模式上采取分批循环开发的办法,每循环开发一部分的功能,它们成为这个产品的原型的新增功能。于是,设计就不断地演化出新的系统。这个模型可看作是重复执行的多个"瀑布模型"。演化模型的特点是通过逐步迭代,建立软件系统。运用中需要注意的是:

(1) 如果所有的产品需求在一开始并不完全弄清楚的话,会给总体设计带来困难及削弱产品设计的完整性,从而影响产品性能的优化及产品的可维护性;

(2) 如果缺乏严格的过程管理,这个生命周期模型很可能退化为一种原始的无计划的"试—错—改"模式;

(3) 如果不加控制地让用户接触开发中尚未测试稳定的功能,可能会对开发人员及用户产生负面的影响。

演化模型适用于对软件需求缺乏准确认识的情况。

8. 喷泉模型(Fountain Model)

喷泉模型是一种以用户需求为动力,以对象为驱动的模型,主要用于描述面向对象的软件开发过程。喷泉模型与传统的结构化生存期比较,具有更多的增量和迭代性质,生存期的各个阶段可以相互重叠和多次反复,而且在项目的整个生存期中还可以嵌入子生存期。就像水喷上去又可以落下来,可以落在中间,也可以落在最底部。喷泉模型的特点是该模型的各个阶段没有明显的界限,开发人员可以同步进行开发。可提高软件项目开发效率,节省开发时间,适应于面向对象的软件开发过程。运用中需要注意的是:

(1) 由于喷泉模型在各个开发阶段是重叠的,因此在开发过程中需要大量的开发人员,因此不利于项目的管理。

(2) 这种模型要求严格管理文档,使得审核的难度加大,尤其是面对可能随时加入各种信息、需求与资料的情况。

喷泉模型适用于采用面向对象技术的软件开发项目。

9. 智能模型(四代语言)

智能模型拥有一组工具(如数据查询、报表生成、数据处理、屏幕定义、代码生成、高层图形功能及电子表格等),每个工具都能使开发人员在高层次上定义软件的某些特性,并把开发人员定义的这些软件自动地生成为源代码。这种方法需要四代语言(4GL)的支持。4GL 不同于三代语言,其主要特征是用户界面极端友好,即使没有受过训练的非专业程序员,也能用它编写程序;它是一种声明式、交互式和非过程性编程语言。智能模型的特点是具有高效的程序代码、智能缺省假设、完备的数据库和应用程序生成器。运用中需要注意的是4GL目前主要限于事务信息系统的中、小型应用程序的开发。智能模型适用于特定领域软件和专家决策系统的开发。

1.2 指挥控制信息系统

1.2.1 指挥与控制

指挥(Command)是一个古老的术语,是军队指挥的简称,人类社会自从有了战争和军队以来,就有了如何养兵用兵、指挥打仗的问题,指挥正确与否,直接关系到作战的成败。指挥的核心是决策,根本目的在于统一意志、统一行动,最大限度地提高和发挥部队战斗力,最有效地歼灭敌人,保存自己,夺取作战胜利。决策的形成具有一定的主观性,同样条件下不同的指挥员会形成不同的决策,因此指挥常常被认为具有艺术性。

控制(Control)是一个近代技术术语,是在工业社会的中后期产生的,是指按照预定的程序或依据实时采集的信息,使工业过程朝着期望的结果有序进行。作战指挥中的控制是指挥员或者指挥机关对所属部队作战行动的掌握与制约行为。控制的前提是掌握情况,根本目的是通过各种指导和协调手段,确保军事行动按照预定计划执行,即所谓的纠偏。无论是管理层面的组织,还是设备层面的控制,都有相当完善的系统工程和自然科学的理论支撑,因此控制常被认为是一种科学技术。

指挥与控制具有密不可分的依赖关系,没有指挥的决策,就没有控制的使命,没有统一的决策,就不能确保控制各种力量协同实现作战目的,没有控制反馈的情况,指挥就难以做出正确的决策,指挥是核心、控制是关键。第二次世界大战之后指挥控制(Command and Control,C2)就成为了一个并列联用的词组,一般不再严格区分二者的区别,有时候二者甚至互相指代,如图1-1所示。

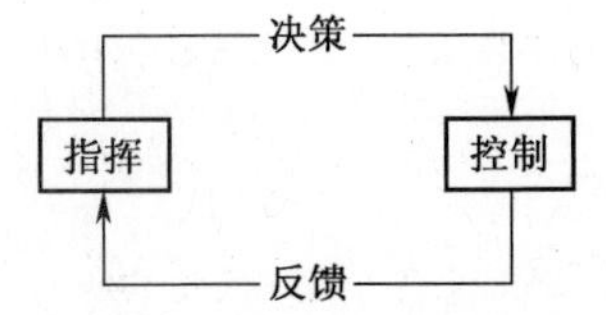

图1-1 指挥与控制的作用机理

从指挥控制的概念来看，其领域范围不仅适用于军事，同样也适用于其他非军事领域，智慧城市、反恐维稳、应急管理、社会管理等都需要指挥控制。从军事领域的指挥控制来看，其应用范围也会不断地向其他环境延伸，例如非政府组织（NGO）、国际组织，甚至互联网、社会舆情等都成为军事指挥控制新的应用对象或运用领域。

1.2.2 指挥控制信息系统概念内涵

信息化战场上，参战力量多种多样，高新装备竞相登场，各种信息源源不断，作战样式千变万化，战场环境空前复杂，作战指挥难度大大增加，为了辅助指挥员有效实施作战指挥，指挥信息系统成为各国十分重视的手段建设之一。

通常用 C^4ISR 来表示指挥信息系统的构成，也是指挥信息系统的简称；其中 C2 就是指指挥控制信息系统，也叫指挥控制系统，狭义上仅指指挥控制软件系统，即软件是指挥控制系统的主体构成。指挥控制系统可定义为保障指挥员和指挥机关对作战人员和武器系统实施指挥和控制的信息系统。

指挥控制信息系统作为指挥信息系统的核心，已成为军队信息化的主要标志之一，其基本功能是实现战场指挥的自动化、实时化和精确化。

指挥控制信息系统依托信息传输平台，将传感器网与武器平台网综合集成，使陆基、海基、空基、天基武器系统联为一体，综合运用以计算机为核心的技术装备，获取、传输、处理信息，实现各军兵种通用信息与专用信息的融合与共享，保障各级指挥机构对所属部队和武器实施科学高效指挥控制。

指挥控制信息系统主要依赖于计算存储、通信网络、安全保密等信息基础设施。

1.2.3 指挥控制信息系统基本构成

指挥控制信息系统是军队体系中，以计算机为核心的技术设备与指挥人员相结合,对部队和武器实施指挥与控制的"人—机"相融合、实现"全域实时动态"的高效指挥系统。从不同的角度,指挥控制信息系统可划分为不同的种类。

(1) 从作战指挥角度,按指挥层次指挥控制信息系统分为战略、战役、战术指挥控制信息系统;按功能分为联合作战指挥控制信息系统和军兵种指挥控制信息系统。

(2) 从作战周期角度,按照 OODA 理论,分为侦、控、打、评 4 个环节,4 个环节可并行也可顺序,按此指挥控制信息系统可分为情况研判分系统、指挥决策分系统、行动控制分系统、效果评估分系统。

(3) 从信息流程角度,指挥控制信息系统分为信息获取、信息传输、信息处理、信息运用(显示)等分系统。

(4) 从信息技术角度,广义上,指挥控制信息系统主要由通信网络系统、计算存储系统、安全保密系统、运维管理系统和指挥控制应用软件系统构成。狭义上指挥控制信息系统主要指指挥控制软件系统。

1.2.4 指挥控制信息系统主要作用

指挥控制信息系统是信息化条件下军队联合作战行动的中枢,在形成体系作战能力中具有基础性、关键性作用。

指挥控制信息系统作为指挥信息系统的核心,主要为指挥员及时掌握战场情况、有效实施联合指挥、智能辅助作战决策、快速下达作战命令、精确控制作战行动提供支持。

指挥控制信息系统的核心功能主要包括态势综合、筹划计划、行动控制、效果评估等。指挥人员依托态势综合功能,搜集掌握战场综合情况,分析研判敌情、我情和战场环境,形成战场综合态势,为作战决策提供及时、准确、足够的综合信息支持;指挥员依托筹划计划功能,基于战场综合态势,为达成作战目的,根据各类作战力量特征,计算分析作战资源运用部署和调度,经过不断仿真推演,形成联合作战方案和计划;指挥员依托行动控制功能,根据联合作战方案计划,控制各类作战力量,完成作战任务,并随战场情势变化,按需调整作战计划,调度可用兵力,处置临机情况;指挥员依托效果评估功能,分析判断行动效果与预计效果差异,为下一步行动提供决策支持。

1.2.5　软件在指挥控制系统中的地位作用

指挥控制系统主要由信息化装备组成。信息化装备也称软件密集型系统(Software-Intensive System),主要指信息技术含量高、信息起主导作用的武器装备。软件作为信息化装备的主要标志和直接表现形式,成为信息化装备的灵魂。

伴随信息化建设进程步伐加快,各国出现了越来越多的信息化装备部队,软件在武器装备中的比例也在逐年上升,软件的装备化管理水平已日益成为衡量军队信息化装备建设水平的重要指标,是加速军队信息化建设的关键途径。

1.2.6　指挥控制能力生成模型

指挥控制软件的独特价值在于能为作战人员提供作战能力。作战能力即战斗力,是检验武装力量遂行作战任务能力水平的标准,通常由人、物和编制体制三要素共同决定。人指在遂行作战任务中发生活动的作战人员,物指武器装备等技术手段,编制体制指把人和武器装备连接起来的组织形式。单对任何一个要素讲战斗力是没有意义的,要放到三要素组成的统一环境中考量。

对指挥控制来说,其作战能力通常也叫指挥控制能力。指挥控制软件作为武器装备之一也不例外,而且需与其他软件、硬件等综合集成为高效的信息系统,发挥系统级的作用。特别是指挥控制信息系统又通常直面高级指挥员,处在指挥控制系统的最顶层,需要通过指挥控制软件通联几乎所有的作战要素,全面使用指挥控制软件,需要同时确保其他要素具备可用状态。因此,指挥控制软件的组织运用也基本等价于指挥控制信息系统的组织运用。在指挥控制信息系统的组织运用中,指挥控制能力的生成模型如图 1-2 所示。

由图 1-2 可见,指挥控制能力的形成需要 3 个基本流程:

(1) 作战人员根据其在军事活动中的经验和研究成果,提出具体的能力需求,落地指导作战和装备研制。

(2) 军事技术经选型进入装备技术体制后,研制指挥控制装备使技术落地

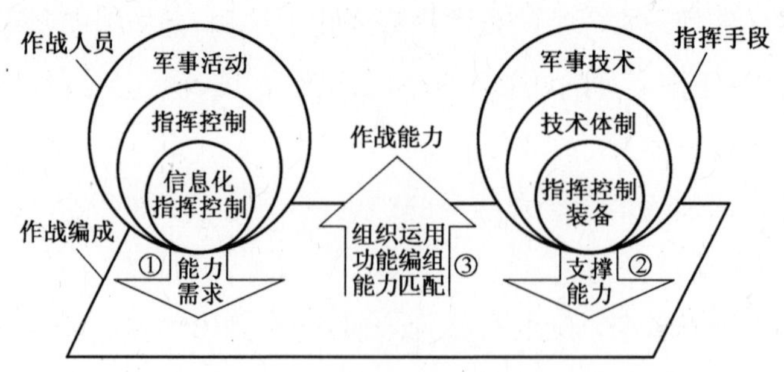

图 1-2 指挥控制能力模型示意图

为作战支撑能力，成为决定作战能力的要素。

(3) 通过能力需求与支撑能力的能力匹配，结合具体作战任务，对支撑能力进行重组，以功能编组的方式形成适合作战人员数质量的指挥控制装备数质量组合，即指挥控制信息系统，通过系统组织运用，发挥指挥控制作用产生指挥控制能力。

其中的“两个轮子”，能力需求与支撑能力之间也具有互相促进的作用，其中一个轮子的前进必然为另一个轮子的前进带来动力，此外作为轮子中的小圈之间也存在相互渗透的作用，每个轮子都有自转的动力，从而激发整个能力链条释放能量。

实践表明，关于能力需求落地的要点主要有：

(1) 军事活动的范围不仅仅包含指挥控制，还包括指挥控制外的活动。

(2) 指挥控制活动不全是信息化了的，还需要信息化外的指挥控制手段来支撑。

(3) 能力需求不仅来自信息化指挥控制活动，还包括来自非信息化指挥控制甚至非指挥控制活动的需求。

(4) 能力需求基于具体作战指挥活动业务，具有很强的个性化，与指挥员、作战环境、对手等要素密切相关。

关于指挥控制装备的研制即技术落地，要点主要包括：

(1) 装备研制过程主要是技术范畴内的工作，技术通过功能和结构环节物化为指挥控制装备，没有离开技术的功能和结构，也没有离开技术的装备。

(2) 技术体制即通常所说的技术选型或技术结构,是指国家和军队在一定时期内不同等级、不同类型的物质形态和知识形态技术的组合和比例,反映指挥控制信息系统的总体技术水平。

(3) 指挥控制装备是功能和结构的组合,是技术的承载实体,是技术落地于作战活动的基石。

(4) 支撑能力是科研活动的产品,追求通用性,要求能够适应多种业务。

综合以上可见,在指挥控制能力生成中需要重点关注以下主要关系:

(1) 指导装备研制的能力需求不仅仅来自信息化指挥控制活动,因此,对指挥控制装备能力的评价标准往往会超出信息系统本身能力需求范围,会放在整个指挥控制乃至军事活动空间中总体评价,此外把指挥控制装备的能力水平等同于指挥控制能力水平,也是一种误导和误解。

(2) 由于军事技术特别是信息技术有无穷的创新空间,各种新技术新名词的出现,显示了其为信息化装备发展提供不竭动力的激情和能量,因此信息化指挥控制的领域将会不断扩大,能够承担更多的责任,为增强指挥控制能力提供更多可能性。

(3) 新技术物化到装备形成能力需要一个过程,不应过早将新技术泛化理解为现实的能力,更不应把时髦技术的单项指标当作已具有的能力或者想当然可以实现的能力。

(4) 作战编成在指挥控制能力生成中占据很大比重,因此指挥人员灵活使用乃至创新使用信息系统是指挥控制能力生成和增强的一个重要方面。

(5) 能力需求和支撑能力之间的数质量搭配是信息化作战编成的关键环节,是一个具体和抽象匹配相结合的过程,是一个连续和离散匹配相结合的过程。由于是两个不同空间的匹配,恰当的粒度是科学匹配的关键,具体包括能力粒度和功能粒度。

(6) 相对于能力需求来自于具体业务活动追求个性化的特点,装备功能是基于对现实世界个性化指挥活动的归纳抽象和提炼,追求通用化的特点,往往相对固定,因此支撑功能可以被认为是作战领域信息系统的基本单元。基本单元的粒度大小会随装备设计水平的高低以及与具体业务流程解耦层次的深浅而变化,功能载体的形态也会随技术演进不停变化,例如接口、组件、模块、包、段、服务等。

(7) 功能编配是按照作战编成在具体业务流程层次对支撑功能的组合和使用,支撑功能的可重组性决定了装备的适应性和适用范围。

1.3 指挥控制软件及其软件工程

1.3.1 指挥控制软件概念内涵

广义上,作战及保障人员在作战场所从事作战活动使用的软件都称为指挥控制软件。狭义上,是指专门用于指挥和控制活动使用的软件。这里主要针对广义范围的软件进行讨论和研究。按照广义上的定义,判定软件是否是指挥控制软件有 3 个限定条件:使用人员、使用场所和使用目的。

使用人员指军队的指挥军官、技术军官、技术干部、生长学员、文职人员,以及军工部门的科研保障人员等。使用场合需在与作战相关的空间,包含指挥部、指挥所、各类机动及武器平台等,通常满足一定的安全保密条件,例如:指挥控制软件通常安装在指挥场所的军用硬件平台和操作系统上。使用目的通常与作战活动相关,包含直接的作战指挥控制,也包括相应的支援保障业务指挥控制等。

1.3.2 指挥控制软件组成及分类

指挥控制软件从体系结构角度,由基础平台层、服务支撑层和应用功能层软件构成,如图 1-3 所示。

基础平台层,主要为指挥控制软件提供基础支撑环境,包括计算平台、软件平台、运载平台和环境设备,其中的软件平台包括操作系统、办公套件、数据存储与管理系统等基础工具类软件。

服务支撑层,是指挥控制软件的中间件层,其形态与体系结构密切相关,对于面向服务体系结构的指挥控制信息系统,服务支撑层主要包括服务环境软

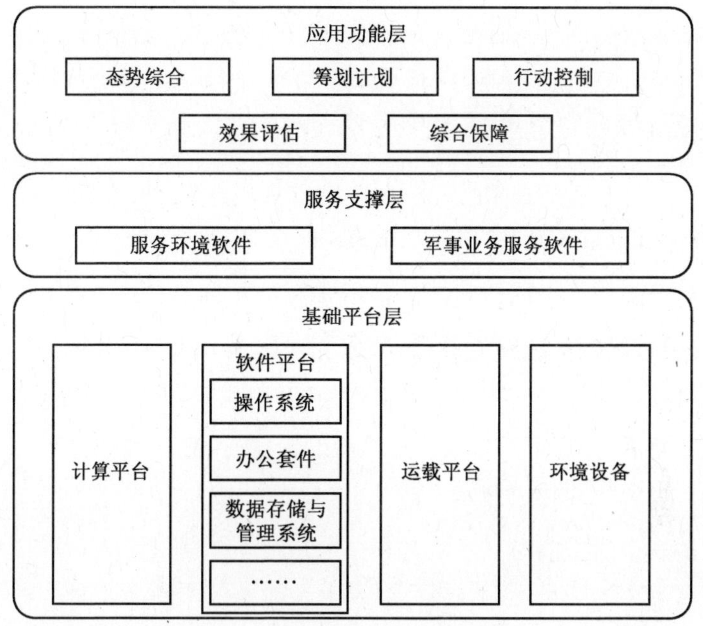

图 1-3 指挥控制软件组成及分类

件、军事业务服务软件等,主要为应用功能软件提供后台服务支撑。应用功能软件,是指挥人员直接操作的软件,主要提供交互功能,与各类指挥控制业务需求、流程紧密相关,在服务支撑层的支撑下运行。

应用功能层从业务角度看,由态势综合、筹划计划、行动控制、效果评估和综合保障等软件构成。态势综合软件主要支撑指挥员掌握战场瞬息万变的情况,包括敌情、我情、战场环境情况等,通过图、文、表、声、像、数等形式进行综合呈现;筹划计划软件主要支撑指挥人员完成作战构想、方案预案、作战计划等的制定,通过各类作战数据、模型规则等,提供高效、准确的辅助计算分析能力;行动控制软件主要支撑指挥人员向所属部队和武器平台下达作战命令、指令等,接收所属部队和武器平台执行状态反馈,依托通信网络环境,提供通达到端的信息通道;效果评估软件主要基于搜集的行动效果信息,比对作战目的,分析形成作战效果结论,为后续行动决策提供有效支持;综合保障软件主要由预警侦察、网电对抗、信息通信、机要保障、后勤保障、装备保障、国防动员和战时政治工作等支撑作战的业务软件构成,分别按照业务信息处理需求,围绕作战要求,提供相应的保障功能。在联合作战条件下,综合保障功能通常融入态势综合、筹划计划、行动控制、效果评估各功能中,形成作战保障一体化的支撑能力。

1.3.3 指挥控制软件基本要求

除具有软件共有的抽象性、复制性、常青性①、易变性、复杂性、维护性等特点外,独特的军事使用环境,决定了指挥控制软件必须满足如下要求。

(1) 高保密性。指挥控制软件是军事人员在军事环境下使用的信息化工具,担负着事关国家安危的重要责任,因此保密是其根本要求。通常指挥控制软件的保密级别与加载的数据级别相关,但不加载数据的指挥控制软件也具有一定的保密要求,因为可通过软件的界面设置、操作流程、使用环境等固有特点得悉其相应的军事和技术水平。此外,在信息对抗环境下,指挥控制软件还应具备较高的安全防护能力。

(2) 高准确性。指挥控制软件是支撑实现指挥控制活动的指挥手段,其功能直接关系军事目的的实现程度,因此必须确保准确无误。

(3) 高可靠性。指挥控制软件要面临复杂、不确定和恶劣的作战环境,因此必须具备全时限可靠耐用性。此外,指挥控制软件是运行在硬件、网络、操作系统等之上的应用层软件,加之需要应对各种不确定性,其操作剖面往往难以界定,其可靠性提高是一个永无止境的研究领域。

(4) 高易用性。对于作战来说,指挥控制软件仅是一个指挥自动化的辅助手段,达成作战效能需要人机的有效协同,因此,指挥控制软件的高易用性和良好的用户体验是衡量指挥控制软件优劣的重要指标。

(5) 高适应性。与非指挥控制软件承载的业务活动事务性强和工作流程清晰不同,作战活动追求出奇制胜法则,因此指挥控制软件必须适应非预期的作战活动,且具备与指挥员指挥艺术完美结合的能力,对软件的适应性具有很高的要求。

(6) 高演化性。指挥体制调整、作战流程变更、技术创新以及其他武器装

---

① 指与硬件相比,软件长期运行但不会老化,不会磨损,不指生命周期长。

备的改进，通常会为指挥控制软件的发展带来新的需求，这种相互交织的需求变化通常频度很高，导致构成指挥控制信息系统的软件必须具备高度的体系演化性，既体现在软件的组织运用和研制时的技术选定中，也体现在装备初期设计中。为确保指挥控制软件体系按需正向演化，指挥控制软件的发展应制定发展规划路线图，确定软件的版本演化关系，明确软件的生命周期，规划良好的指挥控制软件生态环境。

(7) 高体系性。指挥控制软件是贯通指挥体系的关键手段，其规模往往与指挥体系的规模相当，具有突出的体系性特征。因此指挥控制软件在设计、研制、建设、演化等过程中，应重点考虑体系的贯通性、版本的兼容性、可持续生长性等能力。

1.3.4　指挥控制软件主要特点

从软件工程角度看，指挥控制软件具有如下5个显著特点：

1. 准确的软件需求难以表达和获取

指挥控制软件需求源于作战指挥业务，深化于作战任务实践，是由指挥控制软件的最终用户——作战人员提出。鉴于作战指挥业务的高度专业性、复杂性和可变性等特征，需求很难达成共识，工程初期很难固化，清晰描述也存在较大的难度，因此，指挥控制信息系统的软件需求获取过程需要倚重专业的系统工程人员，桥接作战人员和软件开发人员，完成对军事需求的理解分析、抽象归纳，乃至借助基于模糊需求的原型系统与作战人员反复沟通，不断深化细化软件需求。

2. 技术运用需兼顾创新和体系可用

指挥控制信息系统具有较强的体系性特征，对任何一点的改变都有可能引发体系的不稳定和不可用，特别是事关体系互联互通互操作的软件功能，其状态改变更是事关全局。因此指挥控制软件的设计实现需要综合考虑多种因素，在新技术运用上既要考虑需求的符合度、技术的先进性，更要关注体系的兼容过渡能力，不同于互联网上的App一味追求技术领先和应用的新颖性。

3. 开发过程有较高的管理要求

大型指挥控制软件往往涉及多个部门和团队的协作，软件规模大，代码一般在千万行级别，通常会给开发、协作、管理和维护带来很大挑战，需要采用工程化方法，严格管控需求迭代、代码质量、进度协同、功能关系等。同时还要求开发人员具备相关应用领域的知识，对开发设施和工具、安全保密等方面也有较高的要求。

4. 完备的测试验证活动难以开展

大部分指挥控制软件，特别是指挥部(所)系统软件的测试实验环境很难与实际使用环境相同，需要在软件测试验证过程中采用多种方法，不断逼近实际使用环境，避免部署后对实际业务带来不可恢复的影响。

5. 在线维护保障是增强软件能力不可或缺的措施

软件故障是不可避免的，指挥控制软件在部署前也很难排除所有故障，因此运行过程中的监控、维护和故障应急处置是运用过程中不可缺少的措施，需要软件自身应具有完备的容错能力和日志服务能力，为运维人员有效排除故障提供有效支撑。

1.3.5 指挥控制软件工程

指挥控制软件的基本要求和主要特点决定了其特有的全寿命周期工程化管理方法，需要对软件需求管理、设计开发、测试验证、数据工程、配置管理和组织运用等关键环节进行严格管控，采取切实有效的指挥控制软件工程化方法，以提升指挥控制软件质量和能力。

随着信息技术在军事领域的不断渗透，指挥控制软件工程的理念方法也在发生着变化。以军事需求为牵引构造指挥控制软件系统的理念，逐步转变为军事需求牵引和信息技术推动双轮驱动模式；敏捷式的系统设计开发模式，以及人工智能技术引发的能力在线演化模式，改变了原有先设计开发、再测试上线的传统流程。从工程实践来看，指挥控制软件工程将呈现高速迭代的特征，如图 1-4 所示。

新军事需求、新技术、系统运行中发生的问题以及系统运行过程中的智能

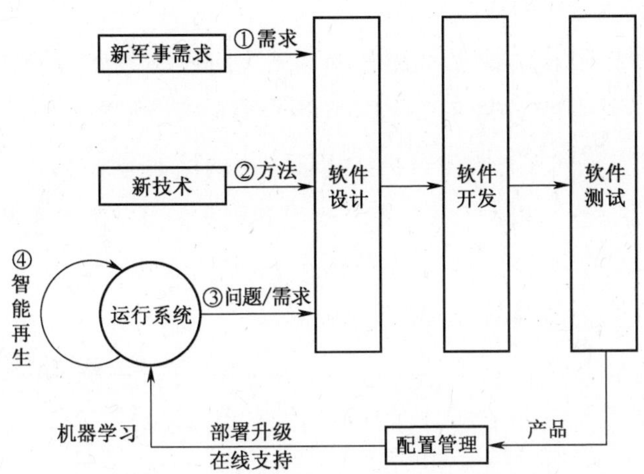

图 1-4　指挥控制软件工程高速迭代模型

再生是高速迭代的指挥控制软件工程的 4 类源动力。军事需求的牵引始终是信息系统保持不断更新的最大动力，在加速推进信息化建设和提升联合作战能力的大背景下，新的军事理念不断涌现、指挥体制不断优化、战法不断创新、武器装备日新月异，要求信息系统能够快速适应各种挑战，发挥好连接器、倍增器的作用，担负起支撑军队完成使命任务的重任。

历史经验表明，新技术总是优先应用于军事领域，谁先将技术优势转化为能力优势，胜利的天平就会倾向谁。为确保信息系统能力和性能最优，必须在尽可能短的时间内将真正有用的新技术转换为实实在在的系统能力。

在线运行系统发生的问题和用户提出的改进完善建议，往往是需要应急解决和实现的。特别是问题故障的快速响应能力，是确保系统可靠性的关键，是确保信息系统持续保障能力的底线要求。

机器学习为指挥控制信息系统向智能化发展提供了技术支撑。随着信息系统支撑平战结合和战训一致的水平不断提高，信息系统的使用范围将不断扩大、深度将逐步加强，真实数据不断积累，作战模型的可信度不断增强，信息系统的智能化程度将加速提高。

按照软件工程的实践经验，特别是快速原型模型、敏捷开发模型和增量迭代模型的具体管理要求，对需求分析、设计开发、测试验证、数据工程、配置管理、组织运用等关键环节的工作内容进行适应性改造,发掘其客观规律,优化指挥控制软件生产线和保障线,高效发挥这4个强劲的动力,是促进指挥控制信息系统进入良性发展,获取信息优势、决策优势和行动优势的必由之路。

但是,没有任何一种技术或方法能够解决软件工程中的所有问题,因为没有致命性、绝杀性的“银弹”,只有综合运用多种方法,才是应对软件危机之道。

“软件工程面临的问题在于我们已经清除了大部分的次要复杂度,而剩余的(主要复杂度)无法改变。”

——Fred Brooks《没有银弹》

参考文献

[1] 戴浩. 指挥控制系统建设中的创新文化[C]//军事电子信息学术会议论文集. 北京:兵器工业出版社,2012.

[2] 总装备部电子信息基础部. 信息系统——构建体系作战能力的基石[M]. 北京:国防工业出版社,2011.

[3] 任振杰. 通信技术与指挥自动化[M]. 北京:军事谊文出版社,2011.

[4] 中国指挥与控制学会青年工作委员会. 智能网络与指挥控制[M]. 北京:国防工业出版社,2014.

第2章 需求工程

软件需求是软件工程15个知识领域之一,软件工程化的基础和前提是认识需求。

2.1 软件需求

2.1.1 需求定义

IEEE的软件工程标准术语表(1990)将需求定义为:①用户为解决某个问题或达到某个目标而需具备的条件或能力。②系统或系统组件为符合合同、标准、规范或其他正式文档而必须满足的条件或具备的能力。③上述第一项或第二项中定义的条件和能力的文档表达。这一定义既体现了用户对需求的看法,也代表了开发人员的观点。

其他还有一些关于"需求"的典型定义。诸如需求是用户所需要的并能开启程序或系统开发工作的说明;需求是从系统外部能发现的系统所具有的满足于用户的特点、功能及属性等;需求是指明必须实现什么的规格说明,它描述了系统的行为、特性或属性,是在开发过程中对系统的约束。

2.1.2 需求分类

软件需求按层次可分为业务需求、用户需求和功能需求三类。业务需求是从上向下看,用户需求则从外往内看,功能需求则是从内向外看。

1. 业务需求(Business Requirement)

业务需求表示组织或用户高层次的目标。业务需求位于需求链的最顶层,通常来自项目投资人、购买产品的用户、实际用户的管理者、市场营销部门或产品策划部门。业务需求定义了软件的前景和范围。前景(Vision)描述了为什么要开发一个软件、软件要用来干什么、最终会是什么样子,即希望达到的目标。范围(Scope)确定项目的阶段性目标,即当前项目要实现的是软件产品长期规划中的哪一部分目标。前景关系到整个软件产品,只有当整个产品的战略定位发生变化时,前景才会随之改变。范围与特定项目相关,与前景相比,范围的调整变化更为频繁。

业务需求可以通过项目轮廓图(Project Charter)或市场需求(Market Requirement)文档进行记录。

2. 用户需求(User Requirement)

用户需求描述的是用户的目标,或用户要求系统必须能完成的任务。用户需求描述了用户能使用系统来做些什么。必须注意,用户说"想要"的功能,不一定等同于他们使用软件产品进行工作时实际需要的功能。同一类软件产品,在面向不同用户时会存在很大差异。因此,需要将用户分类,确定不同用户类需求的优先级,当出现用户需求冲突时,应优先满足重点用户类的需求。

用户不一定都是人,与软件打交道的其他系统或硬件部件均可被视为用户。应采用"先广后精"的方法,先不遗漏地理出尽可能多的用户,再进行精简和分类。需要注意,用户提出的观点并不是永远正确的,但在用户需求分析时要理解和尊重这些观点。

用户需求可以通过用例图、场景描述和事件—响应表等形式进行记录,它是站在用户角度对用户需求的具体描述,通常需要用户确认。

3. 功能需求(Functional Requirement)

功能需求描述开发人员需要实现什么,规定开发人员必须在产品中实现的软件功能。用户利用这些功能来完成任务,满足业务需求。功能需求有时也被称为行为需求(Behavioral Requirement),因为习惯上总是用"应该"对其进行描述,例如"系统应该发送电子邮件来通知用户已接受其预订"。

功能需求可以通过软件需求规格说明书(SRS)进行记录。软件需求规格说明可以是包含需求信息的数据库或电子表格,也可以是存储在特定需求管理工具中的数据形式。

除此之外,每个系统还有性能指标、质量属性等各种非功能需求,具体包括可用性、可移植性、完整性、效率、健壮性、安全性、可测试性、易用性、外部界面、设计约束等。非功能性需求是保障软件产品在实际环境中,实现所规定功能的一些量化要求。

2.1.3 需求的质量要求

美国国家航空航天局(NASA)对软件需求的质量要求是:清楚(Clear)、完整(Complete)、一致(Consistent)、可测试(Testable)。

(1) 清楚。需求获取通常采用面谈或调查表的形式,使用的仍然是自然语言,因为如果采用形式化语言的话,必须对用户先进行形式化语言培训,这种条件一般难以具备。自然语言对需求开发最大的弊病就是它的二义性,在需求分析和描述过程中宜采用"主语+动作"的准确表达方式。除语言的二义性外,还需要尽量采用双方都能够准确理解的术语,以消除误解。

(2) 完整。需求不完整通常会导致系统返工,造成无尽的浪费。但需求遗漏是经常发生的事情,不仅仅是开发方的问题,更多的问题发生在用户端。要做到需求的完整性是很艰难的一件事情,它涉及需求工程的各方面,贯穿了整个过程,从最初的计划制定到最后的需求评审。

(3) 一致。即用户需求必须和业务需求一致,功能需求必须和用户需求一致。严格遵守不同层次间的一致性关系,就可以保证最后开发出来的软件不会偏离最初的实现目标。

(4) 可测试。只有系统的所有需求在现有的资源约束下可实现、可测试,才能够保证软件始终围绕着用户的需要,需求才是系统必须要实现的功能、必须要具备的特征,软件系统才是成功的。

此外,"需求变化是永恒的"是软件行业的公理。用户不可能一次性地精确完整地提出它的所有需求,总是从大概和模糊开始,经过长时间的反复认识才逐步明确,乃至进入到设计、编程阶段才能清晰,更有甚者,到开发后期还在提新的要求。需求的频繁变更会给人力资源、经费以及项目进度带来巨大的影响,但是变更是不可避免的,有时需求变更也并不一定是坏事,尽早及时的变更可以有效地更正原有需求中的错误。因此,需求的高变化性也必须重视。

基于需求的上述质量特性,需求要通过一系列质量关测试,确保需求的质量。质量关测试通常包括完整性测试、可追踪性测试、一致性测试、相关性测试、正确性测试、二义性测试、可行性测试等。

2.2 需求工程

2.2.1 需求工程的内涵与发展

需求工程是随着计算机的发展而发展的,在计算机发展的初期,软件规模不大,软件开发主要关注代码编写,需求分析很少受到重视。随着软件系统规模的扩大,人们发现开发软件系统最为困难的部分就是准确说明开发什么、编写详细的软件需求说明,它直接关系到软件的成功与否。当生命周期概念引入软件工程后,人们逐渐认识到需求分析活动不再仅限于软件开发的最初阶段,它贯穿于系统开发的整个生命周期。

20 世纪 80 年代中期,形成了软件工程的子领域——需求工程(Requirement Engineering,RE)。进入 90 年代以来,需求工程成为研究的热点之一,从 1993 年和 1994 年起,每两年分别交替举办一次需求工程国际研讨会(ISRE)和一次需求工程国际会议(ICRE)。1996 年,Springer-Verlag 出版了 *Requirements Engineering*,关于需求工程的工作小组也相继成立,如欧洲的 RENOIR(Requirements Engineering Network of International Cooperating Research Groups)。

现在,需求工程已经发展成为一门学科,通过综合应用 SWEBOK V3.0 中相关的技术、方法,帮助需求分析人员确定用户需求,检测和解决需求之间冲突,确定软件边界及其与环境的交互关系等行为特征和相关约束,形成需求文档,并对用户不断变化的需求演进给予支持。

2.2.2　需求工程过程

如图 2-1 所示，需求工程过程着眼未来，面向业务全局和系统顶层，将用户业务作为内部研究对象，将软件工程全过程作为外部研究对象，具体通过需求规划、需求开发和需求管理等涉及软件需求分析的系列活动，以期给出能满足用户业务需求、满足开发者进行开发的一个清晰、完整、无二义性、可测试的软件需求规格说明系列文档。

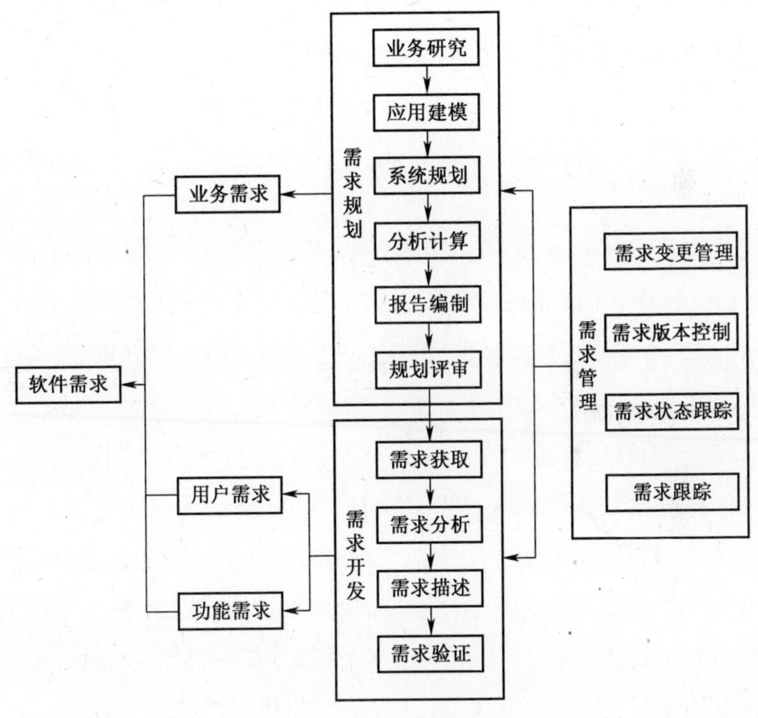

图 2-1　需求工程过程

1. 需求规划

需求规划是站在业务整体、系统整体的角度，对未来建成的系统给出期望，将这种期望作为需求开发和软件开发工作的约束，其目标是编制出由问题分析、目标分析、业务分析、系统分析构成的业务及信息化规划说明，用于指导需求开发工作和软件工程各环节工作。

需求规划工作具体包括业务研究、应用建模、系统规划、分析计算、报告编制、规划评审 6 个环节。

1）业务研究

业务研究的目的是要明确研究范围,认识业务的要素、结构、层次、规律,以便给应用建模提供依据,其研究成果包括职能分析、问题分析、症结分析和目标分析等。

2）应用建模

应用建模用结构化的形式及功能数据归约的方法对业务研究成果进行研究和描述,其核心是围绕组成业务的核心功能和数据进行分析,具体工作包括业务建模、系统建模和体系建模三部分,分析结果包括业务系统分析、业务数据分析、体系结构分析三部分。

3）系统规划

系统规划是根据业务研究中组织结构、业务事项、业务数据的规模和用户对业务目标的期望,并结合应用建模成果对支撑这种规模和应用所需的所有信息构成成分的一种规划,具体可包括架构规划、网络规划、平台规划、功能规划、信息资源规划、终端规划、安全规划、协同规划等。

4）分析计算

分析计算对业务研究成果、应用建模成果、系统规划成果进行业务逻辑正确性分析、系统支撑能力分析、业务扩展能力分析等,并给出数据分析结果,根据结果对上述 3 个环节内容进行修正。该数据也可作为系统设计和测试的参考。

5）报告编制

报告编制是编制需求规划报告,包括能力分析、问题分析、症结分析、目标分析、业务逻辑分析、系统需求分析、信息安全分析等。该报告将贯穿软件开发所有环节,同时也是下一次系统升级重构的重要参考依据。

6）规划评审

规划评审包括自我检查、用户检查、专家评审等,主要通过评审会,收集各方意见再加以修正完善。

2. 需求开发

需求开发包括对一个软件项目需求的获取、分析、规格说明及确认,其目标是编制出用户需求规格说明书和系统需求规格说明书,以便于软件开发人员清楚系统要做什么、应该做什么。

需求开发工作具体包括需求获取、需求分析、需求编制、需求验证 4 个环节。

1) 需求获取(Requirement Elicitation)

由需求规划人员讲解问题分析、目标分析、业务分析、系统分析、安全分析等的主要工作成果;需求分析人员研读此规划;需求规划人员和需求分析人员共同交流,最终形成用户需求规格说明书的条目。

2) 需求分析(Requirement Analysis)

需求分析人员依据用户需求规格说明书的条目,将高层次的需求进行分解,对需求进行推敲、润色,检查发现其中的错误、冲突、疏漏和其他缺陷,以保证需求的正确性和完备性,使得所有用户都能够理解,并按优先级排序。

在需求分析阶段,必要时需要结合使用环境,做出初步的系统原型给用户演示。用户则通过原型演示来体验业务流程的合理化、准确性、易用性,以确认需求。同时,用户还要通过原型演示及时地发现其中存在的问题,并提出改进意见和方法。

需求分析与需求获取是密切相关的,需求获取是需求分析的基础,需求分析是需求获取的直接表现,两者相互促进,相互制约,让用户对开发的项目有了一个初步的印象。

3) 需求描述(Requirement Specification)

需求描述就是将需求编写成一致、可访问、可检查的文档或规格说明书。业务需求可用项目前景、范围文档记录,用户需求可用用例或事件响应表来表达,功能需求和非功能需求可采用 SRS 模板来描述。

4) 需求验证(Requirement Validation)

需求验证可采用工程经验、专家评估、集体审核、原型设计和生成测试用例等方式,对用户需求规格说明书及系统需求规格说明书进行审核,分析需求规格的正确性和可行性，包含有效性检查、一致性检查、可行性检查和确认可验证性等，形成审核意见表。需求分析人员根据这些审核意见再进行完善。

3. 需求管理

需求管理工作的实质是在用户和软件开发人员之间建立一个由文档构成的需求基线，借助需求约定将需求业务活动集成并规范化，其目标是使需求规划、需求开发的业务活动能按进度、按质量、按成本有序的运转。

需求管理工作具体包括需求变更管理、需求版本控制、需求状态跟踪、需求跟踪4个环节。

1）需求变更管理

需求变更管理的内容主要是评估需求变更的影响，即影响分析。在需求变更前要进行仔细评估，请专业人士对需求变更做出影响分析，对已经批准的需求变更要传达给受此影响的所有人员。在软件产品开发期间，业务过程、市场机遇、竞争产品以及技术进步都有可能导致需求发生变化。需求变更的提出者，可以是需求分析人员，也可以是软件开发人员。需求变更管理的原则是：仔细评估已建议的变更；通过组织来对变更做出决定；变更要及时通知所有涉及的人员；要按照流程控制需求的变更。“木桶定律”是需求变更要遵循的定律，谨防一项不起眼的变更引发一连串相关事项的变动。

2）需求版本控制

软件需求基线是各阶段需求业务活动的工作成果文档和文档内各部分内容版本号的集成。版本是对一个阶段工作成果的一个抽象，是大家基于同一个基准进行沟通的依据。版本强调唯一性，是采用量化方式解决同名而内容不同的一个有效手段。需求文档版本应包括：变更的内容，每一个变更发生的日期，变更人的姓名和每一次变更的原因。最简单的需求版本控制方法是手工标识，按照事先约定的方法，对修订的需求文档进行版本标识和说明。专业的方法是采用配置管理工具，对需求文档进行树形条目化分解和唯一标识，利用工具实现对每一条需求的版本变更历史的管理与追溯。

3）需求状态跟踪

需求状态跟踪将需求分成若干个状态类别并进行跟踪，是一种精确测量项目进度的方法。需求状态可包括:已提议、已批准、已设计、已实现、已验证、已交付、已删除、已否决。对需求状态的转换应定义相应的触发条件。

4) 需求跟踪

需求跟踪也称需求可追溯性。需求跟踪机制将单个需求和其他系统元素之间的依赖关系和逻辑关系编写成文档,包括业务需求、业务规则、体系结构、组件设计、源代码模块、测试用例、帮助文件等,有效形成一条从需求起源到需求实现的跟踪链。沿着需求跟踪链,向前可以跟踪到用户需求,向后可以跟踪到产品,可以帮助确定产品完整性、分析需求变更影响、控制项目进度、方便组件重用、提高测试效率、降低研发风险、提高产品的可维护性等。

2.2.3 需求工程方法

需求工程是软件工程中最复杂的过程之一,其复杂性来自于客观和主观两个方面。

从客观意义上说,需求工程面对的问题几乎是没有范围的,由于应用领域的广泛性,它的实施无疑与各有关领域的特征密切相关。其客观上的难度还体现在非功能性需求及其与功能性需求的错综复杂的联系上,对非功能性需求分析建模技术的缺乏也大大增加了需求工程的复杂性。此外,应用领域的问题本身就是模糊的、不精确的,特别是首次使用信息化的领域,其业务流程本身就可能存在自相矛盾、定位不清楚等问题,模棱两可的需求不可避免。最后,需求分析成果记录的简化或泛化表述也会导致需求歧义的产生。

从主观意义上说,需求工程需要方方面面人员的参与,通常难以组织足够的人员参加需求开发,此外各方面人员有不同的着眼点和不同的知识背景,甚至对某些问题带有偏见,不能提供需要了解的信息,沟通上的困难给需求工程的实施增加了人为的难度。此外,非技术因素也通常会影响需求重要性的科学排序。

为提升需求的质量,通常采用工程化的需求分析、需求描述、需求变更和需求跟踪方法。

1. 需求分析方法

当前比较实用的软件需求分析方法主要包括结构化分析方法、面向对象分析方法、RUP 方法三类。结构化分析方法主要从系统间的消息关系着手,面向对象分析方法则重点关注系统间的事件关系,RUP 方法对业务流程的依赖性较强。

1) 软件需求结构化分析方法

结构化方法又包含体系结构分析方法(System Architecture, SA)和软件结构化分析方法(Structured Analysis, 通常也缩写为 SA)两类。

(1) 体系结构分析方法也被称为多视图的系统需求描述方法,常用在宏观层次的需求分析,美军信息系统建设多采用该方法结合 DoDAF (Department of Defense Architecture Framework)进行规划和设计。DoDAF 现在已经发展到 2.0 版本,包含全视角、能力视角、作战视角、服务视角、系统视角、项目视角、标准视角、数据和信息视角,从多个维度以数据的形式对项目需求进行描述。该方法中,需求被当作一条一条的数据,实现了需求的条目化和数据化管理,成果可被用来分析和复用、发现需求短板和盲区等,是较高层次的需求分析方法。

(2) 软件结构化分析方法是一种单纯的由顶向下逐步求精的面向数据的方法,以数据流为中心。其核心概念包括:进程、数据流、数据存储、外部实体、数据组和数据元素。需求分析人员首先用上下文图表(称为数据流图 DFD)表示系统的所有输入/输出,然后反复地对系统求精,每次求精都表示为更详细的 DFD,从而建立关于系统的 DFD 层次,并建立数据字典来存取相关的术语。

2) 软件需求面向对象分析方法

面向对象需求分析(OORA) 基于抽象原则、层次原则和分割原则,从高级到低级、从逻辑到物理,从对象模型(对象的静态结构)、动态模型(对象相互作用的顺序)和功能模型(数据变换及功能依存关系)3 个侧面分析问题域,以对象及其服务作为建模标准,逐级精化软件需求,指导最终的软件实现。其主要原理包括分类继承层次、信息隐藏、汇集关系等。

3) 基于 RUP 的软件需求分析

RUP(Rational Unified Process)是 Rational 公司开发和维护的过程产品,用例驱动、以构架为中心、迭代和增量是 RUP 的核心理念。它支持业务规则、业务逻辑的描述,通过明确业务过程并对其进行规范和优化,从功能、行为、数据 3

个层次不断递进，提高软件需求的质量。

2. 需求描述方法

需求版本管理最核心的问题是需求的形式化描述问题和需求基线的划分问题。

需求的形式化描述是需求分解、分配、追踪、评估的条件，是有效管理的基础。形式化最主要的追求是解决完整性和无歧义性。在很多项目中，未经分析的需求形式可能多种多样，或者是一篇长文章，或者是一个简单的Excel表格，谈不上条理化、数据化。在这样的情况下，需求的分解和实现，充满了二义性，需求变更界线不清，变更的影响不但无法评估，影响涉及的范围都无从知晓。

需求形式化的基本方式是：首先将需求分解为层和项，并标注上层号和序号，由此，就可以实现需求的增/删/改、可分解、可追溯。其次，对需求进行逐条属性化描述，如表2-1所列，需求的属性化是需求状态追踪的基础。

表2-1　需求的属性项

编号	属性项	含义	说　明
1	名称	需求名称	
2	描述与定义	需求描述和定义	需求的本质内容描述，可以是图表等
3	编号	顺序编号	可以用层次编码
4	来源	提出的来源	需求的高层依据、来源
5	提出人	提出人	对需求有影响力的人
6	优先级	需求的优先级	需求的优先次序，可按高中低
7	实体	需求实现的实体	需求与实现实体的对应关系
8	状态	需求所处的状态	包括提出、批准、分配、演进、固化、拒绝、推迟、等待、丢弃等
9	负责人	负责实施的人	负责完成本条需求的人
10	验收标准		
11	需求基线	从属的需求基线	
12	批准人	需求批准人	也是负责本需求解释的人员
13	录入人	需求录入人员	负责登记入库的人员
14	版本号	需求版本	

（续）

编号	属性项	含义	说　明
15	版本变更日期	变更日期	
16	版本变更原因	变更原因	说明版本变更原因、概况
17	变更批准形式	批准形式	会议批准、负责人批准

需求形式化的具体形式，则可以根据项目和管理的不同而不同，其成果大都来自需求分析的过程，需求管理使用数据标准影响需求分析人员，并检查其成果是否符合相关标准要求，然后实施管理行为。

需求形式化来源于需求分析，需求分析产生的最重要的成果是需求规格说明，因此，需求规格的质量要求同样适宜于纳入形式化需求管理范围。好的形式化需求应具有如下的属性：

（1）不含糊性。如果每一个需求只有唯一的一种解释，那它是不含糊的。

（2）完整性。如果需求包括了功能、性能、时间响应要求、限制、接口等属性，不存在没有界定的、以为是隐含或默认而实际存在认知差异的需求，则是完整的。

（3）可检验性。存在有限的、经济与技术都是可行的检验方法和程序，对需求的实现与否进行检验，通过该检验使用户和组织确认需求已按照需求规格说明实现。

（4）一致性。需求作为一个整体是前后一致、统一口径的，不存在系统内相互冲突的要求。

（5）可跟踪性。需求可追踪。

（6）可使用性。可为产品的各阶段，特别是维护阶段提供充分有用的信息。

需求管理的第二个重要问题是需求的基线划分，是否需要建立多个需求基线。重要的是，管理人员应该对需求工作存在一种预期，即这个项目的需求可能经过几个阶段才能够相对明确和稳定，然后基于此，划分几个不同的阶段，采取不同的需求控制措施。

现代软件工程越来越强调需求的不确定性问题，因此，快速原型在各种过程模型中都得到了充分的应用，几乎所有的过程方法都具有鲜明的循环迭代特征。经验表明，在指挥控制软件的开发过程中，往往第一个阶段和最后一个阶段需求变化最大。第一个阶段主要是认识问题，最后一个阶段主要是细节问题。这两个阶段都需要对变更进行快速响应，但后者需要加强需求变更的影响分析。

3. 需求变更方法

典型的需求变更类型有3种：一是需求增加，如图2-2所示。二是需求分解，如图2-3所示，需求分解后会呈现树形结构，在这个结构中，分解中常出现的情况是父子有可能是层次包含关系，也有可能是调用关系，按照一般的理解，应主要以后者为主，但在大型项目中，很难做到这一点。三是需求合并，如图2-4所示。

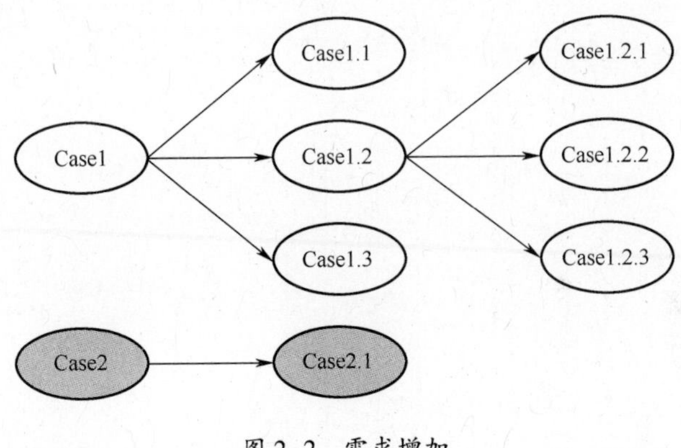

图2-2 需求增加

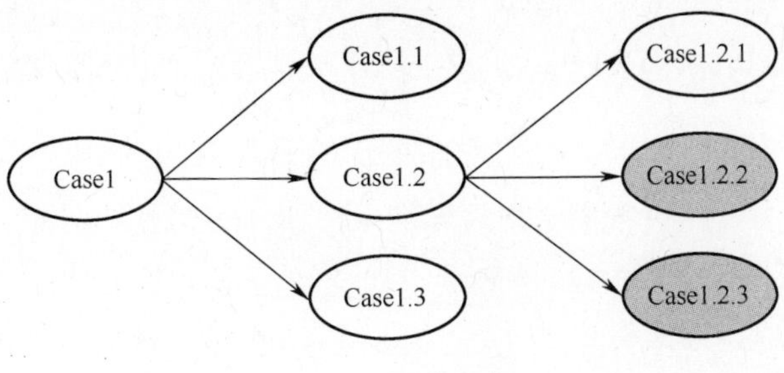

图2-3 需求分解

需求变更的核心是立足影响分析来控制程序，因此影响分析是基础。影响

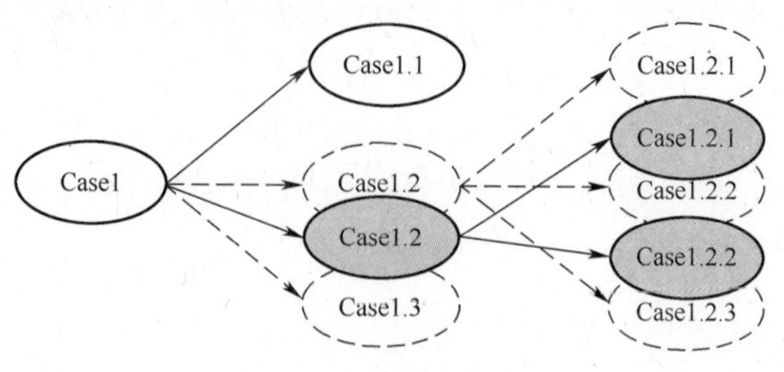

图 2-4　需求合并

分析可以按照用例树以树的层次、节点度等统计量,结合横向关切点的关联程度来进行分析。需求不单纯是一个树状的结构,不仅仅指因循树的规则进行增删、分解、合并等演变,需求还有很多质量特性的要求,需要从横向关切点上来考虑业务,如图 2-5 所示。

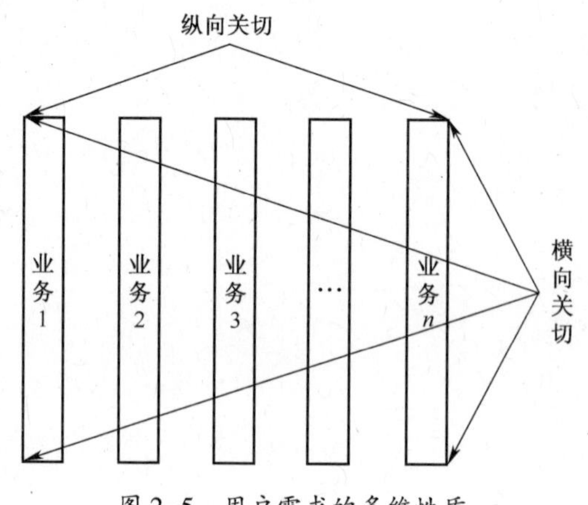

图 2-5　用户需求的多维性质

这种同时存在纵向关切和横向关切的多维度性质决定了用户需求工作的复杂程度。横向关切点的变化对需求的影响是巨大的,而在实际工作中,往往无法保证在项目实施过程中不出现新的用户横向关切点,这是系统实施成败的关键。所以,很多时候横向关切的需求往往更多由设计人员主动提出,以避免项目的风险。当然,随着用户本身对业务层次的细分,这种复杂性会出现爆炸式的增长。

在不考虑量化分析的情况下,影响分析通常是依赖需求分析中做出的需求优先级划分。

典型的五级划分方法如下：

一级需求(或改变)是关键性的需求,或者说是基础需求,这种需求如果不满足,意味着整个项目不能正常交付使用,前期工作也会被全部否定。这是必须满足的,否则就意味着否定程序员自己。该级需求(或改变)常定为Urgent;通常是属于补救性的debug类型,要“救火”。

二级需求(或改变)是关联关键性需求,它不影响前面工作内容的交付,但若不满足,用户要求的新特征无法实现。该级需求(或改变)常定为Necessary;一般新模块关键性的基础组件,属于这个级别。

三级需求是重要的需求,如不能满足会导致整体工作价值下降,它不仅体现了项目价值,也是程序员自身技术价值的证明。该级需求常定为Needed;一般重大的有价值的全新模块的开发,属于这个级别。

四级需求是改良性需求,没有它并不影响已有功能的使用,但如能实现需求,肯定会改善软件的性能。该级需求常定为Better;如改进人机界面和使用方式的要求,一般在这个级别。

五级需求是可选性需求,没有它也不影响其他功能,有了它,也不一定带来好处,更多是一种设想,以及一种可能;通常只是需求代理人员的一种个人喜好。该级需求常定为Maybe。

4. 需求跟踪方法

需求跟踪作为需求管理中的重要一环,它有助于确认系统的需求是否得到实现,建立需求变更和其他的软件变更之间的相互影响,理解软件的发展过程,理解系统设计和实现的基本原理,对于建立和维护不同的模型之间、不同模型元素之间的一致性起着关键的作用;它是实现有效的项目管理、提高软件系统质量的一个重要因素。

在需求数据库的支持下,可以详细记录需求的活动和标识需求状态。如果把需求的层、项看成是一个搜索网络的话,借助这个网络,可以比较全面地捕捉容易疏忽的需求,特别是系统的边界情况,同时借助需求数据库已标记的状态、活动的记录,从而支持跟踪需求变更的全过程。在CMM三级中要求软件团体必须具备需求跟踪的能力,以便于在软件工作产品之间维护一致性。这些软件工作产品主要指软件计划、过程描述、分配需求、软件需求、软件设计、代码、测试计划以及测试过程等。

需求跟踪主要分为静态跟踪技术和动态跟踪技术。静态跟踪技术主要有三种:跟踪矩阵、跟踪图和交叉引用。关联关系是跟踪链生成的基本依据,静态跟踪技术中对关联关系的定义主要依据 Ramesh 和 Pohl 的研究,Ramesh 的研究提出了需求之间关联关系的 4 种基本类型,而 Pohl 的研究则提出了关联关系原模型,该模型描述所有信息对象之间的关联关系。静态跟踪技术在需求管理工具中得到了应用,如 Requisite Pro 工具就采用了跟踪矩阵,而 TOOR 工具则采用了跟踪图。典型的需求跟踪矩阵如表 2-2 所列。

表 2-2 需求正向跟踪矩阵

序号	用例	功能需求	配置项	软件单元	测试用例
1	Case1	F1	CSCI1	CSU1	T1
					T2
…	…	…	…	…	…

跟踪矩阵表明,每一个用例,最终将对应一个或多个测试用例,而中间过程可能涉及多个实现阶段,如设计阶段是在配置项或数据库表项,实现阶段是软件单元,测试阶段就是测试用例和测试报告。正逆向的双向跟踪能力是必须的。动态跟踪主要关注需求状态的变化,以支持各种必要的统计。

2.3 指挥控制软件需求工程

指挥控制软件具有很强的领域特征,如军事、公安、消防等都是指挥控制软件面向的领域。指挥控制软件需求工程具有软件需求的普遍性特征,但也因其领域的特殊性,特别是军事领域受作战要求的高度不确定性的影响,其需求的研究提出、管理和演进呈现随变性的特征。本节主要围绕军事领域指挥控制软件,研究军事需求工程相关问题。

2.3.1 军事需求特点

对军事领域来讲,业务需求即为军事需求。军事需求是指一定时期内,依据国家安全环境变化,对国防和军队建设的目标及其所需条件的系统科学描述。“一定时期”是指未来的一个时期,它表明需求不能无限超前,必须在一个可以预见的时期内发挥作用。军事需求面向国防和军队建设的目标,主要源于使命任务,深化于任务实践,军事需求研究应是指挥员主导的系统工程。

军事领域需求具有先导性、体系性、滚动迭代性等特征。

(1) 先导性。军事需求的先导性体现在它对国家和军队发展总体水平的宏观导向。首先,在军事需求产生的过程中,作战部门占据支配地位,起主导作用。作战人员处在作战一线,对军队作战水平、国家安全形势、国家战略方针、可能面临的战争威胁和国家安全利益等发展规划,有最大的知情权,提出的军事需求最能反映作战指挥对信息系统的客观要求,代表着正确的发展方向,也是世界各国信息系统研制建设的普遍做法。其次,保障军事需求实现的装备经费,通过经济杠杆的手段实现装备建设和技术发展方向的宏观调控。再次,从技术角度讲,每个国家都会将最先进的技术优先应用于军事领域,部分军事需求就是基于技术发展或预测提出的,其牵引作用将通过军民融合发展模式,深入影响国家相关产业的发展方向。最后,其先导性还体现在它的反作用上,如果军事需求背离发展的客观要求,信息系统的建设就会出现“负效益”,出现南辕北辙的现象,而且执行的越彻底越到位,造成的资源浪费就越严重,且投入越多,损失也越大,想再回到正确的建设路径上,就更加困难。典型的如信息系统建设中出现的“烟囱”问题。

(2) 体系性。军事需求的产生机制与其他运行机制一样,是一个由多个要素按照一定规则结合而成的复杂整体,其作用的发挥依赖于各个单元的运转、各项规则的落实,这就决定了军事需求机制具有很强的系统性和体系性。从宏观角度来讲,军事需求牵扯面广,既涉及军队又涉及地方,军队内部既涉及机关也涉及部队,既涉及作战部门也涉及保障部门,C^4ISR 集成度甚至被认为是联合作战能力成熟度的指标,互联互通成了联合指挥信息系统的底线要求,牵一发而动全身;从微观角度来讲,每一局部每一环节的运转都有赖于其他局部环节的协调与配合,一点不动整体难动。因此,确立军事需求时,要有大局观,从提高联合作战能力的角度出发,具体分析作战和战备任务、诸军兵种的基本使命、完成任务的方式、协作关系等,并对目前和未来的作战能力进行评估,找出阻碍完成任务的能力短板,提出对信息系统的军事需求,牵引和指导指挥控制信息系统研制建设。

(3) 滚动迭代性。作为具有先导性和体系性的军事信息系统研制要求,只要它赖以存在的环境条件没有发生实质性变化,就应保持一定的稳定性,发挥机制的长远效应。但是,军事需求的先导性程度取决于对指挥控制体系相关要素发展规律的认知和水平的预测,认知与现实的差距是不可避免的,此外体系中的任何构成要素都在发展当中,这更是增加了预测的难度。随着认知水平的不断提高,当这些发展的集合效应积累到一定的量,必然需要对指导指挥控制信息系统建设的军事需求进行调整,迭代不可避免,需要对需求中的具体内容根据实践发展逐步调整,会出现类似软件版本更新的多个需求版本,在特殊的背景下,军事需求的迭代幅度也可能会很大。具体说来,导致军事需求变化的主要原因有三方面:一是组织架构或使命任务调整,比如指挥体制改革;二是信息系统运用等技术因素引发的变化,比如网络化、服务化手段的运用;三是新装备投入使用或战场建设引发的军事活动组织方式变化,比如无人长航时侦察机运用,防空反导装备的运用等。当然,滚动迭代性不是对先导性的否定,滚动迭代性强调的是在微观角度的适应性调整,与先导性相得益彰,是战略与战术完美结合的典型体现。

2.3.2 军事需求分类

按内容性质,军事需求研究成果可以分为作战构想、规划计划和项目工程三大类。

1. 作战构想类

作战构想类军事需求研究成果,是描述军队未来作战方式、作战原则、作战指挥、作战保障等发展构想和谋划问题。它具有全局性、前瞻性、创造性、综合性等特点，对于解决军队未来仗怎么打，以及统一军事需求研究的背景具有重大意义。具体形式主要包括未来作战理论构想和作战想定等。

未来作战理论构想，是描述未来一定时期内作战理论的发展趋势，如 2000 年 5 月 30 日，美参联会颁发的《2020 年联合构想》和《美国陆军 2020 年联合构想》《美国海军 2020 年联合构想》《美国空军 2020 年联合构想》等。作战理论构想的内容要素一般包括：国际战略格局、国家安全环境和发展利益分析、战争形态演变趋势、军队使命任务拓展、预定作战区域环境分析、军队作战指挥和行动原则、作战行动分析和作战能力生成对策措施。如《2020 年联合构想》即包括“导言、战略背景、全谱优势、实施联合作战、落实 2020 年联合构想、结论”等内容。

作战想定，是基于未来作战理论，描述未来一定时期内“仗怎么打”的一种预先设计（如美军“斯里弗—X”系列作战想定），主要用于对未来作战进行仿真分析和评估等。作战想定一般包括企图立案、基本想定、补充想定、参考材料、要求执行事项等内容。

制定和撰写作战构想类军事需求文件的一般要求是：依据国家安全环境及变化趋势、结合军队使命任务拓展、预期的作战能力、预定作战环境和敌我双方作战特点、作战原则和体制编制、武器装备发展趋势等综合制定。

2. 规划计划类

规划计划类军事需求研究成果，是指为制定军队中期或长期建设发展规划和计划提出的军事需求。其核心是分析出建设目标与现实能力之间的差距，为制定规划计划提供依据。这类军事需求通常具有全局性、前瞻性、创造性、综合性、时限性（5~30 年不等）、可实现性等特点，反映了军队建设的循序渐进、滚动发展规律，对牵引军队建设有着全局性、战略性的指导意义。

规划计划类军事需求研究成果形式主要包括军队建设发展战略规划计划、军兵种发展战略规划计划、武器装备建设发展规划计划等。其表现形式多样，目前常用的有文本式、图表结合式和路线图等。如 2003 年 4 月 10 日，美国国防部颁布的《美军转型路线图》和《美国陆军转型路线图》《美国海军转型路线图》《美国空军转型路线图》以及《四年防务评估报告》等，这些规划性文件都是基于对军事需求的分析制定的。规划计划类军事需求研究成果的内容要素一般包括未来国家安全环境和发展利益分析、军队使命任务分析、军队能力现状分析、发展目标分析(含总体目标和阶段目标)、军队预期能力分析等。

制订规划与计划类军事需求研究成果文件的一般要求是:依据国家安全形势、国家发展规划,结合军队使命任务、作战能力发展需求,符合敌我双方发展态势和时代特点等。

3. 项目工程类

项目工程类军事需求研究成果,是指围绕军队某个项目、某型武器装备、某类信息系统、某个专项工程建设所提出的军事需求。其成果既可单独以某一形式表现出来,如××项目军事需求研究报告,或军事需求研究理论成果;也可以在总体文档中出现,如研制总要求,它是后续项目研制中细化为软件需求规格说明的关键依据。

2.3.3 指挥控制软件军事需求特点

指挥控制信息系统军事需求研究,是指挥控制信息系统建设和运用的牵引和指导,除具有军事需求研究的基本特点外,还具有以下 4 个特点:

1. 研究对象始终是动态发展的

指挥控制信息系统军事需求研究有别于其他领域的一个显著特点是:研究对象具有不断变化动态发展的特点。一是作战指挥理论与实践不断发展变化。二是指挥控制信息系统的内涵不断拓展变化。三是人机环境不断变化,人机结合要求不断提升。

2. 研究内容是复杂多领域的

指挥控制信息系统军事需求研究内容复杂,涉及领域众多:一是既要研究作战指挥问题,又要研究技术问题;二是既要高度抽象;又要具体形象;三是既要分层次、分领域研究,又要能综合集成。

3. 研究方法要统一规范

指挥控制信息系统军事需求研究的方法要统一规范,确保需求研究易理解、易转换,可以先多级、多域、分步展开,再归一汇总综合。一是研究内容要统一规范；二是研究手段要统一规范；三是研究目标要统一规范。

4. 研究过程是交互滚动的

指挥控制信息系统军事需求研究过程具有全程交互的互动性。一是需求研究与系统用户全程互动；二是各需求研究全程互动；三是需求研究与系统研制开发全程互动。

综合以上4个特点，在开展指挥控制信息系统军事需求研究时，需要重点把握以下两个要求：一是与指挥理论创新相适应，即指挥控制信息系统军事需求研究要与战争形态、作战样式、指挥体制、条令条例等方面的理论创新发展相适应，指挥控制信息系统作为指挥人员智力和体力的拓展和延伸，将反向促进联合作战、信息作战、网络中心战等各种新型作战理论的产生和走向成熟；二是与信息优势能力相匹配，即指挥控制信息系统军事需求研究要从研究优化指挥信息流程、简化信息交互、强化信息利用着手，重点梳理指挥关系、指挥流程和信息需求，研究系统如何能保证在"恰当的时间、以恰当的方式，将恰当的信息以恰当的形式传给恰当的人(武器)"，有效缩短OODA周期，提高作战指挥的时效性和科学性。

2.3.4 指挥控制软件军事需求工程过程

1. 规划工程过程

指挥控制装备的发展通常由主管机关根据国家安全形势、世界军事发展趋势、国家安全战略和军事战略、作战指导理论、科学技术与经济实力、战略对手有关情况、军队建设现状等制定发展规划，对应的军事需求规划应在揭示战争形态发展趋势、把握战争客观规律的基础上，有机协调需求的超前性、复杂性与军队现实能力滞后性的矛盾，最大限度地缩小现实能力与打赢目标的差距，突出目标定位、导向牵引、评估验证、反馈调控的作用。

随着以信息技术为核心的高新技术迅猛发展，信息化战争成为现代战争的主要形态，对军队现代化建设提出了新要求、新挑战。指挥控制软件军事需求规划应着眼构建联合作战指挥体系，从现实问题入手，按照现役改进与全新打造同步推进的思路，突出顶层设计，优化体系结构，科学确立型谱，深入开展需求研究论证,全面提出指挥控制软件军事需求。

落实需求规划工作应结合路线图制定和五年规划等装备管理程序,坚持国家利益至上、使命任务牵引、重当前谋长远、体系效能优先、研究全程规范的原则,采用体系结构、路线图、信息资源规划、演习与试验、评价分析等方法,明确成果形式,成为指挥控制软件建设的权威指导。

2. 开发工程过程

指挥控制软件军事需求开发工程过程要遵循软件需求工程方法理论,遵守需求工程规定的需求生成过程,通过流程的正规、有序,确保指挥控制信息系统军事需求研究成果的科学与准确。

如图 2-6 所示,指挥控制软件军事需求研究是任务牵引、循序渐进、互动发展的迭代演进过程,与系统建设各个环节紧密结合。指挥控制软件军事需求开发过程是对指挥控制软件军事需求逐步求精的过程,整个过程中的各项研究活动应相互协作,最终目的是在需求研究人员、系统研制人员和系统最终用户间达成一致的理解,形成可追踪、可维护的标准化军事需求文档用来指导和规范系统建设。

与软件需求开发工作一样,指挥控制软件军事需求开发过程具体包括需求获取、需求分析、需求描述、需求验证 4 个环节。

1) 需求获取

指挥控制软件军事需求获取过程主要包括明确军事需求研究目标、制订军事需求获取计划、收集军事需求信息、整理形成原始需求文档 4 个步骤,可以采用用例图的方式进行记录,重点关注用户利用系统完成什么任务。

(1) 明确军事需求研究目标。明确军事需求研究的目标,通常由军事需求研究组织管理机构与需求研究论证机构根据指挥控制信息系统建设的目标来确定。

(2) 制订军事需求获取计划。军事需求获取计划主要包括:①需求研究概要,包括拟建设的指挥控制信息系统的功能、用途、目标、必要性等;②需求获取人员的组成,重点明确各类人员获取指挥控制信息系统军事需求的职责、任务、时限和要求;③需求获取工作开展的详细计划,包括指定具体的需求获取来源、

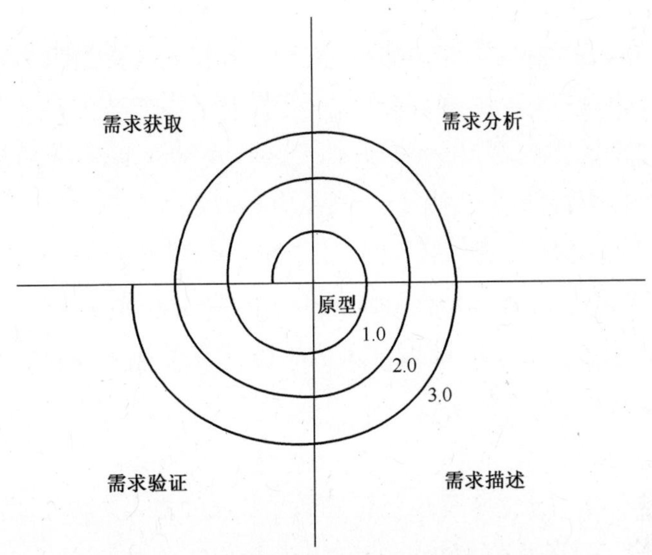

图 2-6 指挥控制软件军事需求开发工程过程

参与人员、需求获取重点等内容；④确定相关约束信息，明确需求获取时一些制约条件和约束事项。

(3) 收集军事需求信息。按照军事需求获取计划，组织开展实地调研、文档调阅、座谈交流、问卷调查、用例分析、概念演示等各种需求获取方法，从需求来源处收集有关指挥控制信息系统研制建设的第一手军事需求。

(4) 整理形成原始需求文档。将需求研究人员集中起来，根据需求概要的内容，按照作战需求、用户需求、功能需求等类别，对收集到的各类纷繁复杂的需求信息进行逐条分类整理，形成指挥信息原始军事需求文档，为后续需求分析提供基础。

2）需求分析

指挥控制软件军事需求分析过程是需求开发工程中一个承上启下的重要环节，具体包括需求过滤分析和需求概念建模两个环节。

(1) 需求过滤分析。需求研究人员通过对原始军事需求文档进行详细分析和可行性论证，明确可行、可接受的需求，剔除不必要、不可行的需求，区分关键需求和一般需求，按照满足作战需求的前提下兼顾其他的原则，梳理形成指导信息系统研制建设的指导性需求。

(2) 需求概念建模。在需求过滤分析的基础上,构建指挥控制信息系统军事需求概念模型。军事需求概念模型是需求研究人员对实际系统中的事物或现象的一种独立于具体实现的抽象表示,它是从系统外部、宏观描述系统组成元素之间发生物质、能量交换的过程,具体内容可包括指挥控制信息系统的指挥体制、指挥活动、信息交换、系统功能等。通过指挥控制信息系统军事需求概念模型,可对指挥控制信息系统军事需求进行集中式、结构化表述,为后续需求描述、需求验证提供依据,为确保需求研究人员、系统研制人员和系统最终用户达成一致理解提供支持。

3) 需求描述

指挥控制软件军事需求描述过程是将需求研究成果文档化、规范化、形式化,以便于指导后续系统研制建设。具体包括确定需求内容、描述需求产品、生成需求报告三个环节。

(1) 确定需求内容。指挥控制信息系统涵盖的内容多元、种类繁多,在进行具体军事需求描述时侧重点各不相同,军事需求描述内容也都不一样。因此,需要根据系统具体的作战使命任务和现状,合理确定需要重点描述的军事需求内容。

(2) 描述需求产品。综合运用各类工程化描述方法,比如采用基于体系结构视图的描述方法,以文字、表格、图形等各类形式描述形成各类指挥控制信息系统需求产品。

(3) 生成需求报告。按照需求分析时确定的指挥控制信息系统军事需求概念模型,采用文档形式,对生成的指挥控制信息系统各类需求产品进行综合、归纳、整理,最终形成军事需求研究报告。军事需求研究报告既是对已完成的需求获取、需求分析、需求描述工作的阶段性小结,也是下一阶段需求验证工作的基础。

4) 需求验证

指挥控制软件军事需求验证过程是对需求获取、需求分析、需求描述阶段获取的需求研究成果——军事需求研究报告进行全方位的综合分析和评判,确定指挥控制信息系统军事需求研究进一步完善和优化的方向。具体包括定义需求验证规则、确定需求验证目的和范围、开展语法语义语用验证、修改完善需求文档、确认军事需求5个环节。

(1) 定义需求验证规则。军事需求验证必须基于一定规则展开,因此需求验证首要工作是确定军事需求验证规则,具体可包括语言合法性规则、同一性规则、应用领域规则、开发兼容性规则等。

(2) 确定需求验证目的和范围。军事需求验证是针对一定的目的和背景的,验证的目的决定了需求验证的范围和方式,必须简明扼要。需求验证的范围包括内容范围和过程范围。

(3) 开展语法语义语用验证。通过定位、识别、分类等手段,采用模型校验、仿真测试等方法,对需求文档具体内容开展语法、语义、语用3个层次的验证。语法验证主要从语法角度对需求文档中的语法错误进行检查;语义验证主要对需求文档中存在的开发人员理解错误、完备性、一致性以及语义规则等内容进行验证;语用验证主要对需求文档中存在的正确性、合理性和有效性等内容进行验证。

(4) 修改完善需求文档。发现语法、语义、语用错误后,对需求文档中的错误或不合理内容进行纠正、修改和补充,形成符合要求和规范的需求文档。

(5) 确认军事需求。完成需求验证后,对军事需求进行再次确认是一项非常重要的工作。军事需求确认可采取部分确认、专题确认或整体确认等方式。

3. 管理工程过程

指挥控制软件军事需求管理,是为指挥控制信息系统建设和使用全过程的军事需求获取、分析、协调、版本和跟踪等信息进行组织与管理的系统方法,是建立和维护系统最终用户与军事需求研究人员之间关于需求变更所达成一致性的过程。

指挥控制软件军事需求管理有以下3个显著特点:

(1) 指挥控制软件军事需求管理贯穿指挥控制信息系统建设和使用全过程。

(2) 指挥控制软件军事需求管理的核心是对军事需求变更的管理。

(3) 指挥控制软件军事需求管理必须全面考虑军事需求的各种因素。

与软件需求管理工作一样,指挥控制软件军事需求管理主要包括:需求变更管理、需求版本控制、需求状态跟踪、需求跟踪4个环节。

(1) 需求变更管理。需求变更管理是指挥控制信息系统军事需求管理的核心问题,目的是为了避免由于不断采纳新的需求而不断调整系统研制建设计划、进度、目标,而导致系统研制建设失控。需求变更分析的工作就是从不同角度将需求变更后对系统带来的影响进行分析综合后给出合理的评估结果。需求变更控制的步骤包括:①建立需求的基线;②明确变更控制相关人员;③确定需求变更控制过程;④记录需求变更。

(2) 需求版本控制。需求版本控制是指在保持单个需求同需求文档的联系的同时,管理这些需求文档和其他在指挥控制信息系统建设过程中产生的文档之间的相互关系,以及需求文档和可交付产品之间的相互关系。版本管理具体包括:①版本构成,即一系列需求文档的形成;②版本控制,包括标识机制、分发机制、修改机制、协调机制等。

(3) 需求状态跟踪。需求状态跟踪通过分类将需求分成若干个状态类别并进行精确化管理。需求状态可包括:已提议、已批准、已设计、已实现、已验证、已交付、已删除、已否决。

(4) 需求跟踪。在系统研制建设过程中,可建立需求跟踪链,对需求进行全程跟踪,向前可以跟踪到用户需求,向后可以跟踪到产品,既可确保所有需求的实现,也为维护系统中不同需求间的一致性理解提供支持。

参考文献

[1] (美)Dean Leffingwell,Don Widrig.软件需求管理:统一方法[M]. 蒋慧,林东,等,译. 北

京:机械工业出版社,2002.
[2] (美)Dean Leffingwell,Don Widrig.软件需求管理用例方法[M]. 蒋慧,译.2 版. 北京:中国电力出版社,2004.
[3] 黄国森. 基于 UML 的动态需求跟踪技术的研究[D]. 北方工业大学,2007,6.
[4] 杨巨龙,周永利. 软件需求十步走:新一代软件需求工程实践指南[M]. 北京:电子工业出版社,2013.
[5] (美)Karl E. Wiegers.软件需求[M]. 刘伟琴,刘洪涛,译.2 版. 北京:清华大学出版社,2014.
[6] (英)Suzanne Robertson,James Robertson.掌握需求过程[M]. 王海鹏,译.3 版. 北京:人民邮电出版社,2015.
[7] 国防信息学院. 军事需求研究概述[M]. 北京:军事科学出版社,2012.

第3章 设计开发

传统意义上的软件开发包含软件研制的全过程。随着软件规模的不断扩大,在新概念下,开发过程可细分为需求分析、软件设计、软件编码、软件调试、软件测试、软件维护等,软件设计开发通常仅指设计、编码和调试阶段,设计衔接需求分析和编码,编码也常被称作开发或编程。

本阶段的工作,应由具备丰富指挥控制信息系统建设经验的技术人员来主导,特别是应由参加过大型项目,对项目得失教训有深刻体会,能够避免发生常见错误的技术人员负责总体设计,这些人员应对军队信息化发展规划、基础设施、部署环境、运维管理、技术水平等有较清楚的认识,并由编程开发经验丰富的程序员参与设计,完成从需求到软件代码的设计开发工作。

3.1 软件设计基本内容

3.1.1 设计的基本观点

从工程角度看,设计的本质是对功能的取舍,以及排列组合对用户的良性暗示。关于设计的基本观点有:

(1) 设计不是追求可行,而是在有限理性范围内追求完美;

(2) 设计是在各种约束条件和相互矛盾的需求间寻求一种平衡;

(3) 设计就是改善;

(4) 设计与流行无关,旨在做出最好的产品;

(5) 设计要直面本质部分,装饰是掩盖空虚内容的多余物;

(6) 从用户角度看,设计是无形的过程;

(7) 做设计不是发现美，而是感知丑；

(8) 促使设计者用心并痛苦地进行设计的动力是设计者追求完美的品德和对不完美的零容忍态度。

软件设计也应遵循这些基本观点。

3.1.2 软件设计的本质

软件设计的本质就是脚踩两个世界，即人及其意愿的世界和技术的世界，设计人员努力要做的是设计将人、机器以及将人和机器连接起来的各种接口（包括物理接口、感知接口和心理接口），在有限理性条件下最优地结合到一起。

设计就是一个建模并不断求精的过程，其总体过程即根据需求分析结果，设计软件的整体结构，划分功能模块，确定每个模块的实现方法，获取能够满足软件需求的、明确的、可行的、高质量的软件解决方案。“明确”指软件设计模型易于理解，编程人员在实现方案的过程中，无需再面对影响软件功能和质量的技术抉择或权衡。“可行”指在可用的技术平台和软件项目的可用资源条件下，采用预定的程序设计语言可以完整地实现该设计方案。“高质量”是指设计不仅要给出功能需求的实现方案，而且要适应非功能需求的约束，设计要尽量优化，以确保依照设计编码出来的产品具有良好的软件质量属性。

3.1.3 软件设计的思维

在人类尝试发明能够编写任意程序的程序——号称“终结者程序”失败后，不得不承认在当前乃至今后很长一段时间内，软件设计仍然必须是人的创造性劳动，并且软件行业在不断地证明一条真理：只要选对人，软件就成功了。软件行业各大巨头不断高薪挖掘技术“大牛”就是最好的证据。

这些技术“大牛”最厉害的武器就是其思想，提出面向对象技术的 Grady Booch，以及与他共同提出统一建模语言（UML）的其他两位世界级面向对象技术专家 Ivar Jacobson 和 Jim Rumbaugh，揭示设计模式原理的 Erich Gamma、Richard Helm、Ralph John Vlissides 的成功，都揭示了软件设计思想在软件工程中的重要性。

从实用性的角度来看,软件设计开发更多的是对人员知识结构和能力水平的要求,是对人的要求。提炼、抽象、分层、迭代和选择被认为是软件设计的5种必须的基本思维要求。

1. 提炼

需求分析主要从终极用户角度明确了软件需要支持的业务流程及其指标,主要阐述了业务活动外的使用、维护过程中的多个因素,但是,随着研制工作进入计算机实现阶段,会发现还需要明确使用环境、部署方式、互联互通关系、效用期乃至更新升级等软件全生命周期需要考虑的因素,这些因素之间有些是重叠的,或者有些根本就不需要考虑。随着设计工作的展开和深入,需对这些因素进行提炼,从众多的因素中得到其中的关键因素并分类分级,并重点考虑这些因素如何更好地支持需求的实现。

2. 抽象

抽象是在提炼的基础上,从不同的层次和角度,透过众多的表象寻找共性,通过表达共性从而最终刻画个体,将问题或事物分解并模块化使得解决问题变得容易的过程。

其本质是尝试用数学中的抽象方法,建立业务活动在计算机中的表示模型,通常包含概念模型、逻辑模型乃至数学模型。这是将业务需求转换为软件功能要求,在软件世界实现需求的第一步。

最高层次的抽象指使用待解决问题领域内术语描述解决方案,相对较低层次的抽象更多地指向程序语言,最低层的抽象则是可直接实现的解决方案。

缘于抽象,一个软件模块可能被映射到多个需求上,承载多种业务需求。当然,分解的越细,模块数量也就越多,它的副作用就是设计者得考虑更多的模块之间的耦合。

3. 分层

信息系统越来越复杂,软件规模越来越庞大,这已是众所周知的事实。从而导致其设计需要考虑的内容也越来越多。

当程序员在考虑一个模块的详细设计时,可能还有数以百计的其他模块以及数以千计的细节,他不可能同时顾及。例如,在软件设计中,有一些重要的内容不完全属于数据结构和算法范畴。理想情况下,程序员不应该在设计代码时还得去考虑其他方面的内容。

为了适应这种复杂性,大型复杂系统软件的分层设计,一般包括顶层设计、体系架构设计和软件设计等。层级划分视具体的软件规模而定,层级高低是相对的。与模块化设计原则一致,层间追求低耦合,层内追求高内聚。为避免层间低耦合可能导致的跨层业务性能降低,通常对典型功能纵向设计,以检验和优化分层设计的成果。

但是,在实际的设计工作中,通常是通过递归不断细化设计。顶层软件设计者很有可能也会进行详细设计,但在开展顶层设计时,往往可以忽视模块算法设计的细节;在详细设计模块内部算法时,通常不必考虑顶层设计问题,但是,一个设计层面中的问题往往会侵入到其他层面之中。为保证整个软件系统的成功,一个特定模块算法的选择有时可能和高层次的设计问题同样重要。在软件设计的不同侧面,重要性的等级不存在高低之分。最低层模块中的一个不正确设计可能和最高层中的错误一样致命。软件设计必须在所有方面都是完整和正确的,否则,构建于该设计基础之上的整个软件都会是错误的。

4. 迭代

实际上,所有的设计活动都是相互影响的,可以跨越多种技术甚至常常涉及多个学科分支。软件设计成为一种管理复杂性的活动,复杂性存在于软件设计本身之中,存在于软件机构之中,也存在于整个软件行业之中。软件需求往往不固定、经常快速变化,这种变化常常会与软件设计同时发生。部分需求的变化并不会对软件设计产生质的影响,但需要进行微调。同样,在设计过程中,软件开发团队也往往不固定,甚至负责人也不停变动,他们常常有不同的经验积累和爱好,通常也会对设计进行调整。

在软件工程革命开始将近50年的今天,仍然缺乏从设计到开发可无缝连接的方法,无法在编码前验证设计的正确性,和其他工程行业相比,软件开发看起来仍然像是一种未受过训练(undisciplined)的技艺。

所有这些复杂特征都使得这个冗长的软件设计开发链条成为了一个易出错的过程,而且如果设计的任何一个方面内容被冻结在改进过程之外,那么对于最终设计将会是糟糕的甚至是灾难性的。因此,必要时需要对这个链条涉及的各个细节进行迭代改进。

实践表明,通过迭代返工,修修补补成了纠正错误的唯一可行方法。让迭代工作最小化的方法,就是尽早开始“设计—编码—测试”的微循环,对设计进行验证和改进。这也是对设计本质进行改善的最好诠释。

当然,软件开发过程从瀑布式发展出的螺旋式和快速原型,其实质就是在软件生命周期中更早地开始编码,更早地开展“设计—编码—测试”迭代,通过及早验证来消除风险和缩短产品的交付时间。

因此,迭代也被称作“求精”,例如,通过程序细节连续细化来开发程序体系的策略;分步骤程序进行分解,直至成为最终代码的过程。

5. 选择

选择主要是指对软件实现技术的甄别,是在综合考虑使用环境、时间、成本、效益、产品发展、人员等各方面因素的条件下,对技术路线、开发语言、算法、设计模式、运行环境等具体计算机技术的决策。

按照设计的基本观点,设计不是追求可行,而是在有限理性范围内追求完美。因此,在技术选型时,往往需要在多种可行的组合中进行优选。通常有经典的技术架构组合可遵循,例如:Java/Eclipse/JavaBeans/JavaScript/Tomcat/Linux、C++/VisualStudio/MFC/OpenGL/Windows 等。但是,在解决具体问题时,例如在设计软件接口时,接口粒度如何设计、参数类型如何选择更为高效,这些问题又需要技术人员再次进行选择。

此外,选择还包含在某些情况下对某些功能、性能指标要求的提高和降低。可以说,整个软件设计过程就是一个不断选择的过程。是用空间换时间好?还是用时间换空间好?是现在还是未来考虑性能?是激进还是求稳?

从这些基本考虑中可以看到,每一种方法的实际执行,都与团队的经验水平和追求密切相关,具有很强的个性化。

这些思维方法各有优缺点,互为补充,需要根据具体项目特点综合运用。如:在迭代的过程中,也许需要再次对需求进行提炼和抽象。

3.1.4　软件设计的内容

软件设计的内容随项目规模、起始水平、观察视角等差异有多个分类方法,在分层和迭代思维的影响下,要素粒度大小有明显的相对性。此外由于设计要素互相影响,目前还没有权威的软件设计内容分类方法,比较流行的分类方法是将软件设计内容分为:体系结构设计、功能模块设计、数据设计和用户体验设计4部分。

(1) 体系结构设计。体系结构设计也被称作结构设计或概要设计,通常从总体上考虑2.1.2节的需求,从宏观上规划系统的划分以及各个部分的关系。

(2) 功能模块设计。功能模块设计也叫作过程设计,类似于详细设计,通常详细设计是一个文档,但功能模块设计文档可以有多个。体系结构设计将系统划分成多个功能模块,功能模块设计就是针对某些或某个功能模块的具体设计,包含软件内部、软件和操作系统间以及软件和人之间的接口设计等,满足2.1.2节中的功能需求。该阶段的另一个设计内容是尝试以技术的手段解决传统的非技术难题,显现计算机技术对需求的促进作用。例如:通过在计算机后台对业务流程优化,表现为信息系统性能指标的提升,反过来为提升业务质量提供可能的业务流程调整方法。

(3) 数据设计。数据设计也叫数据库设计、全局数据结构设计等,对需求中的业务概念进行需求分析后,设计数据模型、存储模式、集成方法等,主要依据是2.1.2节中的业务需求,本书第5章将具体介绍。

(4) 用户体验设计。用户体验是指用户使用软件时的整体感觉,用户体验设计需要考虑清楚软件的整体界面规划、界面先后关系、文字表达、软件与用户如何交互等,以满足2.1.2节中的用户需求和非功能需求为目标。

1. 体系结构设计

软件体系结构设计的主要目标是完整地、高一致性地、综合全面地、平衡各种利弊地、有技术和市场前瞻性地设计系统和实施系统,规划要设计的系统整体特征,规划并设计实现系统级的各项要求的手段,界定系统级的功能与非功能要求,同时利用各种学科技术完成各子系统的结构构建。

关于什么是“软件架构”,已经基本得到了软件工程领域普遍的认同。其中一些重要的定义如下:

“软件架构代表了一个系统的组织结构,这包括将系统分解为不同的部分,界定它们之间的连接,确定它们之间的交换机制,并且为后续的设计提供指导性的原则。”

——James Rumbaugh,Ivar Jacobson,Grady Booch

“软件架构表述了一个系统的一个或一系列组织结构,这包括了软件构件,这些构件的外部可见特征,以及这些构件之间的关系。”

——Bass Len, Paul Clements RickKazman

“软件系统架构是根据具有参考意义的实践而定义出来的。主要表述了一个系统的基本组织结构、基本组成构件和相互的关系,以及构件与外部环境间的关系。同时,软件系统架构为后续的设计和架构演化提供了指导性原则。”

——《IEEE Standard 1471》

“系统体系结构的基本概念或属性,包括系统的组成单元、关系和设计与演进的原则。”

——《ISO/IEC/IEEE 42010》

上述诸多不同的“软件架构”的定义,其实都表达了近乎一致的思想:强调了软件全局观念的重要性,要求设计者关注系统的整体设计而不是系统中单独的组件,以此为出发点,从多个视角考虑问题,理清系统的基本组织结构方式或系统构成方式,指定各子系统的职责,明确各子系统间关联关系,明确各个模块的定位。体系结构设计的具体内容,通常包含:

(1) 使用环境:固定、移动。

(2) 互通关系:产生信息交互的软件的约束条件。

(3) 通信网络:有线网/无线网、局域网/广域网。

(4) 运行环境:计算机硬件配置、操作系统。

(5) 软件形态:嵌入式、非嵌入式。

(6) 依赖环境:中间件。

(7) 部署规模:单机、集群、云环境、集中式、分布式。

(8) 软件结构:C/S、B/S等。

(9) 存储方式:集中、分散、文件系统、数据库系统、大数据平台等。

(10) 分层结构:表现层、逻辑层、运算层、存储层。

(11) 层内结构。

受软件规模的影响,通常在大型复杂信息系统中体系结构设计最为重要,需要综合考虑项目的资源,例如:开发团队水平、项目时限、资金支持、已有基础、需求优先级等,以提出在有限理性范围可实现的设计方案。

2. 功能模块设计

软件功能模块设计是从软件内部对软件组成和关系的刻画,是体系结构设计分解后的程序单元,能够实现某个特定的功能,可以是一个函数、过程、子程序、算法、一段带有程序说明的独立的程序和数据结构,也可以是可组合、可分解或可更换的功能单元。

狭义来讲,软件功能模块设计以功能为中心,重点关注功能需求的实现,一般包括接口设计、数据结构设计、过程设计、详细设计、通信协议设计和复杂的系统配置过程等,其结果是一定粒度的软件子模块及其结构。

广义来讲,除功能外,随着硬件技术的飞速发展和软件规模的日益庞大,软件模块的可维护性、复用性、可扩展性、可移植性、可测试性等因素日益重要,也是设计中不可或缺的内容。

3. 数据设计

数据设计是基于需求分析成果,特别是基于数据流程图(DFD),在体系结构的约束下,对数据存储、数据组织、访问方法等的设计。按照过程,也分为概念设计、逻辑设计、物理设计和验证设计4部分。

(1) 概念设计:形成独立于机器特点,独立于各个数据存储平台(DBMS、分布式文件系统等)的概念模式,即E-R图。对用户要求描述的现实世界,通过分类、聚集和概括,建立抽象的概念模型。这个概念模型应反映现实世界各对象的信息结构、信息流动情况、信息间的互相制约关系以及对信息储存、查询和加工的要求等。

(2) 逻辑设计:将E-R图转换成具体的数据存储平台支持的数据模型,如关系模型,形成数据库逻辑模式;然后根据用户处理的要求、安全性的考虑,在基本表的基础上再建立必要的视图(View),形成数据的外模式。与此同时,可能还需为各种数据处理应用领域产生相应的逻辑子模式。这一步设计的结果就是所谓的"逻辑数据库"。

(3)物理设计:根据特定数据存储平台所提供的多种存储结构和存取方法等,对具体的应用任务选定最合适的物理存储结构(包括文件类型、索引结构和数据的存放次序与位逻辑等)、存取方法和存取路径等,形成数据库内模式。这一步设计的结果就是所谓的"物理数据库"。

(4)验证设计:在上述设计的基础上,收集数据并具体建立面向应用的数据存储系统,运行典型的应用任务来验证设计的正确性和合理性。一般来说,数据设计往往需要经过多次循环反复。因此,在做前期设计时应考虑到后续修改设计的可能性和方便性。

4. 用户体验设计

仅仅有计算机信息技术的迅猛发展,并不意味着用户在使用计算机时就会获得更高的效率、更好的交互能力或者体验。明确提出以用户体验作为驱动软件设计的动力,以用户体验评价软件产品,这是信息系统发展水平从有无阶段向高质量阶段转化的明显标志,于是,横贯软件架构设计和模块设计的以用户体验为中心的软件设计方法应运而出。

用户体验这个词最早被广泛认知是在20世纪90年代中期,由用户体验设计师唐纳德·诺曼(Donald Norman)提出,仅指人机交互的延伸,是从产品构造、产品功能质量到用户情感需求的角度研究交互技术的质量,是学术界对软件质量再次重视提出的一个新概念,特别是对那些需要面对各类用户、个性化需求明显的软件。以下列举了几种对"用户体验"的定义。

"人们对于使用或期望使用的产品、系统或服务的所有反应和结果。"

——ISO 9241-210

"与产品、服务或者企业交互的所有方面组成的所有用户感知,即传统人机交互和可用性的拓展,不仅包括任务相关的需求,还包括用户心理需求、价值需求等。"

——可用性专业协会 UPA

ISO 9241-210 给出的用户体验的定义被认为是最具影响力的，该定义指出用户体验是在用户与产品交互过程中产生的，包括用户的心理感觉、肢体感觉以及用户体验为用户所带来的结果，体验结果主要是用户的感知和反应，包括情绪和生理反应等。

随着用户体验在内容和架构上不断扩展，用户体验的涵义也在不断地扩充。近年来很多大型企业结合自身产品特点给出了各自关于用户体验的定义。

“不管是硬件还是软件，只要是涉及界面、语音、文字表达、用户操作交互等，都统称为用户体验。”

——微软

当前，用户体验的研究对象大都集中于网站和电子游戏娱乐产品，这两类产品的经济效益都直接与其用户体验密切相关。Bargas-Avila 2012 年对用户体验研究对象的统计表明，电子游戏娱乐产品（移动设备、游戏等）占 42%，艺术作品占 22%，网页研究占 12%，研究者自己构想的产品占 9%。

从产品受欢迎程度上看，苹果手机是做得最成功的，苹果公司在产品设计中强调用户体验至上的思维模式，坚持“简单即是美”的设计理念。

虽然学术界和企业界从不同的角度给出了用户体验的定义，有的强调用户体验产生的原因，有的则重视用户体验的组成，有的将用户体验看作可用性的扩展，但是，究竟哪一种定义能确切地描述用户体验还存在争议。特别是发展到现在，用户体验研究涉及生理、心理、行为科学、感性工学、决策科学等学科知识，因此，给用户体验下一个更合理、全面的定义仍需进一步研究。

工程实践中，关于用户体验的设计内容分类和构成，目前形成了几个比较有代表性的理论：情景体验理论、用户参与理论、最佳体验理论等。情景体验理论指出用户体验包括直接体验和间接体验，直接体验指现实环境中用户的体验，间接体验是指用户在虚拟环境下的体验；用户参与理论指出用户体验包括美学、可用性、情感、注意力、挑战、反馈、动机、感知控制性以及感官吸引度等；最佳体验理论指出用户体验研究属性包括可用性、用户技能、挑战、注意力、愉悦性、唤醒度及临场感等。

软件完成设计后，将进入编码调试阶段。编码阶段的任务是将软件的设计表示翻译成机器可以理解的形式，即将软件详细设计成果翻译成程序设计语言的实现形式。在软件开发中还有另一个压倒性的观点，那就是一切开发活动都是设计过程的一部分，因为一切活动都是在不断明确和细化决策。因此，依据设计结果的编码活动也是一种设计。

软件设计的成果通常是文档，程序是软件设计的最终成果。当然，受采用的软件工程模型、项目规模、项目起始水平的差异，设计的内容可能会作相应的裁剪，单纯的设计工作也可能并不显现，设计成果也不一定有文档记录。例如敏捷开发模型，也许就没有明确的文档式设计成果，但是开发过程中少不了设计的内容。

软件设计成果中的一些共性内容会在更高的层次被抽象出来，称为设计规范、开发约束规范、参考模型或设计模式等。

3.1.5 软件设计开发方法

软件设计开发方法就是如何在软件设计基本思维的指导下，依靠个人和团队的直觉和判断力，借鉴成功经验，避免失败案例，不断创新，遵循相关设计原则，使用具体编程技巧，优选算法，实现设计内容的过程。

软件设计开发方法的优劣程度也是软件技术人员自我追求完美的能力水平的体现。

纵观软件工程模型的执行过程可见，当把需求作为输入、把最终成果作为输出的话，软件设计开发乃至测试是单纯的软件开发领域内部的事，与业务领域是无关的。因此，该过程可完全由软件工程专业的设计师和程序员来控制完成。

工程实践的经验表明，通过落实软件 ISO 9000、GJB 5000 等系列规范要求，获得的最大效果往往是控制了差异性取得了一致性，但并不意味着软件产品具有高质量，不一定是好用管用的成果。在“终结者程序”出现前，实际是人的意识决定了软件的质量。实用的软件开发方法通常要关注 4 方面的问题：设计开发原则、经典软件设计开发方法、常用软件设计工具、设计开发中常见的误区。

1. 设计开发原则

1）体系结构设计原则

如前所述，软件架构设计的主要目标是完整地、高一致性地、综合全面地、平衡各种利弊地、有技术和前瞻性地设计系统和实施系统，规划要设计的系统整体特征，规划并设计实现系统级的各项要求的手段，界定系统级的功能与非功能要求，同时利用各种技术完成各子系统的结构构建。软件架构的目标决定了软件架构具有如下特点：

（1）在一定时间内保持稳定。软件体系结构会随着需求变化、技术进步而不断升级演化。但是软件体系结构的变化要比软件实现的变化速度缓慢很多。软件的实现可能每年每月甚至每周都在不断完善变化，而软件体系结构的变化周期一般在 2~3 年以上。

（2）具有演化性。软件是对现实世界中问题空间与解空间的具体描述，是客观事物的一种反映。现实世界是不断演化的，因此，演化性是软件的基本属性，当软件演化到一定程度时，必然会引起软件体系结构的升级和变化。

（3）对信息系统的长远发展具有重要作用。软件体系结构的作用从整体上看就是以同一个理念、同一种技术、同一组软件、同一套标准、同一簇协议来构造不同的信息系统。软件体系结构体现了整体技术的发展轨迹和方向，致力于维护多个系统之间的有机协调发展，其效益在短时间内一般是难以显现的。

（4）是信息系统互联互通互操作的保证。采用统一的软件体系结构，可确保各级各类信息系统在同一环境中部署运行，可确保信息系统之间能够按照相同的协议进行交互，可确保不同信息系统的功能单元能够集成。采用统一的软件体系结构是消除信息系统“烟囱”的有力保证，有助于提高软件的通用化、系列化、模块化水平，确保各级各类信息系统的互联互通和互操作。

（5）是规范和约束信息系统建设的重要手段。软件体系结构通常会制定强制的技术标准和指南，这是约束信息系统建设的重要手段。信息系统的论证要与体制规划的方向一致，信息系统的建设必须符合这些技术标准和指南，信息系统的研制要以软件体系结构为基础。

实践表明,为确保体系结构发挥对系统建设的统领和约束作用,软件架构师在体系结构设计的过程中必须遵循如下8项主要的原则:

(1) 平衡。架构师需要持续不断地在不同的维度和不同的需求之间进行权衡,考虑孰先孰后、孰轻孰重。平衡和取舍各类用户的要求,平衡系统特征要求与设计实施中现实约束条件的差距,帮助子系统架构师权衡性能与功能的差距,综合考虑系统开发成本与系统技术要求的得失等。

(2) 一致。架构师需要保证各类用户需求的一致性,确保产品规划、产品线架构规划与本产品架构与设计的一致,确保客户要求、架构约束、设计准则在实施阶段得到一致贯彻。

(3) 分解。为解决大规模系统所带来的复杂问题,采取正确的分解动作是架构师必要的应对能力之一。负责将问题分解为各个子问题(子系统),将子问题再分解为单项问题(模块)等一系列的分解,是架构师的主要职责之一。优秀的分解,不但能够将任务需求与研发团队的技术水平较好契合,而且能够较好地应对模块质量层次不齐的风险,使得项目既定目标能够在多个层次收敛。

(4) 集成。作为分解工作的有效补充,集成能力是架构师的另外一项重要职责和能力。与分解工作相比较,集成工作会更为困难一些。因为集成工作的主要目标是将功能上的分解与系统性能和质量上的要求进行衔接,以便于正确引导下一步的分解工作。只有高质量地完成了这种功能与质量的集成,才能使后续的系统分解更加可行。这是经典的"总—分—总—分"循环原理的实践应用。

(5) 纵览。纵览全局的能力是另外一个重要的方面。纵观整个系统及其存在的背景,以便于制定出重要的设计指导规则和设计控制规则。这样在设计时,设计人员就能做出正确的设计抉择。同时,纵览全局的能力可指引设计人员逐步梳理出产品的全面完整信息,为负责具体部分的设计人员提供了全方位的视角和完整的应用场景。

(6) 简捷优美。一个"好"的问题分析模型,或一个"好"的问题解决模型,或一个"好"的架构和设计,其中一个重要的特征就是简捷和优美。架构师不仅要使自己的架构做到这一点,同时也要尽量使各个部分的设计工作做到这一点。但是，需要注意的是，这种所谓的“优美”不是架构师个人的主观认知，而是要得到整个架构设计人员的认同，这才是客观的“优美”。

(7) 完整。随着开发工作的进行，开发的任务重点和待解决的重点问题也在慢慢地发生变化和漂移。架构师要保持系统的要求能够平衡均匀地、有侧重地、逐步地、一丝不苟并且完整地实施。例如当开发成本发生了变化，架构师要使产品或项目开发依然能够尽量完整地实现系统要求的性能和可靠性等。

(8) 吻合。在产品或项目启动、设计、开发、运行维护、服务等完整的生命周期内，架构师的工作要吻合各类用户的要求。这需要架构师对技术有着深入的把握，同时在其他方面也需要有广博的阅历。

2) 功能模块设计原则

相对于体系结构设计，功能模块的设计更加接近代码编写，因此该阶段设计原则的两个显著特点就是：和具体开发运行环境密切相关、和具体开发团队水平相适应。因此，该阶段的设计也可以称作是详细设计。

“… 应用各种各样的技术和原理，并用它们足够详细地定义一个设备、一个程序或系统的物理实现过程。”

——E. S. Taylor

Erich Gamma、Richard Helm、Ralph John、John Vlissides 等人总结的 23 种可复用面向对象软件设计模式应是从事该阶段工作的基础，隐含在 23 条设计模式后的 6 条基本原则为：

(1) 单一职责原则。不要存在多个导致类变更的原因。遵循单一职责，可以降低类的复杂度，一个类只负责一项职责，其逻辑肯定要比负责多项职责简单得多；提高类的可读性，系统的可维护性也会随之改善；最大限度降低变更引起的风险，因为变更是必然的；如果单一职责原则遵守得好，当修改一个功能时，可以显著降低对其他功能的影响。单一职责原则不只是面向对象编程思想所特有的，只要是模块化的程序设计，如过程设计中的函数设计，都适用单一职责原则。

(2) 里氏替换原则。子类可以扩展父类的功能，但不能改变父类原有的功能，所有引用基类的地方必须能透明地使用其子类的对象。子类可以实现父类的抽象方法，但不能覆盖父类的非抽象方法；子类中可以增加自己特有的方法；

当子类的方法重载父类的方法时,方法的前置条件(即方法的形参)要比父类方法的输入参数更宽松;当子类的方法实现父类的抽象方法时,方法的后置条件(即方法的返回值)要比父类更严格。

(3) 依赖倒置原则。高层模块不应依赖低层模块,二者都应依赖其抽象;抽象不应依赖细节;细节应依赖抽象。依赖倒置原则的核心思想是面向接口编程,低层模块尽量都要有抽象类或接口,或者两者都有;变量的声明类型尽量是抽象类或接口;使用继承时遵循里氏替换原则。

(4) 接口隔离原则。客户端不应依赖其不需要的接口,类之间的依赖应建立在最小的接口上。接口尽量小,但是要有限度,对接口进行细化可以提高程序设计灵活性是不争的事实,但是如果过小,则会造成接口数量过多,使设计复杂化;为依赖接口的类定制服务,只给调用的类暴露需要的方法,不需要的方法则隐藏起来。只有专注地为一个模块提供定制服务,才能建立最小的依赖关系;提高内聚,减少对外交互,使接口用最少的方法完成最多的事情。

(5) 迪米特法则。一个对象应该对其他对象保持最少的了解。这是实现软件编程总原则中低耦合的具体方法。对于被依赖的类来说,无论逻辑多么复杂,都尽量地将逻辑封装在类的内部,对外除了提供公共方法,不对外泄漏任何信息。由于每个类都减少了不必要的依赖,耦合关系降低得以实现。

(6) 开闭原则。软件实体如类、模块和函数应对扩展开放,对修改关闭。开闭原则是面向对象设计中最基础的设计原则,也是建立稳定灵活系统的基础。开闭原则推荐用抽象构建框架,用实现扩展细节。抽象灵活性好,适应性广,合理的抽象可以基本保持软件架构的稳定。而软件中易变的细节,可用从抽象派生的实现类来进行扩展,当软件需要发生变化时,只需要根据需求重新派生一个实现类来扩展。

功能模块设计还应遵循的其他主要原则有:

(1) 注重细节。细节决定成败,该阶段必须确保每一个设计内容的可行性,每一个设计细节的描述都应该准确无误、毫无歧义。必要的时候,需要进行编码试验。

(2) 作必要的设计。对于特别熟悉的功能模块,可以省略设计环节直接编码,以编码代替设计,把设计和编码融合起来。

(3) Demo 也是设计。设计逻辑复杂时,可能需要文档,但文档毕竟是纸上谈兵,最切实的方法是建立 Demo 演示相应的算法和设计思路。

(4) 设计有优先级。可以按照模块重要性程度安排优先级别。

(5) 避免复杂。从经济的角度来说,资源消耗最小化永远是追求的方向,过度设计和复杂设计常常会导致项目失败。

(6) 高内聚,低耦合。一组密切相关的功能应该设计在一个模块内,模块间的功能关联度应该尽量降低,这是软件重构的基石。

(7) 代码要规范。程序代码的可读性要好,注释量和注释的可读性决定了程序代码的可读性;程序代码风格要一致,函数、变量标识要符合编程规范。

(8) 代码可测性要强。要有明确的日志记录和异常控制机制。

3) 数据设计原则

本质上,数据设计就是以综合运用集中式和分布式文件系统、数据库系统等存储和计算资源,以数据存储和检索为基础,满足数据挖掘、可视化等应用需求的过程。在设计面向领域的应用数据库时,除选择性借鉴体结构设计和功能模块设计的原则外,需要遵循的其他主要原则有:

(1) 弹性的存储容量。通常情况下计算机通过集中式文件系统或数据库系统管理、存储数据,扩展容量的方式通常为通过增加集中式硬盘的数量和容量,但是在信息爆炸时代,数据量成指数级的增长,这种方式在容量大小、容量增长速度等方面的表现都差强人意。因此,在应对大规模数据量,特别是存在明显的增量需求时,可考虑采用分布式文件系统和分布式数据库管理系统,将固定于某个地点的某个文件系统,扩展到任意多个地点/多个文件系统,具备较强的存储容量弹性。

(2) 高速的访问性能。高速度永远是用户对计算机系统永恒的追求之一,数据读写检索速度是多层架构下最影响用户体验的因素,数据平台的选择直接影响其他模块的设计决策,特别是有并发访问请求的系统设计。从用户角度来看,影响访问速度的因素主要包括硬件环境、网络环境、数据平台性能、数据量规模、并发用户数量等。实践表明,提升同样的性能程度,依赖少量因素改善的所需的工作量要远远大于综合运用多种方法的工作量。因此,在给定的软硬件条件下,需要从数据平台、应用系统设计和用户管理等多个层次同时优化。例如:通常在物理设计时,降低范式,增加冗余;当计算非常复杂而且数据量非常大时,复杂计算要先在数据平台外面,以文件系统方式计算处理完成之后,最后写入数据平台中。

(3) 灵活的权限控制。数据共享的需求决定了数据的访问不仅限于一个用户,用户访问数据的目的可能大不相同,数据的重要性程度也各不相同,因此必须有全面灵活的用户访问控制权限管理机制来确保数据能够被安全共享。通常需要提供的访问模式有只读共享、受控写操作和并发写操作 3 种。只读共享允许用户访问数据,而不能修改它,实现起来相对简单;受控写操作允许多个用户访问同一个粒度的数据,但只有一个用户进行写修改,而该用户所做的修改并不一定会被其他已使用该数据的用户感知;并发写操作允许多个用户同时读写一个文件,但需要数据平台进行大量的监控工作,以协同方式完成最终状态的确认,并保证用户能够看到最新信息,这种方法即使实现得很好,许多环境中的处理要求和网络通信量也可能使它变得不可接受。

(4) 可靠的备份恢复支持。人为误操作、软件错误、病毒入侵等"软"性灾害以及硬件故障、自然灾害等"硬"性灾害在信息系统运行中通常是不可避免的,因此,可靠的容灾备份和恢复支持也是衡量数据平台的关键指标之一。通常,对整个信息系统的所有数据都提供备份和恢复支持的代价是难以承受的,需要对信息系统的数据进行重要性分级,根据业务要求设计的恢复点目标(Recovery Point Objective,RPO)和恢复时间目标(Recovery Time Objective,RTO),参考国际 share78 标准推荐的 7 级容灾备份方案,设计与业务系统对应级别的备份和恢复方案。

4) 用户体验设计原则

不可否认的是,用户体验贯穿在一切设计、创新过程中。在早期的软件设计过程中,人机界面被看作仅仅是一层包裹于功能核心之外的包装,而没有得到足够的重视,其结果就是对人机界面的开发是独立于核心功能的开发,而且往往是在整个开发过程的结尾才开始。这种方式极大地限制了对人机交互的设计,其结果带有很大的风险性。因为在最后阶段再修改核心功能的设计代价巨大,牺牲人机交互界面便是唯一的出路。这种带有猜测性和赌博性的开发难以获得令人满意的用户体验。

用户体验研究的目的是找到影响用户体验的设计要素,通过优化产品设计提升用户体验水平,最终提升用户忠诚度。由以上分析可见,用户体验是个综合性指标,是对软件功能性能的全面考量,以用户体验作为最终的评价标准,其基本原则有如下5条:

(1) 有用的内容。以网站为例,网站内容是网站的血液,内容为王,这是亘古不变的真理。因此,最重要的是要让产品有用,这个有用是指用户的需求能够得到满足。在此,要防止走向另一个极端情形,内容切忌虚大。系统不宜求大求全,宜求最实用的功能。否则,杂乱繁琐的设置和选择,会使用户产生负面的体验,很快就会失去耐心和好感。

(2) 情感体验。这点在电子游戏中体现得最为明显,其提供的沉浸感激发的用户自我满足感在虚拟世界得到了升华,游戏与自我通常无法分离。特别是在这样一个注重个性化体验的时代,能为消费者提供独特体验将对促进销售与提高亲和力有积极的帮助。虚拟社区提供的人与人的交流平台,使用户产生一种情感,其情感寄托是软件盈利的主要方式之一。网易电子邮件系统、亚马逊书店、淘宝购物平台等,这些企业成功实现了对用户的吸引、依赖、粘连,甚至使得某些用户在选择产品时,已经分不清在用户体验上是心理需求还是功能需求更重要。

(3) 自然的交互方式。即通常指的通过界面设计提供的易用性。产品要让用户一看就知道怎么去用,而不要去读说明书。新型的人机界面设计伴随着硬件技术的革新随之改变,提供更加接近人类的本能、更易于理解的自然行为方式,无疑改善了用户与设备交互的体验。例如,触摸屏技术的突破在用户体验设计领域引领了变革,多点触控技术成为了手机革命的标志,是苹果系列产品获得成功的关键。

(4) 友好的视觉体验。感官体验是用户体验中最直接的感受,视觉设计的目的就是要传递一种信息,让产品产生一种吸引力,爱上这个产品,创造出用户黏度。以网站为例,需要针对网站的目标人群进行分析,然后在网站设计细节上进行适当的决策,如网站设计风格、色彩搭配、页面布局、页面大小、图片展示、网站字体大小、LOGO 等。颜色搭配是否符合网站定位,风格设计是否符合目标用户喜好,这是能否吸引用户的关键。只有符合大众的喜好,才能吸引用户,增加用户体验度,给网站带来很好的效益。

(5) 品牌。在前 4 条原则和基础上,将用户体验设计融会贯通上升到品牌,吸引用户并获得用户的了解与信任,可产生良性循环的氛围。否则,产品推广越多,用户的负面效应越多,用户会马上走人,甚至永远不会再来,还会告诉另外一个人说这个东西很难用,严重影响产品的用户体验评价。

此外,核心功能模块的设计还要考虑艺术的成分,软件设计的艺术通常包含在软件设计原则中。软件设计原则可能有很多,但并不是每一个项目都要同时满足所有的设计原则,另外,不同的项目其特性有可能使得有些软件设计原则并不适用。设计原则也不是一成不变的,根据项目特点和技术发展,通常还可以抽取出另外的设计原则。

2. 经典软件设计开发方法

软件设计方法不断发展,至今走过了结构化、对象化和服务化三个主要阶段,形成了三种典型的设计流派,在技术方法上逐次继承,而非相互替代,反映了软件在不同时期、不同规模、不同技术条件下发展的印迹。

1) 结构化设计与开发方法

结构化设计与开发包含结构化分析(Structured Analysis,SA)、结构化设计(Structured Design,SD)和结构化编程(Structured Programming,SP)。

(1) 结构化分析。术语"结构化分析"最早由 Douglas Ross 提出,由 DeMarco 进行了推广,发展到今天,结构化分析包含了 Page Jones、Gane、Sarson 以及 Ward、Mellor 和 Hatly、Pirbhai 等人的诸多贡献,得到广泛使用。结构化分析是一种建立模型的活动,在这种活动中建立的模型,按 Pressman 的看法,是系统的第一个技术表示。结构化分析导出的分析模型一般具有如图 3-1 所描述的形式。

模型的核心是数据字典,包含了软件使用或生产的所有数据对象的描述信

图3-1 分析模型的组成

息项的定义,围绕这个核心有3个图,“实体关系图”(ERD)、“数据流图”(DFD)和“状态变迁图”(STD)。其中ERD描述数据对象和数据对象间的关系,在ERD中出现的每个数据对象由“数据对象描述”来定义;DFD用于指明数据对象的变换关系和所需的变换功能,DFD中出现的每个功能都包含在“加工规约”(PSPEC)中;STD用来描述针对外部事件,系统将如何动作的行为模式,是系统行为建模的基础,关于系统控制方面的信息则包含在“控制规约”中。

结构化分析方法发展到今天,形成了一套规范的图形符号体系可用来表达用户需求,结合不同形式的表格,可在概念表示的形象性和精确性方面形成有效的互补。

① 实体关系图。ERD主要目的是表示数据对象及其关系,难点是关系的表达,关系的表达要体现出关系基数和形态。关系基数是指对象间关联关系出现的次数,通常有一对一(1:1)、一对多(1:N)、多对多(M:N)三种。形态是指关系的可选性,关系必须出现1次为1,否则为0。有了形态描述后,就可以表达1:[0…N]这样的关系。在关系连接线上,距离数据对象矩形最近的符号表示基数,短竖线表示1,三叉表示多;距离数据对象矩形稍远的记号表示形态,竖线表示必然发生一次关联,圆圈表示关联关系实际上可能一次也不发生。其基本符号体系如表3-1所列。

表 3-1　实体关系图的符号及含义

序号	图　例	说明	备注
1	A	数据对象	—
2	关系名	两端对象存在关联关系	—
3	关系	关系表示法	—
4		一对一关系	只有基数描述，通常可略小竖线
5		一对一关系	既有基数又有形态描述，通常只画一端的即可
6		一对多关系	只有基数描述
7		一对零到多个，1：[0…N]	既有基数又有形态描述
8		一对多关系，实际上是 1：[1…N]	既有基数又有形态描述

② 数据流图。DFD 主要用来描述信息流和数据从输入到输出时所经历的应用处理或者变换，有时也称为“数据流图表”或“泡泡图”。DFD 的符号体系如表 3-2 所列。

表 3-2　数据流图的图例和含义

序号	图　例	说　明	备注
1	外部实体	目标系统之外的信息生产者或消费者	
2	加工	信息变换（处理）	“泡泡”
3	数据对象	数据流，箭头指定数据的流向	
4	数据存储	数据的物理或逻辑存储，可以是内存块、文件或数据库	

（续）

序号	图　例	说　明	备注
5	（实线箭头）	连续数据流	
6	（虚线圆）加工	控制变换，输入是控制信号，输出也是控制信号	
7	（虚线箭头）	控制项或事件，一般取布尔值或离散值	表示有无或强度
8	（虚线框）控制存储	控制信息存储	
9	（重叠双圆）加工	同一处理的多个实例	表示并发处理

数据流图应遵循逐层精化的原则，第一层通常将目标系统作为“泡泡”，然后，在保持信息流连续的情况下对“泡泡”逐个细化，完成数据流图的分析。

③ 状态变迁图。STD 通过描述状态以及导致系统状态改变的事件来表示系统的行为，另外，STD 也指明了作为特定事件的结果要执行的行为。所以，STD 实际体现了系统的行为模式。STD 主要使用 DFD 的符号，用方块或圆圈表示系统状态。结构化分析包括如下 7 个步骤：

a. 分析当前的情况，创建实体关系图，能够完整地刻画系统输入、输出的数据对象，定义这些对象的属性及相互关系。

b. 推导出等价逻辑模型的数据流图，直至每个“泡泡”只执行一个简单操作，主要保证能够很容易被编程人员理解。

c. 设计新的逻辑系统，生成数据字典和基元描述。

d. 建立人机接口，提出可供选择的目标系统物理模型的 DFD。

e. 确定各种方案的成本和风险等级，据此对各种方案进行分析。

f. 选择一种方案。

g. 建立完整的需求规约。

（2）结构化设计方法。在图 3-2 中，分析模型给出的软件需求，通过设计过程,实现向以数据设计、体系结构设计、接口设计、过程设计为组成要素的设计模型转换,这就是设计的实质。数据设计是第一步,也充分体现了结构化方法面向数据流的特点,它将分析阶段所得到的信息模型,主要包括数据字典、实体关系、对象描述等,变换成软件实现能够使用的数据结构。体系结构设计的主要任务是把系统的功能需求分配给软件结构,形成软件的模块划分和体系结构图。接口设计主要描述模块之间、软件与外部系统以及软件与人之间如何实现通信,一个接口通常意味着一种数据或控制信息流,因此,其设计依据主要是数据和控制流图。很多时候,也将数据设计、体系结构设计和接口设计统称为概要设计或总体设计,其特点是这些设计中主要关注控制层次的定义。过程设计则正好弥补这一不足,它解决的是软件结构元素本身变换功能的精确定义问题,即设计问题,从结构化方法的角度看,过程设计就等同于结构化程序设计,常被称为详细设计。

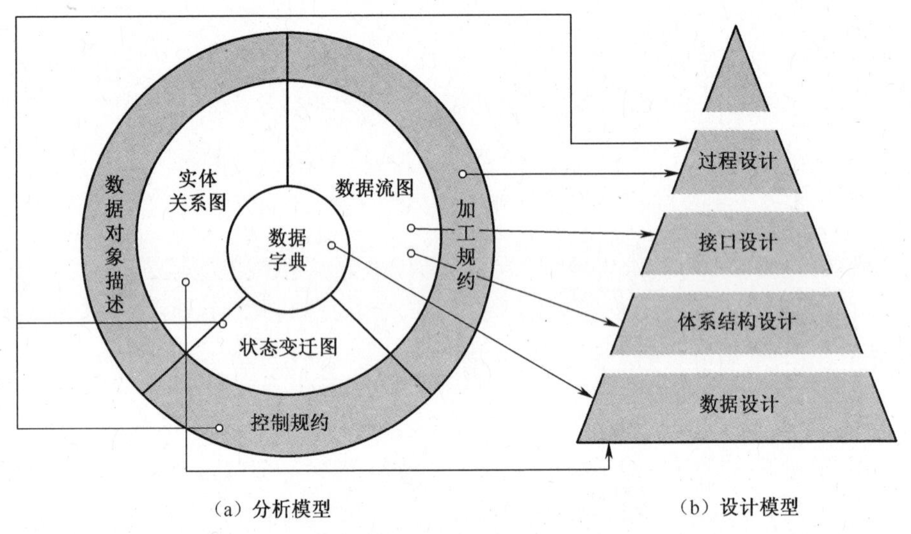

图 3-2 分析模型转换为结构化设计【Pressman】

用金字塔的方式表示设计模型还蕴含了一种隐喻,即显示了各类设计的基础重要性和作用。正如 Pressman 所言,“坚固的软件设计,是通过数据设计建立起宽广的基础,用体系结构和接口建立坚固的中部,用过程设计构造尖锐的顶部,从而创建出不会被修改之风轻易吹倒的设计模型”。

(3) 结构化编程实现。结构化程序设计是实现以模块功能和处理过程设计为主的详细设计的基本方法,其概念最早由 E. Dijikstra 在 1965 年提出。它的主要观点是所有的程序都可以建立在一组已有的逻辑构成元素基础上,这些逻辑构成元素包括顺序、条件、重复,它们是结构化程序设计的基础。这种方法强调了采用自顶向下、逐步求精的程序设计方法,使用可预测的逻辑结构构造程序,使程序具有良好的结构,减少了程序复杂性,从而增加了可读性、可测试性和可维护性,易于调试修改和验证程序的正确性,提高了设计和维护程序工作的效率。

流程图和盒状图是结构化程序设计中常用的图形工具。结构化程序的构成元素可以相互嵌套,Pressman 指出,如果需要从一组嵌套的循环或条件结构中退出,完全依赖结构化的构成元素将导致效率降低,更重要的是,由于增加了退出所需要的逻辑测试语句,将影响软件的控制流,增加出错的可能,降低可读性和可维护性。Pressman 给出的一般建议是尽量避免设计这样的退出分支,或者使用特殊的退出路径,例如尽可能地少用 goto 语句。

结构化程序设计还有一些别的表示方法,如问题分析图(Problem Analysis Diagram,PAD)等。

2) 对象化设计与开发

(1) 面向对象方法的思想。面向对象方法解决问题的思路是从现实世界中的一切客观对象(如人和事物)入手,尽量运用人类的自然思维方式(抽象、分类、继承、聚合、封装、关联等)来构造软件系统。在软件中建立类和对象的概念,类是一组有相同属性和相同操作对象的定义,是在对象之上的抽象,对象则是类的具体化,是类的实例,由数据(描述事物的属性)和作用于数据的操作(体现事物的行为)构成。把程序看作是一个独立而又互相调用的对象集合,程序中的每一个对象都应该能够接受数据、处理数据并将数据传达给其他对象,每一个对象都是一个小型的“机器”。

面向对象作为一种模型化世界的抽象方法,可以帮助设计开发人员更好地理解和探索世界。从设计方法的角度看,结构化方法所蕴含的思想是一种非常纯粹的“还原论”设计思想,而面向对象思想在某种程度上可以认为是引入先验的领域知识后的“还原论”设计方法。其原因在于,对象在领域内就一直客观存在,而不是仅仅在这个项目中才会有,因此,项目工程的全程都是基于涉众对领域有一定的熟悉度基础之上进行的,对象的复用在某种层次上不仅仅是软件产品的复用,也可以认为是某种程度上知识的复用。在结构化方法中,难以看到领域知识在整个工程中的显性作用,而对领域的对象进行抽象、分类则显然具有这一特点。

实践表明,面向对象程序设计推广了程序的灵活性和可维护性,并且在大型项目设计中广为应用。此外,开发人员也认为面向对象程序设计要比以往的做法更加概念清晰,便于学习,因为它能够让人们更简单地设计并维护程序,使得程序更便于分析、设计和理解。

(2) 面向对象程序的基本特征。相对于结构化程序设计,面向对象程序具有封装、继承、多态和消息通信 4 个明显的特点。

① 封装性(Encapsulation)。封装是一种信息隐蔽技术,它体现于类的说明,是对象的重要特性。封装使数据和加工该数据的方法(函数)封装为一个整体,以实现模块的独立性,使得用户只能见到对象的外特性(对象能接受哪些消息,具有哪些处理能力),而对象的内特性(保存内部状态的私有数据和实现加工能力的算法)对用户是隐蔽的。封装的目的在于把对象的设计者和对象的使用者分开,使用者不必知晓行为实现的细节,只须用设计者提供的消息来访问该对象。封装性降低了软件复杂性,让其他对象不用关心它们不必关心的细节可减少修改对象引起的“波动效应”。

② 继承性(Inheritance)。继承性是子类自动共享父类数据和方法的机制。它由类的派生功能体现。一个类直接继承其他类的全部描述,同时可修改和扩充。继承具有传递性。继承分为单继承(一个子类只有一个父类)和多重继承(一个子类有多个父类)。类的对象是各自封闭的,如果没有继承性机制,则类对象中数据、方法就会出现大量重复。

③ 多态性(Polymorphism)。对象根据所接收的消息而做出动作。同一消息为不同的对象接收时可产生完全不同的行动,这种现象称为多态性。利用多态性用户可发送一个通用的信息,而将所有的实现细节都留给接收消息的对象

自行决定。多态性的实现受到继承性的支持，利用类继承的层次关系，把具有通用功能的协议实现存放在较高层类中，而将实现这一功能的不同方法置于较低层类中，这样，在这些低层次上生成的对象就能给通用消息以不同的响应。可通过在派生类中重定义基类函数(定义为重载函数或虚函数)来实现多态性。

④ 消息通信(Message Passing)。消息是对象间实现通信的手段，对象通过接收消息、处理消息、传出消息或使用其他类的方法来实现一定功能。操作是对象与外界的接口，当系统中的其他对象请求这个对象执行某个操作时，该对象就响应这个请求，执行该操作的实现。在面向对象系统中，把向对象发出的操作请求称为消息。一条消息应包括：消息名、入口参数和返回参数。对象接收到消息后先分析消息的合法性，然后为请求者提供服务。一个对象可以是消息的发送者，也可以是消息的接收者，还可以作为消息中的参数。

(3) 面向对象的开发方法的优点。面向对象方法之所以为开发人员接受并经久不衰，主要是因为它具有以下 4 点优势：

① 把软件系统看成是各种对象的集合，这更接近人类的自然思维方式。

② 软件需求的变动往往是功能的变动，而功能的执行者一般不会有大的变化。这使得按照对象设计出来的系统结构比较稳定。

③ 对象包括属性(数据)和行为(方法)，对象把数据及方法的具体实现方式一一封装起来，这使得方法和与之相关的数据不再分离，提高每个子系统的相对独立性，从而提高软件的可维护性。

④ 支持封装、继承和多态，提高了软件的可重用性、可维护性和可扩展性。

(4) 面向对象的开发方法的过程。面向对象设计与开发方法由 Peter Coad 和 Ed Yourdon 在 1991 年提出，他们给面向对象的定义为："面向对象 = 对象+类+继承+通信"。如果一个软件系统是使用这样 4 个概念设计和实现的，则认为这个软件系统是面向对象的。一个面向对象的程序的每一份都应是对象，计算是通过新对象的创建和对象之间的通信来执行的。

一般分为 3 个阶段：第一是面向对象的分析(Object Oriented Analysis, OOA)，主要任务是了解问题域内所涉及的对象和对象间的关系，以对象为中心，基于对象、类、数据抽象、继承等概念，来认识刻画客观世界，建立模型。第二是进行面向对象的设计(Object Oriented Design,OOD),主要任务是调整、完善和充实由OOA建立的模型,基于类、继承、数据封装、动态绑定、多态性、消息传递等构造机制,设计、构建相应的软件系统的过程。第三是面向对象的编程设计(Object Oriented Programming,OOP),主要任务是用具体的面向对象的语言,如C++、Java等实现具体的编码程序。

综上可知,在面向对象方法中,对象和传递消息分别表现事物及事物间相互联系的概念。类和继承是适应人们一般思维方式的描述范式。方法是允许作用于该类对象上的各种操作。这种对象、类、消息和方法的程序设计范式的基本点在于对象的封装性和类的继承性。通过封装能将对象的定义和对象的实现分开,通过继承能体现类与类之间的关系,以及由此带来的动态联编和实体的多态性,从而构成了面向对象的基本特征。

面向对象设计方法以对象为基础,利用特定的软件工具直接完成从对象客体的描述到软件结构之间的转换。这是面向对象设计方法最主要的特点和成就。面向对象设计方法的应用解决了传统结构化开发方法中客观世界描述工具与软件结构的不一致性问题,缩短了开发周期,解决了从分析和设计到软件模块结构之间多次转换映射的繁杂过程,是一种很有发展前途的系统开发方法。但是同原型方法一样,面向对象设计方法需要一定的软件基础支持才可以应用。另外在大型的信息系统开发中,如果不经自顶向下的整体划分,而是一开始就自底向上地采用面向对象设计方法开发系统,同样也会造成系统结构不合理、各部分关系失调等问题。所以面向对象设计方法和结构化设计与开发方法目前仍是两种在系统开发领域相互依存的、不可替代的方法。

3)服务化设计与开发

单纯从理念方面看,面向服务的设计实际上是要求在更大的粒度上分析、处理特定的业务问题,以期能够产生业务整合的效果。

(1)面向服务分析。面向服务是一种将业务活动整合为松耦合、互联互通的业务服务的方法。与面向对象非常类似,面向服务已经成为独特的设计方法。Thomas认为面向服务与面向对象不是竞争关系,虽然看起来面向服务是基于服务的设计,面向对象是以对象的创建为核心。事实上,面向对象编程普遍用于在 Web 服务内封装应用逻辑。在将“对象”“服务”看作某种处理逻辑单元的不同形态的情况下,Thomas 认为面向服务与面向对象在设计方法上的不同主要有:

① 面向服务强调处理逻辑单元(服务)间的松散耦合。尽管面向对象具有一些增强对象间松耦合性的编程方法,但其类依赖的基础特征决定了处理逻辑单元(对象)间更多的是紧密绑定。

② 面向服务鼓励粗粒度的接口,使每个通信消息包含足够多的信息以便于完成指定任务。面向对象支持精确的接口 API,以便 RPC 或本地的 API 调用能够执行不同规模的任务。

③ 面向服务期待处理逻辑单元(服务)的作用域有显著改变。面向对象处理逻辑单元趋于使其作用域更小且更具有针对性。

④ 面向服务促进活动未知的处理逻辑单元(服务)的创建,从而可以驱动通信单元(消息)的智能化。面向对象鼓励对处理逻辑数据的绑定,从而产生了高度智能化的单元(对象)。

⑤ 面向服务偏向于将处理逻辑单元(服务)设计成尽可能无状态。面向对象促进数据与逻辑的绑定,形成更具状态的单元(对象)。

⑥ 面向服务支持组合松散耦合的处理逻辑单元(服务)。面向对象更鼓励处理逻辑单元(对象)间的衔接,这会导致紧耦合。

面向服务的设计原则,有很多是建立在面向对象的原则基础上,面向服务原则与面向对象原则的关联如表 3-3 所列。

表 3-3　面向服务原则与面向对象原则的关联

序号	面向服务原则	相关的面向对象原则
1	服务复用性	多数面向对象倾向可复用类的创建。面向对象的模块化原则将标准化组合作为应用设计的方法。抽象与封装,进一步支持复用需要接口与实现逻辑的分离。因此,服务复用性是这一目标的延续

（续）

序号	面向服务原则	相关的面向对象原则
2	服务契约	服务契约需求与构建应用时的接口使用非常类似。与WSDL定义很类似,接口提供一个抽象的类描述方法,并且与SOA鼓励“WSDL优先”方法很相似,接口优先也是面向对象最佳实践中要考虑的方法
3	服务松散耦合	尽管接口的创建某种程度上将类与其消费者进行耦合,但整体上看,耦合是面向服务区别于面向对象的主要特点。面向对象的继承等原则更多地鼓励了处理逻辑单元间的紧密耦合
4	服务抽象	面向对象的抽象原则需要类提供接口给外部世界,并通过这个接口来访问。封装依靠建立信息隐藏的概念支持这一原则,在类的内部未经接口暴露的任何逻辑,外部世界都不可访问。服务抽象的完成与对象的抽象和封装有很多相同之处,其目的是要隐藏服务的底层细节,以便于只有服务契约可用
5	服务可组合性	面向对象支持联合概念,类似集合与组合,在松散耦合的语境之内,也靠面向服务支持。例如,对象层次也能够以同样的方式进行组合,服务的层次能够通过服务进行组合组装
6	服务自治	自治的品质在面向服务的设计中比它在面向对象方法中更受重视。处理逻辑间的独立性水平有可能通过面向服务来完成。利用服务间的松散耦合关系,跨对象的引用及面向对象设计中的内在关联依赖,支持更低程度的对象级自治
7	服务无状态	对象包含类与数据的联合,并且自然是有状态的。促进服务内的无状态因此倾向于背离典型的面向对象设计。尽管有可能创建有状态的服务和无状态的对象,但无状态的原则一般在面向服务中更为强调
8	服务可发现	设计类接口与自描述是面向对象的最佳实践,提高了方法识别和处理单元的可发现性

总体上看来，Thomas认为，面向服务的若干原则来源于面向对象原则。此外，面向服务自身在发展过程中，类似松散耦合和自治的设计原则的确是自身所特有的。

（2）面向服务设计。面向服务架构（SOA）是一种业务驱动的IT架构方法，该方法支持将企业活动整合为互联互通的、可重用的业务服务。

面向服务架构有其适应业务发展变化的灵活性，得益于其松耦合的架构特性，但要注意的是，这一松耦合架构模式会带来系统效率的降低，因此在设计中对面向服务架构的使用要因需而定，不可一概而论。

3. 常用软件设计工具

软件工程实践表明，任何理论、方法和技术，都没有语言和开发工具的进步对软件业的贡献大。UML规范以及基于UML的Rational Rose和PowerDesigner是软件设计开发中最常用的工具。

1）UML规范

UML（Unified Modeling Language）是由Grady Booch、Ivar Jacobson和James Rumbaugh设计的软件界第一个统一的建模语言规范，它的目标是以面向对象图的方式来描述任何类型的系统，同时还吸取了面向对象技术领域中其他流派的优秀思想，其中也包括非OO方法的影响。现由OMG接管维护，目前已发展至UML2.0，成为软件工业界事实上的标准。

UML用模型来描述系统的结构（静态特征）以及行为（动态特征）。从不同的视角为系统的架构建模，形成系统的不同视图（View），包括：

（1）用例视图（Use Case View），强调从用户的角度看到的或需要的系统功能，这种视图也叫作用户模型视图（User model View）或场景视图（Scenario View）；

（2）逻辑视图（Logical View），展现系统的结构组成或静态特征，也称为结构模型视图（Structural Model View）或静态视图（Static View）；

（3）并发视图（Concurrent View），描述设计的并发和同步等特性，关注系统非功能性需求，也称为行为模型视图（Behavioral Model View）、过程视图（Process View）、协作视图（Collaborative View）和动态视图（Dynamic View）；

(4) 构件视图(Component View),关注软件代码的静态组织与管理,也称为实现模型视图(Implementation Model View)和开发视图(Development View);

(5) 部署视图(Deployment View),描述硬件的拓扑结构以及软件和硬件的映射问题,关注系统非功能性需求(性能、可靠性等),也称为环境模型视图或物理视图(Physical View)。

2) Rational Rose

Rational Rose 是 IBM 公司统一软件过程(Rational Unified Process,RUP)的核心工具,支持开发人员、项目经理、系统工程师和分析人员在软件开发周期内,将需求和系统的体系架构转换成代码,对需求和系统的体系架构进行可视化、理解和精练。通过在软件开发周期内使用同一种建模工具,可以确保更快更好地创建满足客户需求的可扩展的、灵活的并且可靠的应用系统。

Rational Rose 是直接从 UML 发展而诞生的设计工具,用于大型项目开发的分析、建模与设计等方面。Rational Rose 支持在开发过程中的各种语义、模块、对象以及流程的定义和建模,能够从各个方面和角度来分析和设计,使软件的开发蓝图更清晰,内部结构更加明朗,支持用户以拖放符号的方式,以案例(椭圆)、目标(矩形)、消息/关系(箭头)、视图等元素来设计软件模型,并支持生成 C++、Java 等代码,也支持代码和模型的互动修改。

3) Power Designer

Power Designer 是 Sybase 公司的 CASE 工具集,是一款开发人员常用的数据库建模工具,它几乎包括了数据库模型设计的全过程,使用它可以分别从概念数据模型和物理数据模型两个层次对数据库进行设计。利用 Power Designer 可以制作数据流程图、概念数据模型、物理数据模型,还可以为数据仓库制作结构模型,也能对团队设计模型进行控制。它与 .NET、PowerBuilder、Java™、Eclipse 等主流开发平台集成起来,支持生成的代码有 Java、C#、VB、.NET、Hibernate、EJB3、NHibernate、JSF、WinForm、PowerBuilder 等,从而为传统的软件开发周期管理提供业务分析和规范的数据库设计解决方案。此外,它支持 60 多种关系数据库管理系统和版本。Power Designer 包含 6 个紧密集成的模块:

（1）Power Designer Process Analyst,用于数据发现。

（2）Power Designer Data Architect,用于物理层和概念层数据模型的建立和维护。

（3）Power Designer App Modeler,用于物理建模和应用对象及数据敏感组件的生成。

（4）Power Designer Meta Works,用于高级的团队开发,信息的共享和模型的管理。

（5）Power Designer Warehouse Architect,用于数据仓库的设计和实现。

（6）Power Designer Viewer,用于以只读、图形化方式访问整个企业的模型信息。

Power Designer 系列产品提供了完整的数据建模解决方案,业务或系统分析人员、设计人员、数据库管理员和开发人员可以对其裁剪以满足他们特定的需要,不但可以让人直观地理解模型,而且可以充分利用数据库技术,优化数据库的设计。Power Designer 灵活的分析和设计特性允许使用结构化的方法有效地创建数据库或数据仓库,而不要求严格遵循特定的方法。Power Designer 提供了直观的符号表示使数据库的创建更加容易,并使项目组内的交流和通信标准化,同时能更加简单地向非技术人员展示数据库和应用的设计。

Power Designer 不仅加速了开发的过程,也向最终用户提供了一个有效的结构,可管理和访问项目信息。它允许设计人员不仅创建和管理数据的结构,而且可利用领先的开发工具快速地生成应用对象和数据敏感的组件。开发人员可以使用同样的物理数据模型查看数据库的结构和整理文档,以及生成的应用对象和在开发过程中使用的组件。应用对象生成有助于在整个开发生命周期提供更多的控制和更高的生产率。

Power Designer 是一个功能强大而使用简便的工具集,它提供了复杂的交互环境,支持开发生命周期的所有阶段,从处理流程建模到对象和组件的生成。Power Designer 产生的模型和应用可以不断地增长,适应并随着开发组织的变化而变化。

4. 软件设计开发中常见的误区

虽然软件设计有完整的方法和明确的原则,而且有不少优秀的工具,但是工程实践中,有不少的习惯性误区仍然严重地影响着软件团队的健康成长,特别明显的顽疾比如设计比编程开发重要、过度强调设计、缺乏对设计的评估、热衷流行的框架等。

1) 设计比编程开发重要

设计一词常与品位相关,所以在程序开发这个队伍中,从事软件设计工作通常代表拥有较高的能力和地位,被认为是重要角色,而编程开发则通常表示能力和地位较低,设计人员通常会强调自己不是开发人员,或者干脆说自己不是程序员。这是一种错误的观点。

其实,不可否认的是,软件设计只有在其被编码和测试后才算完成。开发编码是对设计的检验,编码结果才是最终的设计成果,离开了开发经验搞设计通常是不实际的。此外,软件开发的真正进步依赖于编程技术的进步,即编程语言的进步和编程环境的改善,最熟悉这两者的莫过于最有实际编程经验的程序员。最后,所有的程序员都知道,在编码之后而不是之前编写软件设计文档会更加准确。

因此,虽然设计重要,但编码更加重要,应当重视编程开发,编程开发中的经验才是设计的基础,这也是软件工程更多的是工艺而不是工程的原因之一。

此外,设计的深入过程并不只是一味地思考,除非设计者以前有过类似的设计经验,否则设计过程通常需要进行一定的代码编写工作,以辅助思考,这一点甚至对于系统架构师也是必须的。

当项目结束时回头来看,甚至可以认为是源代码决定了实际设计的真实样子,而不是开始的设计文档。在理想情况下,可以使用软件工具对源代码进行后期处理并产生出辅助文档。

好的软件设计过程认可这一点,并且在编码显得有意义时,就会毫不犹豫地去编码。编码要比我们所认为的意义更大。

美军在科研招标管理中,通常会有5%的经费用于原型开发,可以认为,是对编程开发过程重视的一种体现。

2）过度设计强于设计不足

过度设计就是进行了过多面向未来的设计，进行了不必要的抽象封装，为系统增加了不必要的复杂度，浪费了项目实际研制时间。“功能上的过度设计”通常会发生在需求分析人员身上，“ 程序上的过度设计”通常发生在程序员身上。与过度设计相对的就是设计不足。设计不足的原因除程序员经验或设计能力有限外，主要是因为项目需求分析不清楚无法规划整体，或者项目时间太紧以至于甚至没有设计，这种情况屡见于快速原型模型中。设计不足时，设计出来的系统复用性差，扩展性不强，不能灵活应对变化。过度设计与设计不足通常出现在规模较大的项目，规模大，人员多，如果不能把握好设计的度，容易造成返工，浪费资源，延误产品交付时间。

当前，过度设计和设计不足问题没有很好的解决办法，只有依靠经验的积累和不断的总结思考。在实际中，过度设计的倾向仍是主要危险。要避免过度设计，应把握三点：一是尽量弄清楚需求，可在其基础上适当放宽，但不要臆想；二是要有成本概念，在工程上，超过需求到一定程度的设计会超出预算；三是不要对未来预测进行设计，因为对需求的预测像对股价预测一样，很难准确，就算在某个维度猜中了，其他维度上的变化可以让设计面目全非。

重构是解决“过度设计”的过渡方案，有助于度过从初级程序员到资深程序员之间青黄不接的阶段，而保证重构的基础是单元测试覆盖率。

3）无需对设计的评估

由设计的本质可知，设计不是简单的认识业务或寻求一个可行的方案，设计是在有限理性范围内追求完美的过程。

因此，通常确定一个设计决策后，马上进行开发工作可能不是完美的，应首先开展对决策的评估。特别是当软件新技术层出不穷、快速更新的时候，更应对设计的技术方案进行全方位的评估和比较，既要考虑技术的前瞻性，又要考虑技术的成熟度，综合评估各种风险。因为，设计与流行无关，旨在做出最好的产品。

当然，针对每个具体项目，应在设计开始前就制定评估设计质量的方法，确定质量评估指标，明确评估数据收集方法。特别是大型信息系统，即使有既定的公认的技术体制，也需要与时俱进的评估和更新修订，保持指导性和约束力。

4）流行的通用框架是最好的

软件架构不是简单地应用流行的、通用的、看似很先进的某种通用框架，从而使自己的系统过分地依赖流行的框架或中间件，同时把所有的系统级质量要求，例如可靠性、安全性、可扩展性、可定制化、可维护性等，统统扔给这些框架或中间件，以寄希望于这些通用框架代替思考和处理需解决的问题。实际上，优秀的适用的框架应该自己来构建。

此外，由于缺乏软件架构的正确性和可靠性的证明方法，因此软件架构不应该仅仅解决是什么的问题，更应该确保有实施目标的手段，这个手段要加以考证，不能仅凭借主观经验或感觉。为了做一个系统，通常需要先做一个原型或试验系统。完美的架构设计还应考虑非技术因素，例如用户的技术水平和经验，并对技术实现进行风险评估等，这些都直接决定系统最终的质量。

3.2 指挥控制软件设计

指挥控制软件不同于互联网软件，互联网软件总体上是以功能应用的形式呈现给用户，即 APP，前台后台一般相互独立，各个业务体系关联关系不大，各个系统是在浏览器里的松散堆砌。例如搜狐网站的影片和网易的影片就是两个独立的系统，包括两个独立的存储，两个独立的访问页面，甚至播放插件都是不同的两个独立软件。

指挥控制软件之间业务上密切相关，不仅前台有一定的依赖性，后台更是相互交织形成一个整体，任何一点功能的变化可能都需要依赖其他要素的支撑。因此，指挥控制软件具有很强的体系性，通常要进行体系架构设计，需要站在全体系角度统一考虑，在大体系中定位软件。指挥控制软件设计除更加关注体系结构外，还需遵循普遍意义上的软件设计方法，进行人机界面、可靠性、安全性等方面的设计，以满足指挥控制领域的组成体系性、运行持续性、高防御性等需求。

3.2.1　体系结构设计

指挥控制领域软件体系结构设计的主要工作就是利用体系结构设计方法勾画军事核心信息活动,对信息流、知识结构、能力效果和规则需求等进行顶层设计,用信息活动抽象和规范作战活动。

通常是在军事需求的牵引下,在技术上遵循或制订基础性、共用性、全局性和影响互联互通互操作的技术标准和指南,通过自底向上的分析和自顶向下的设计,规范和指导各级各类信息系统研制建设,引领信息系统向形成高效统一体系的方向发展,确保系统间信息可访问、可交换、可共享、可理解。

1. 面临主要问题

指挥控制系统的体系结构通常解决的都是与体制相关的复杂问题,但是由于存在以下5方面的问题,导致体系结构的约束作用一般难以发挥,特别是随着信息系统大型化、复杂化趋势的进一步加大,这些问题尤为突出。

(1) 学术研究方法以还原论为主,缺乏整体论的研究方法,难以反映指挥控制信息系统复杂化的特征。指挥控制信息系统作用的发挥取决于各个要素的合力,是在多个要素协同的过程中决定最终效果,既包含同类别要素间的协作,也包括同类别不同层次要素间以及不同类别不同层次要素间的协作,还受制于各个要素的即时状态水平,是一种群集行为。群集行为的基本特征是涌现,涌现是传统的以牛顿力学为代表的线性、确定性及还原论难以研究的现象,是大量简单要素的相互作用在系统级别上才能观察到的一些新属性和现象,是复杂系统整体性的具体体现。例如如何评价基于信息系统的体系作战能力、如何评价指挥控制信息系统的整体水平、如何度量复杂性、如何完备陈述要素关系等,均是指挥控制信息系统体系结构设计面临的难题。

(2) 学术研究成果没有数据化难以复用,不支持要素关系分析,无法准确定位能力短板,无法确保体系能力形成。通常要求的体系结构设计成果为文档,即自然语言表述的文字和自定义图形的结合体,文档句式和排版要求比较高,表达的内容也通常只能限于大概齐、差不多的水平,图形通常包括层次图、关系结构图等,可表达常见的重要关系,但是,图形的表达形式缺乏规范,图形中表示元素间关系的连接线等不是自动生成的。体系结构设计的焦点是要素的构成及其之间的关系，如果系统复杂，表述的文档必然较长，需要专家在审阅的过程中具备较强的记忆力和严谨的思维，完备穷举并检查要素之间的关系。这种完备关系的极致应是所有要素及其属性的正交集合，其复杂度通常是人脑难以企及的。这种非数据化的表达方式，过分依赖个人能力和喜好，导致最终审查关注的要素关系很可能不完备，容易产生对关键关系的遗漏。反过来，审查结束后，也无法确保结论是完备的，无法确保审核了所有要点，甚至要点本身是否完备和重要都需要再次论证。

(3) 科研实践中宏观概念太多，深层次微观机理没有得到足够重视。注重微观，才能暴露问题，才可能查缺补漏。在指挥控制信息系统向更高层次的发展中，关注更多的是如何提高智能辅助决策的程度，这个动力只能来源于对指挥控制系统涉及各要素深层次微观关系的发掘，如同基因工程对医疗水平的提高一样。如果设计概念特别宽泛，或者仅是概念循环，对问题没有深入研究，对深入研究问题没有量化指标，没有微观作用机理的支撑，当体系设计中考虑的问题复杂度不断加大时，会发现什么都不确定，什么都不知道，什么都没有，所有的系统都得重新设计，重新建设，面对的只能是不可执行的设计或者绝对失败的设计，信息系统智能水平的提高无法实现，也无法创新。例如，在设计时，如果对关键指标不能深入分解，会发现难以准确界定不同系统除了名字不同外到底还有什么区别，无法确定有效的科研内容。此外，如果缺乏对问题的深入了解，就无法预估项目的实际复杂度和应该给予的资源支持，使得科研中出现简单问题复杂化，复杂问题相对简单化，科研资源分配失衡的负面现象。

(4) 体系结构评价工作过分依赖专家。体系结构设计成果的审查，通常是在短时间内让专家研读并评价大量的文字材料，很难发现问题，过度依赖超级“人脑”的并发处理性能，过度依赖有渊博知识的专家精英，难以确保设计和审查质量，除非被审查对象主动提出问题。当众筹和以用户体验为中心的思想在软件行业初步显现优势的时候，体系结构设计和审查平民化的需求也日益强烈，迫切需要集思广益，规范设计，建立长效的设计和审查机制。

(5) 术语泛滥而又缺乏有效统一的术语，设计结果难以共享。信息技术和信息系统快速发展的特点，导致新概念、新技术、技术术语、应用术语等层出不穷，特别是大家对应用术语的解读各不相同，导致缺乏共同的语义环境，基于这些概念设计的成果，通常难以准确无误的共享，体系结构设计的成果通常难以发挥其应有的长效性、应有的约束力，影响范围也因此受损。从推进信息系统稳步增长或继承已有资产，提高装备可用性的角度来看，这种机制的不健全导致的共享残缺是致命性的。

当然，体系结构设计永远是一个不断探索创新的领域，总是在不断总结前人经验基础上，结合实际工作不断发展。总体设计者的职责就是不断总结经验，规范被实践证明是有效、成功的方法，推动系统设计不断地向前发展。

2. 基于体系结构的设计方法

目前比较流行的体系结构设计方法，主要来源于美军。美军将该方法在国防部广泛推广并发展出多个体系结构框架，统称为 DoDAF，即国防领域对相关实体分类和基本属性、视角建模规范共识的总结，并在工具软件 SA(Rational System Architect)的支持下，分析各种基于体系结构的设计数据，生成文档和图表，SA 工具中的 4 个核心元素是 Entity、Definition、Diagram 和 Symbol。Entity 指系统中涉及的机构、人员、装备、环境、能力、功能等具体元素；Definition 是 Entity 属性的条目化描述的集合，集合中的每条描述都尽量含有量纲，以便通过形式化约束来提高描述的精细度；Diagram 是依据 Definition 中的属性项间的关系表达式自动产生 Entity 间的关系，这是体系结构自动化的核心所在，可以进行 Entity 间关系的全面检查，Diagram 的表现形式可以是图片、表格或者报表；Symbol 是服务于 Diagram 表现形式的各种图形符号。这 4 个数据化的核心元素使得体系结构设计有了数学推理的基础，通过复用和积累能够建立领域的全局术语，能够从能力需求角度严谨地定位系统的盲区和短板；反过来又能够通过检查项目对能力短板的贡献，评价新项目的立项价值，是立项审查的重要方法。

1）基本原理

基于能力的体系结构设计方法，其本质是认为设计就是通过建模不断求精的过程，主要特点包括 5 方面：

（1）对实体分解和建模，实体有属性，属性可扩展和细化；

(2) 基于实体属性建模实体关系,形成能力,也可称为视角,视角随着实体属性项的增加而演化;

(3) 设计成果数据化,支持复用和分析计算;

(4) 所有术语标准化并共享;

(5) 表现形式规范化,图形、表格、矩阵和连线可基于数据按照规则自动生成。

该方法遵从认知成长性的规律,能够不断逼近最佳结果。例如,孩子成长的过程首先要帮助其建立对世界的基本概念,然后不断丰富其对世界的认知,并让其学会用自己的思维去学习去整理这些知识,在反复的过程中,了解规则,建立规则,走向社会,与人交流,健康成长。

2) 方法的发展演进

体系结构在军事上大量用来规划和规范信息系统的设计开发,兴起于美军对海湾战争的深刻反省。20 世纪 80 年代,大量兴建的军事信息系统在这场战争中暴露出的难以互操作的“烟囱”问题,使得美军意识到使用体系结构方法和统一体系结构开发体制迫在眉睫。

为提高 C^4ISR 的综合能力,即提高 C^4ISR 的一体化的、互操作的、基于标准的、高效费比的能力,确保联合作战中各种武器系统的协调配合与有效部署,美军于 1990 年前后有计划、有步骤地开展了军事电子信息系统体系结构框架研究。到目前为止,体系结构方法在军事领域的应用经历了 3 个发展阶段。

第一阶段:体系结构方法服务于 C^4ISR 系统建设。1991 年,美军开始技术参考模型的研究,力图从软件的角度出发,将信息系统抽象化,不管是陆军的系统、空军的系统还是海军的系统,都用反映其实质的几个功能结构来描述各种信息系统,以此对 C^4ISR 系统的模型进行理论描述;1993 年,由国防信息系统局牵头,开发制定了《信息管理技术体系结构框架》;1996 年 6 月,发布《C^4ISR 体系结构框架 1.0 版》;1997 年,发布《C^4ISR 体系结构框架 2.0 版》,创建了作战、系统、技术三个视图,站在不同的视角描述 C^4ISR 系统的需求和结构,并采取统一的描述和表示方法,使不同领域的人员能够有一致的理解和沟通渠道。系统规划者把作战行为和未来构想,映射为数据和功能需求,用作战视图描述体系结构框架;系统设计者依据作战视图构建系统和技术体系结构,组织对系统和技术体制的顶层设计。这种体系结构框架方法对美军信息系统建设产生了重大影响,引起世界各国军事规划者和系统建设者的极大兴趣,部分国家也尝试使用该方法来设计本国的 C^4ISR 系统。

第二阶段:体系结构方法服务于国防与军队建设的多个领域。2003 年,美军公布了《国防部体系结构框架 1.0 版》,目的是把体系结构方法的应用领域扩展到国防和军队建设所有领域,反映了美军认识到体系结构方法能够适应国防与军队建设各领域的需要,能够起到促进军事能力提升的作用。在技术手段方面,体系结构方法开始从重视视图的表示,发展到重视数据分析,颁布了《国防部核心体系结构数据模型(CADM) 1.0 版》,强调了体系结构方法应具有数值分析能力的重要性。

第三阶段:体系结构方法服务于基于能力的军队整体建设。近年来,体系结构方法在军事领域开始出现重大变化,2003 年,美国防部提出了基于能力的建军思想和实现基于能力的规划,促进了体系结构方法服务于军队建设顶层设计的转型。随着在英国等国军队的应用和效仿,体系结构方法逐步被西方国家军队普遍采用,在不断改进的同时,开始走上国际合作的路子。2005 年 7 月,英国国防部率先发布了基于能力的体系结构方法《国防部体系结构框架(MODAF)1.0 版》。借鉴美国国防部体系结构框架,对体系结构方法进行了深入的探讨和研究,提出了自己的观点和改进,体系结构视图扩展为 6 个,首次提出了能力视图(称为“战略视图”),将体系结构方法转向基于能力的顶层设计。2008 年 6 月,英国国防部发布《国防部体系结构框架 1.2 版》,将视图增加到 7 个,包括全视图、战略视图、作战视图、技术系统视图、采办视图、标准视图、服务视图。与美国国防部体系结构框架相比,英国国防部体系结构框架增加了战略和采办视图。除改进了系统之间的互操作性规范之外,还强有力地支持了英国国防部的能力管理、采办和维护等业务全寿命流程,最终实现网络赋能能力。

2008 年 9 月,美国国防部和英国国防部联合签署了一份 DoDAF 和 MoDAF 统一规范的协议。该协议是在美国国防部趋向于采用业界标准,英国国防部趋向于采用国际标准的情况下达成的。DoDAF 和 MoDAF 是执行作战任务的联盟伙伴之间体系结构交流的基础。

2009 年 5 月,美国国防部公布了《国防部体系结构框架 2.0 版》。2.0 版更加强调以数据为中心,同时将其体系结构视图概念提升为视角,扩展为 8 类,分别是:全视角、数据和信息视角、能力视角、作战视角、服务视角、系统视角、标准视角、项目视角。

在指挥控制信息系统体系结构设计的过程中使用该方法,预期将会取得以下效果:

(1) 客观评价现状。获得对当前装备体系作战能力的全面评价,知晓保底手段。按照此方法对现役信息系统的体系结构进行梳理,基于具体部署配置细节、运行时频、信息交互、运行维护记录、效能指标等数据,获取微观数据,形成共用的参考资源集合,解决体系设计始终从零开始的难题;比较获取的数据和研制阶段的设计,知晓设计和实际的区别以及定位技术实现的具体难点;知晓能力短板漏项,具体明确科研训练的目的和要求。

(2) 科学设计未来。基于现状数据揭示的技术难点和能力短板,结合新的需求构想,定位未来科研和发展的具体目标和突破口,为通过能力建设和结构调整快速提升体系能力提供科研创新和具体发展方向,提供未来信息系统体系结构设计规划功能,支持从“研、建、管、用、训”的角度全面规划和设计未来信息系统。

(3) 培养设计人才。基于积累的体系结构设计数据开展新系统的设计,可以有效提高沟通的效率,把结构设计工作从写文字稿工作中解脱出来,不再拘泥于同一层次的讨论和徘徊,可集中精力深入问题和解决问题,提高科研能力。此外,可去除体系设计和论证工作的神秘化,集思广益,通过框架规范和案例示范,使论证工作有章可循,并通过健全培养规划论证人才的机制,释放体系结构设计的活力。

3. 典型流程

在指挥控制领域体系结构设计实践中,比较典型的流程如图 3-3 所示。

步骤 1. 子系统划分

根据业务处理流程,将系统划分为子系统,明确每个子系统的主要功能要

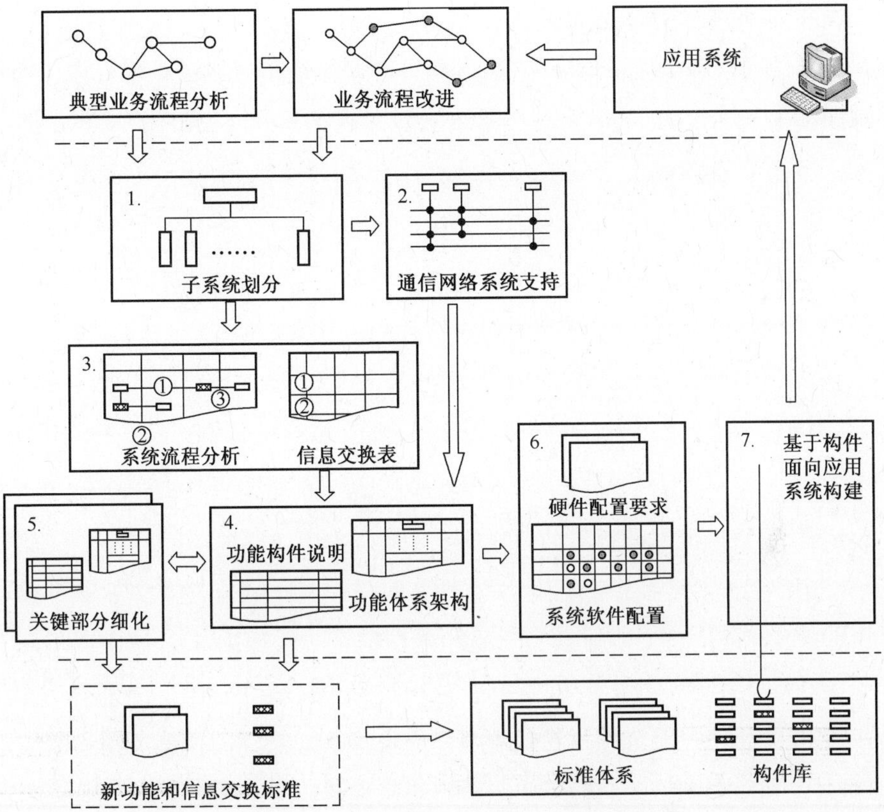

图 3-3　体系结构设计典型步骤和产品

求。子系统产品划分，一般采用分层结构描述方法，并用文字说明每个子系统的主要功能，如图 3-4 所示。

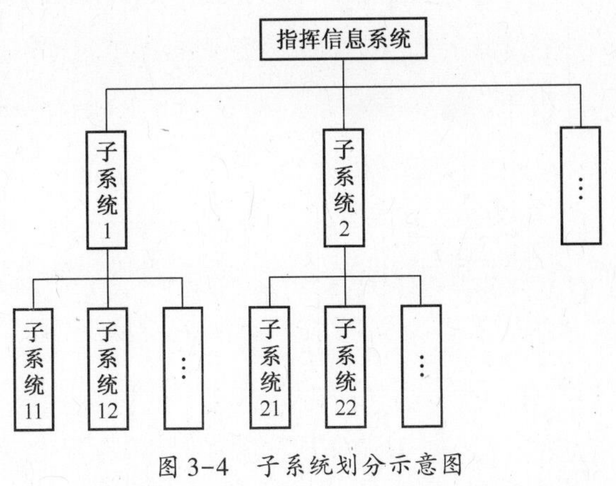

图 3-4　子系统划分示意图

步骤 2. 通信网络系统支持

当系统需要多个通信网络系统支持时,需要描述系统通过不同的通信网络系统相互连接的关系。其产品典型表示方法如图 3-5 所示,并辅以文字说明。

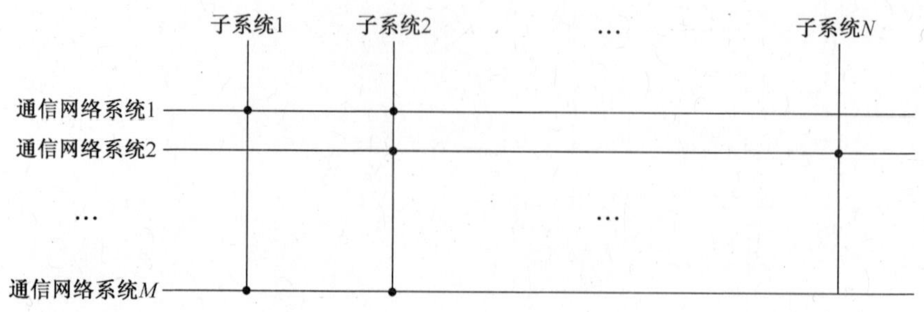

图 3-5 通信网络系统支持示意图

步骤 3. 系统流程分析与信息交换

描述各指挥要素在指挥活动各阶段如何使用系统完成规定的业务处理流程和子系统间的信息交换标准。产品的典型描述方法如图 3-6 所示。流程分析本身也是对系统细化设计的过程,在这一过程中可进一步对系统进行功能细化,明确其主要功能系统和相互间的信息交换标准。系统间信息交换连线上标号的内涵,在对应的信息交换表中应给出明确说明。

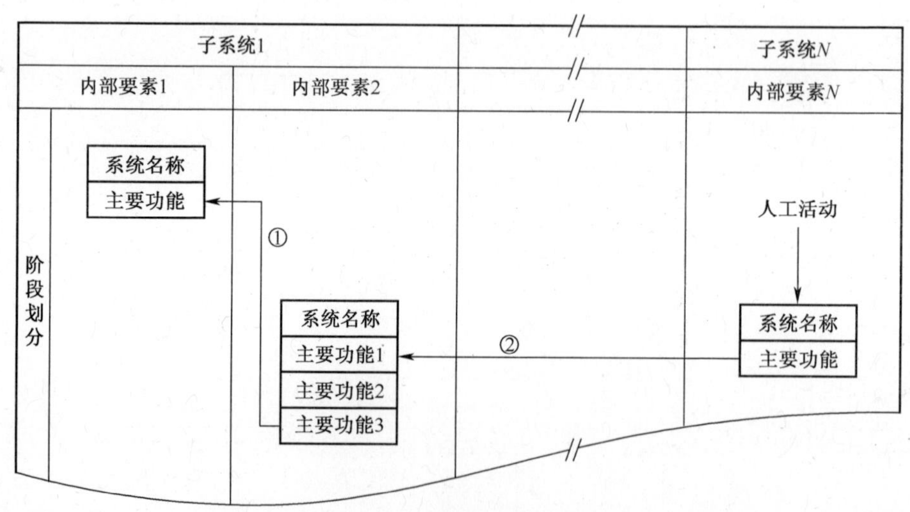

图 3-6 系统流程分析示意图

相应信息交换表的规范格式如图 3-7 所示，其中标号与系统流程分析中标注一致。这样将标准的制定与使用严格地对应起来，使标准真正成为系统设计的依据，并为标准改动对系统影响的回溯分析提供依据。

标记	名称	主要描述	类型	交换标准	交换系统	传输服务	保密方式	适应信道	使用范围
①									
②									

图 3-7　信息交换矩阵

步骤 4. 功能架构和功能构件说明

针对系统流程分析中所需的系统主要功能模块，用图形方法明确功能领域的划分、各功能模块的相互关系、外部系统和功能的支持等。功能架构按应用领域分类的方法，明确了哪些功能构件属于通用支持，哪些属于外部支持。产品典型描述方法如图 3-8 所示。

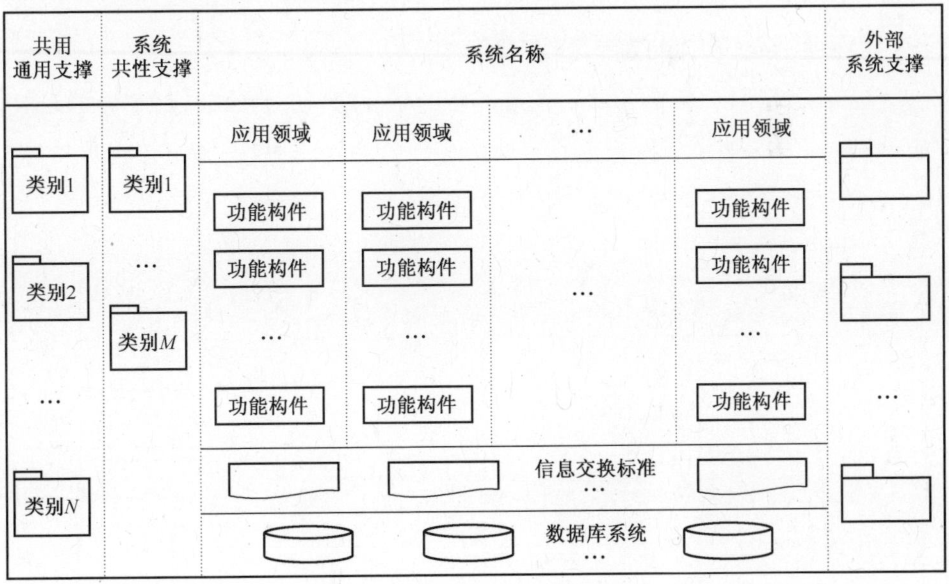

图 3-8　系统功能体系架构

功能构件说明，是对功能架构中全部功能构件展开的详细说明，产品包括功能领域分类、功能构件名称、主要功能描述、研制类型注明是新研、改进或采用等类别的信息，如图 3-9 所示。

序号	分类		构件名称	功能描述	研制类型	年度目标		
						××年	××年	××年

图 3-9 功能构件说明

步骤 5. 关键部分细化

这是一组产品，它是对整体系统中的关键、重点部分的细化设计。如系统数据集成的总体架构、功能应用集成架构的设计等，这些重点部分实际上是应用集成子架构，通过不同层级细化的子架构，形成一个完整的相互支撑的总体架构。为方便系统快速组装，这些关键、重点的应用集成子架构，可作为子系统的典型配置。其产品要求一般与整体应用集成架构相同。

步骤 6. 系统软件配置和硬件配置要求

根据系统架构，确定各要素系统具体的软件配置，由系统软件配置提出对硬件配置的基本要求。作为系统组装的依据，产品的典型表述方式如图 3-10 和图 3-11 所示。

指挥系统 \ 功能构件		功能构件1	功能构件2	功能构件3	…	…	功能构件N
分系统	子系统1	●		●	…	…	
	子系统2	●	●		…	…	●
	…				…	…	
	子系统K	●		●	…	…	
	…						

图 3-10 系统软件配置示意图

序号	服务分类	服务软件名称		备份方式

图 3-11　服务器配置要求

步骤 7. 面向应用的系统组装

根据系统软硬件配置,满足硬件配置要求的系统环境下,组装成实际应用系统。

这 7 个步骤和相关产品,是现行的系统体系结构设计的主要方法和规范,是后续开展模块设计的依据。

3.2.2　功能模块设计

从指挥控制信息系统建设的宏观角度来看,体系结构设计与功能模块设计只是在不同层次对软件的抽象而已,在更大规模的信息系统中,低层次的体系结构设计成果也可被当作是高层次下的功能模块设计,为在更高层次建设信息系统,需要在更高的层次重新进行体系结构设计。

实践表明,功能模块设计有两个关键点:一是功能模块设计的内容是体系结构设计成果和实现具体编码之间的产品,即详细设计;二是功能模块的根本特征是要具有最大的重构支撑能力,以支持体系结构重构。

在信息系统的建设中,这样的功能模块,通常也被称为在不同领域的共用软件。具有良好重构能力的共用软件使领域信息系统建设无需从头建设,可以此为基础仅研制特色功能模块,快速构建符合需求的目标信息系统,并在一定程度上为信息系统互联互通互操作提供物化的软件。

衔接设计和编码的设计内容,通常借助软件辅助设计工具来实现。辅助设计工具"一站式"解决软件设计开发愿望问题,并能与集成开发环境完美结合。IBM 的 Rational Rose、Rational Enterprise Architecture 等系列产品是最为广泛使用的辅助设计工具,能够与 .Net、Eclipse 等集成开发环境无缝结合,支持设计和代码的双向互动,为接口设计、通信协议设计、部署设计、类、类的内部细节、类之间的关系等提供良好支持,能够完成功能分解、模块之间的相互调用关系描述、信息交互设计,以及需求、功能和模块三者之间的交叉参照关系检查,支持按照 UML 标准描述设计要素,细化描述各模块的组成结构、算法等。

在功能模块设计时,还应考虑其为整个信息系统的可扩展性、强壮性、灵活性、性能的支持,这往往与硬件、网络通信等密切相关。需要在设计时根据具体的硬件条件、通信网络性能,做出设计决策,优化其逻辑结构、物理结构,满足系统的非功能需求。

功能模块的具体内容与军事活动细节密切相关,软件编码实现中的创新,有时往往会对软件性能产生质的影响,为组织军事活动提供新的可能性,甚至提供以技术手段解决组织运用中难以解决的非技术问题,显现指挥控制信息系统对军事领域的强大支撑能力。

3.2.3 数据设计

由本书第 1 章图 1-3 可见,在指挥控制信息系统的构成中,数据存储与管理系统是基础平台层的主要组成部分,是服务层和应用功能层软件运行的主要依托,并产生了专职从事数据生产、保障和使用的人员、硬件和软件,支撑军事活动。本书第 5 章将详细介绍数据工程及其在指挥控制软件中的相关技术。

3.2.4 用户体验设计

1. 用户体验需求特点

在指挥控制软件开发中,以用户为中心的软件工程理念在指挥控制领域得到重视,是指挥控制信息系统建设发展的客观要求,特别是在指挥控制信息系统完成基础建设并向更高层次的发展阶段尤为迫切。

1）需求探索需要特殊用户持续参加

在指挥控制信息系统建设初级阶段，研制内容已经得到共识，是确定的，大多数是对指挥控制活动的电子化或者电子化后的简单优化，任务是明确的和具体的，其研制规律及过程是比较清楚的，可采用瀑布开发模型，甚至在很大程度上可借鉴硬件装备的科研管理模式，在研制和管理流程上也可完全模仿。但当指挥控制信息系统向高级阶段发展，处于探索过程中，或者是承担应急任务使命时，其研制内容往往是开创性的、引领性的，用技术的方法解决非技术问题的成分愈发明显，在研发过程中需要用户持续参与探索研究，以便在场景刺激等方式下，获取新的能够明显提高指挥控制信息系统作战支撑能力的需求，并细化为能够指导软件具体研制的需求细节。

在迈向高级阶段的过程中，用户需求通常会在任性和压抑之间大幅度波动，客观的需求与按照咨询式、访谈式、问卷式等需求工程方法获取的需求之间必然有差别。实际的情况通常是，在软件逐渐成型的过程中，软件产品会对用户产生各种刺激，辅助用户将需求逐步明确。

指挥控制信息系统在使用需求上比任何应用都应该有更高的准确性和正确性，但是，遗憾的是，目前缺乏确保这个质量要求的科学方法，导致指挥控制信息系统仍然只能在不确定的现实和百分百的准确期望之间艰难进步，无限期许下的不确定性成了指挥控制软件的最大困惑。此外，从终极服务于军事的角度来说，这种准确性和正确性是逐级衰减的。因此，从指挥控制软件全生命周期来讲，为使用户在终极使用环节正确评估指挥控制信息系统的辅助作用，使用人员应及早见证软件研制过程中出现的各种无奈，理性面对指挥控制软件实现中难以保证需求正确性百分百的现实。

2）管理模式改进需要用户持续参加

指挥控制作为一个特殊的领域，其科研过程有具体的管理规定。探索期明确的需求内容，在项目合同签订之初，是未列入计划的，其比例通常还比较高。采用合同明确双方责任应是软件生产从工艺向工程进步的第一标志，但是，作为合同标的核心的需求在实践中却往往难以确定，这种进步又变得无比困难。事实证明，用户在研制过程中参与度的提高，会显著提高产品质量。当然，这些需求的变更,会漫延到整个软件生命周期。

从需求人员的角度来看,很难用文字或者图表给出确定的需求条目;从体系设计人员的角度来看,需要考虑的因素越来越多,看似合理的案子越来越多,需要舍弃的内容越来越多,决策依据愈发难以确定;从开发人员的角度来看,界面、操作、算法、通信协议、开发环境、运行环境越来越复杂,人员越来越多,管理层级越发复杂。

研制部门的质量管理虽然都在按照 CMM 的要求执行,但是对于指挥控制信息系统这种需求难以具体化、系统经常处于新研状态,又急需上线运行的系统,其管理过程难以适应这种节奏,质量管理的成效通常不是很理想。

在整个指挥控制软件的实际开发过程中,不能简单地按照工程规范去实现需求,而应全程斟酌、分辨、取舍需求,在高速迭代的过程中重点思考如何恰当处理用户需求。也正是在这个阶段,指挥控制具有艺术和科学双重属性的特点全面展示,软件开发团队的范围在不断地扩大,多个专业领域的用户都不由自主地参与到项目中,各类用户的参与度也都在不断提高,各类用户体验深刻影响着具体的软件开发过程。

这些变化,不但要求科研流程在软件工程模型上借鉴经典的快速原型模型、增量模型、敏捷开发模型、演化模型等并作适应性裁剪,还需要调整配套的科研管理模式,在项目审批、合同管理、过程检查、产品使用环境等方面进行完善。

用户在这个环节无疑具有最大的话语权,其参与程度将决定管理模式改进完善的水平,并最终体现在产品质量中。

3) 确保用户体验需求正确性的需要

当然,在指挥控制软件开发中,坚持以用户为中心、以需求牵引为中心,是区别于商业软件特别是以盈利为目的开发过程的根本标志,是防止出现为了软件而开发软件现象的根本方法。例如,长时间使用电子阅读器或萤光屏会对眼睛造成伤害,但是软件研制方追求的就是让用户把它用到极限。在指挥控制软件发展过程中,当技术推动的作用逐渐显现时,时髦词汇和流行说法的影响力逐步加大,通常会加剧刷技术存在感的现象。指挥控制软件有其明确的工作目的,其使命是辅助特定人群担当本职职责。所以,指挥控制软件研制以用户为中心绝不能为了绚丽、为了沉浸感、为了吸引力、为了社会交流性和自我拥有等而降低性能,影响对军事业务的支撑。

总结起来,指挥控制软件开发中的用户体验的核心理念就是构建以用户为中心、以需求为引导、以技术为推动,需求与技术充分互动的指挥控制软件应用创新开发模式,贯彻"最终用户参与产品、技术研发、设计过程"的应用创新理念,推动以用户体验、研发单位试验、第三方检验"三验"为核心的应用研发与试点示范活动。也就是:一是要有用户,让用户深度参与其中,需要用户从创意提出到技术研发与验证的全过程的参与;二是要有体验(反馈),通过研发人员与用户的互动挖掘需求,让用户的需求更加明确一些;三是要有持续改进的具体动作和效果,边研边用,"百度"、"苹果"等大型企业,都有专职部门长期用于改善用户体验内容;四是要有在这方面坚持下去的勇气和机制,要有更多的培养用户忠诚度的活动。

人机界面、可靠性和安全性被认为是指挥控制软件用户体验设计的重点,下面分别加以论述。

2. 人机界面设计

1) 概念内涵

人机界面(Human-Computer Interface),又称人机接口、用户界面(User Interface)、人机交互(Human-Computer Interaction),在用户体验中占有重要的分量,在其并不漫长的发展历史中,先后经历了人适应机器、机器适应人以及人—机交互3个不同的人机体验阶段。

(1) 人适应机器。从工业设计发展的角度看,第一次工业革命前后,主要表现为以提高工作效率为目的的设计机器,即"人适应机器",并培训人来适应机器的运行操作。这一观点由于过于强调提高机械效率、不重视人的适应能力和操作体验,在第二次工业革命之后开始遭到质疑。

(2) 机器适应人。第二次世界大战后引起人们进一步的反思,随着机器的日益精密、复杂,人们发现单纯地强调人适应机器并不能保证"人—机系统"的有效,只有考虑到人的生理、心理局限性的人机交互设计,才能够帮助人更好地操作机器。随着计算机技术的不断突破,为人—机界面的发展带来新的契机,20世纪60年代鼠标和图形用户界面的出现,简化了用户的学习过程,拓展了计算机的使用人群,是人机界面设计领域的一个飞跃。到了80年代,“以人为本”的理念出现,从计算机领域开始,这一理念深深影响了以后的交互设计领域。例如,电影中的慢动作、回放、暂停、加速、跳跃、时变窗口等,表现形式上视音频等多媒体接口日渐丰富。

(3)“人—机”交互。带屏幕的工业产品出现后,人—机界面设计逐渐成为交互设计的重点。伴随着认知心理学等相关学科的发展,20世纪90年代,以互联网技术为代表,计算机信息设计迈进了交互设计时代,它的核心价值即用户体验。

由马斯洛需求理论可知,当人们的较低层次的需求得到满足时,就会产生高一层次的需要,“人适应机器”是人—机界面设计领域发展的初级,是科技水平和认识水平发展的最基本阶段;随着科技的发展,当用户基本功能的需求得到满足时,可用性——“机器适应人”与易用性——“人机交互”的需求出现,不断改善人—机系统的效率和人们使用计算机或信息系统的体验。

比易用性更高层面的发展,是对用户体验的进一步满足,是意识到人—机交互的实质是用机器搭建出便于人与人交流的平台,呈现出的面貌是“人—人”交互。在信息交互设计中,用于交互的输入不仅仅限于鼠标、键盘的事件响应,还包括摄像头、三维立体眼镜、数字手套、游戏手柄、图像识别、虚拟键盘、手势输入、穿戴式计算机设备、眼动跟踪、语音识别等新的操作方式,大大影响了人—机界面设计,使信息传递更加便捷,丰富了用户使用体验,并且作为新兴技术吸引了大众参与的兴趣。

当技术平台搭建起来后,人们开始越来越多地将现实的人生寄托于虚拟世界,更加期望虚拟生活可以用“现实”的操作方式,更加自然、贴近现实生活的交互方式将成为人机界面更高层面的体验追求,计算机将可能成为后台,隐藏在交互过程的背后,现实的与虚拟的人生将不分彼此,相互融合,创造出流畅自然的交互体验,也就是人—机界面设计的更高一个层面的追求:人—(机)—人交互。

2）基本原则

根据用户心理学和认知科学，人机界面设计中需要遵循的基本原则有如下10条。

(1) 一致性原则。即从任务、信息的表达、界面控制操作等方面与用户理解熟悉的模式尽量保持一致。

(2) 兼容性原则。综合考虑用户期望和界面设计的实现，要兼容用户熟悉的界面，要基于用户以前的经验。

(3) 适应性原则。用户应处于控制地位，因此界面应在多方面适应用户。

(4) 指导性原则。界面设计应通过任务提示和反馈信息来指导用户，做到“以用户为中心”。

(5) 结构性原则。界面设计应是结构化的，以减少复杂度。

(6) 经济性原则。界面设计要用最少的必须步骤来支持用户实现一个操作期望。

(7) 具体到抽象。即首先通过多媒体界面给用户提供具体的对象。然后从具体对象、内容中让用户归纳出抽象的概念或原理，或用模拟系统来引导出抽象的原理。

(8) 用可视化的方法显示难以可见的内容。尽可能利用数字、图形、动画、色彩等清晰爽目的对象显示原理、公式或抽象的概念。

(9) 创建模拟环境引导用户创新。突出人机交互，尽量启发用户的积极思维和参与，并激起用户的学习和创造的欲望。

(10) 考虑用户的个别差异。尽可能使用用户可定制、可重组的界面，满足用户的个性化需求。

3）技术特点

随着计算机技术、网络技术的发展，人机界面学的发展呈现出技术应用综合化、自然化和人性化3个显著特点。

(1) 技术应用综合化。随着计算机形态多样化，输入方式已经由单一的键盘、鼠标输入，朝着多通道输入化发展。追踪球、触摸屏、光笔、语音输入等竞相登场；人机交互设计越来越需要动作跟踪、多媒体处理、手势与表情识别、自然语言理解、虚拟现实、增强现实、语音识别、汉字识别等技术的综合运用。

（2）自然化。人机交互从“键入命令”式的操作，已经迈过了图形用户界面、所见即所得等交互方法的发展阶段，通过视觉、听觉、嗅觉、触觉以及形体、手势或口令，以用户更自然的行为方式“进入”到环境空间中去，形成人机“直接对话”，从而取得“身临其境”的体验，成为当今发展的主流方向。

（3）人性化。现代设计的风格已经从功能主义逐步走向了多元化和人性化。用户纷纷要求表现自我意识、个人风格和审美情趣，反映在设计上则使产品越来越丰富、细化。一方面要求产品功能齐全、高效，适于人的操作使用，另一方面又要满足人们的审美和认知需要。

4）指挥控制软件人机界面设计

指挥控制软件系统界面设计除了需要遵守人机界面的一般设计要求外，还应考虑作战指挥人员的特殊需求，最大限度地减少指挥人员的操作任务和心理压力，简化操作过程，具体设计时需要重点考虑如下问题。

（1）界面操作具有一致性。随着联合作战概念的深入，对作战人员的复合型素质提出了较高的要求，指挥人员通常需要使用多种软件，因此，界面的一致性愈发重要，通用性要求越来越强。一致性好的界面可以让作战人员已有的操作经验延伸到新的操作任务中，在更好地完成新任务的同时，也达到了降低指挥人员记忆负担的目的。界面操作的一致性通常表现在 3 个方面：①风格的一致性：例如色彩搭配、术语、战场图标与作战符号等；②控件的一致性：将控件根据操作习惯和交互需要进行分类组合；③操作的一致性：对于那些常用或重要功能，要保持操作方式的一致性，同时还要注意符合大多数军事人员的使用习惯。

（2）界面布局具有美观性。指挥控制业务通常信息量大，在同一时间内需要显示的信息可能很多，屏幕上下左右应尽量保持平衡，不堆积数据，过分拥挤的显示界面会使作战人员产生视觉疲劳和接收错误。此外，在设计中应按照信息的实时性、重要性进行合理的取舍，将重要信息分类显示，提供将战场信息按照时间、作战区域、专题、空间高度等分类显示的能力。

界面的屏幕布局要做到以用户为主，界面信息组织要适合用户特点，提供

"一站式"信息服务能力,将相关信息合理布局在同一个界面内,避免频繁切换窗口,不仅可以提高军事人员操作过程中的舒适度,还可以更加迅速、有效地处理业务,提高业务处置效率。

(3) 界面设计兼顾个性化。应该考虑军事人员的专业技术水平、知识结构、思维能力、反应能力、生理能力和记忆能力等方面的因素。在实现时,可以多采用图形界面、多媒体技术等,提供各种可视或音频输出界面,尽量提供直观简单的输入手段。系统应为作战人员提供多种形式的信息显示,允许用户定制和选择,包括文字和数据报告、音响效果、语音提示、动态状况显示等,提供三维战场视景,增强战场直观感受,使作战人员更具有真实感和沉浸感。

(4) 人机交互的效率高。现代战争战机稍纵即逝,人机交互的高效性是指挥控制软件系统追求的重要性能。高效性主要体现在两个方面:一是有用性,界面内容要重点突出、层次分明,按优先级别的高低显示最有价值的信息,直观简洁,防止无用信息占用屏幕空间。二是响应时间,要充分考虑当前界面信息处理的时效性。

(5) 界面具有容错性。军事人员需要处理的信息通常比较庞杂,业务也比较复杂,界面应能使用户不犯严重的错误,如果已经出现错误,应该检测出错误,并提供简单容易理解的处理错误的手段,不能出现系统崩溃的局面。对用户可能出现的错误进行出错信息提示,并允许用户对误操作进行复原。

3. 可靠性设计

1) 概念内涵

可靠性是从用户角度最直接感受到的质量,关于软件可靠性的确切含义,学术界经过长期的争论和研究,1983 年美国 IEEE 计算机学会对"软件可靠性"第一次正式做出如下定义:

(1) 在规定条件下,在规定的时间内,软件不引起系统失效的概率,该概率是系统输入和系统使用的函数,也是软件中存在错误的函数;系统输入将确定是否会遇到已存在的错误(如果错误存在的话)。

(2) 在规定的时间周期内,在上述条件下软件执行规定功能的能力。

根据这个定义,软件可靠性包含了以下 3 个要素:

① 规定的时间:软件可靠性只是体现在其运行阶段,所以将“运行时间”作为“规定的时间”的度量。“运行时间”包括软件开启后工作与挂起(开启但空闲)的累计时间。由于软件运行的环境与程序路径选取的随机性,软件的失效为随机事件,所以运行时间属于随机变量。

② 规定的环境条件:环境条件指软件的运行环境。它涉及软件运行时所需的各种支持要素,如支持硬件、操作系统、其他支持软件、输入数据格式和范围以及操作规程等。不同的环境条件下软件的可靠性是不同的。具体地说,规定的环境条件主要是描述软件运行时计算机的配置情况以及对输入数据的要求,并假定其他一切因素都是理想的。

③ 规定的功能:软件可靠性还与规定的任务和功能有关。由于要完成的任务不同,软件的运行剖面会有所区别,则调用的子模块就不同(即程序路径选择不同),其可靠性也就可能不同。

由以上概念可见关于可靠性有如下两点共识:

(1) 必须在同时明确 3 个要素的前提下软件可靠性才有意义,泛指某个软件的可靠性是没有意义的;

(2) 可靠性的理论基础是概率论和数理统计,其任务是研究软件的可靠程度,用以提高质量,它的度量指标称为可靠度,常用字母 R 表示,它的取值范围为 $0 \leqslant R \leqslant 1$,常用百分数表示。

产品在规定的条件下,在规定时间内丧失规定功能的概率称为失效概率,亦称不可靠度,常用字母 F 表示,则 $R=1-F$。

2) 基本原理

软件可靠性的本质是软件能够满足需求的性质,软件不能满足需求是因为软件中的差错引起了软件故障,软件差错是软件开发各阶段潜入的人为错误,软件可靠性的根本任务就是研究和实践减少乃至消除软件差错的方法。主要的软件错误有:

(1) 需求分析定义错误。如用户提出的需求不完整,用户需求的变更未及时消化,软件开发者和用户对需求的理解不同等。

(2) 设计错误。如处理的结构和算法错误,缺乏对特殊情况和错误处理的考虑等。

（3）编码错误。如语法错误，变量初始化错误等。

（4）测试错误。如数据准备错误，测试用例错误等。

（5）文档错误。如文档不齐全，文档相关内容不一致，文档版本不一致，缺乏完整性等。

此外，软件规模、软件的运行剖面、软件的内部结构、软件的开发方法、软件开发人员的能力和经验、软件开发环境、软件可靠性设计技术、软件测试与发布时间等，也会影响软件的可靠性。

工程实践中，可靠性工作主要包括设计、度量和试验评价3个环节，其核心和难点是确定软件运行剖面，识别程序运行的路径，也叫可靠性建模，它是进行可靠性指标分配、可靠性计算的依据。通常基于软件工作原理图，采用串、并、旁模型等以可靠性框图的形式来表示。最小割集方法被认为是识别软件运行剖面最完备的方法。由于程序通常具有很强的通用性，每个程序通常都承载着许多任务，一个功能的完成通常需要多个软件模块的协同支撑，因此，只有那些对整个运行环境原理足够清楚的人才能够准确表达可靠性框图。

3）提高指挥控制软件可靠性的方法

由可靠性的基本原理可知，提高可靠性的根本在于减少或者消除软件错误，避错和容错是两个基本方法。但是避错设计只能达到一定的限度，不可能根本杜绝错误，要想进一步提高可靠性，只有采用容错技术。终极的软件可靠性保证方法是程序正确性证明技术，但该技术还无望成为实用性方法，软件测试在将来相当一段时间内仍然是软件可靠性保证的有效方法。

实践表明，采用相应的技术和工具可减少错误的发生，从而尽量避免错误。例如：使用CAD工具设计可靠性，基于加权规则分配可靠性指标，采用形式化的程序设计、编程系统及验证方法等。

指挥控制软件的可靠性设计除应遵循上述基本原理和方法外，由于指挥控制软件特殊的使命和使用场合，决定了指挥控制软件的可靠性设计与其他软件有所区别。

（1）从系统级整体考虑软件构件的可靠性。指挥控制软件构件通常需依赖其他构件,并与网络、通信、硬件环境以及使用人员共同协调完成使命任务。因此,指挥控制软件构件完成规定功能的能力必须综合考虑其他组成部分的因素,站在系统的角度为本构件分配可靠性指标,以提高系统可靠性为目标确定单个构件的可靠性设计和实现方案。

实践表明,除加强软件使用培训,提高用户操作软件的正确性外,提高系统可靠性的基本做法可分为 3 类:

① 增强系统的集成能力。通常包括优化插件、服务集成策略,控制系统规模,简化交互等,优先重用可靠性高的构件,以降低系统发生故障的可能性。

② 提高整个系统完成功能的能力。通常指综合运用健壮性设计、避错设计、容错设计、错误恢复、余量设计等方法从设计技术角度提高系统可靠性。

③ 控制系统功能模块的复杂度。即采取软件结构复杂度控制、采用成熟模块简化程序设计等方法,在软件实现过程中降低缺陷产生的概率。

(2) 将软件构件可靠性与可维护性统一设计和考虑。指挥控制软件的研发环节与运用环节是相对独立的两个环节,软件运用中一旦发现问题,在时间上不允许时通过修改程序设计、重新编码来消除错误。通常可行的做法是依赖维护保障人员,有效保护出错现场的数据、紧急启用备份措施等手段,保证主要的功能剖面能够正常运行,例如能够实现指挥命令的上传下达,这是指挥控制信息系统的底线需求。

从软件工程学术角度来讲,这种调整和保护属于软件可维护性的范畴。因此,指挥控制软件可靠性的最大特点就是要与软件的可维护性统一设计和考虑。

可维护性在此阶段的表现主要是容错备份、现场保护、节点恢复、冷热备份、余量支持乃至系统功能的降级使用等。例如:当传输服务出现故障时,可以通过运维管理系统,关停互联互通等级要求较低的信息交互,专注保障指挥命令发送与接收。若有配套的运维管理系统能够实时监控软件运行状态,对相关数据进行有效地收集、组织和管理,则可利用人工智能(Artificial Intelligence,AI)技术,基于历史运维管理数据记录,自动优选处置方案,显著提高信息系统的可靠性。

当然,把不可靠因素控制在尽可能少的构件内,会提高系统的可维护性。因此,在划分指挥控制软件模块时,需要将一些可能发生故障、复杂的逻辑实现尽可能包含在某个模块的内部,使其他模块与此无关,避免错误的蔓延。

(3) 坚持以容错技术为主的软件构件可靠性设计原则。容错技术是提高系统可维护性的基础,通常包括软件健壮性、余量、容错、错误恢复、冗余和硬件可靠性等6个方面。以下提供的是典型的设计原则。

① 软件健壮性设计。采用异常处理机制、边界处理等软件健壮性设计。

a. 采用异常处理机制,捕捉一切可能发生的错误(例如,数据库访问异常、I/O读写异常等)并进行处理。

b. 各软件必须具备网络故障异常处理和容错机制,针对网络传输错误、硬件故障等,采用纠错编码、重发数据、重连服务等方法,保证传输的正确性。

c. 采用数据库连接池技术,在进行数据库操作时,先从连接池中获取数据库连接,并判断连接是否有效,如果连接失效,则重新创建连接,同时删除连接池中已有的连接。

d. 在有人工操作的界面软件设计过程中,对人工输入的数据进行检验,如整型的最大值、最小值,字符串中是否有非法字符,IP地址类型输入是否符合形式要求等,避免程序崩溃。

e. 后台服务应对错误请求数据格式、过量请求等具备自我保护设计。例如检查请求数据格式,丢弃非法数据并记录日志;对于不能及时处理的数据,服务将进行排队处理,并以状态反映请求处理情况。

f. 对提供的二次开发接口的软件,需要对输入参数进行合法性检查。

② 余量设计。对数据结构、服务性能及数据存储空间等环节采用余量设计。

a. 在设计网络传输协议时,在协议中预留扩展字段,预留或可设置调用超时时间。

b. 在外部接口设计时,在数据结构中预留扩展字段。

c. 在安装软件或安装后台数据库时预留足够的存储空间。

d. 服务程序中对同时访问服务客户端的数量、程序中队列长度、读入内存的数据块大小等影响资源使用的因素进行可配置的控制,防止资源不够引起的程序异常。

③ 软件容错设计。软件容错技术的基本思想是进行防错性程序设计,将软件潜在的差错对可靠性的影响控制到最低程度。特别是对关键进程故障、内存磁盘不足等问题需要进行容错设计。

a. 关键进程故障时容错设计。对于关键服务软件,增加备份进程和进程监控模块,备份进程可在主进程故障时自动切换为主进程。

b. 动态申请内存不足的处理。采用内存池技术,在软件初始化时,预申请足够数量的内存,避免运行过程中,由于系统内存不足导致的故障。在硬件条件得到足够改善的现在,这种方法应该大力推广使用。

c. 动态申请磁盘空间不足处理。设计有两种途径:一是在软件初始化时,预申请磁盘空间;二是在软件内部存储文件的位置索引,当某个磁盘空间不足时,自动搜索其他有效磁盘,将位置索引指定到有效磁盘路径。

④ 软件错误恢复设计。一般针对数据库备份/恢复、运行日志、进程自恢复三方面进行错误恢复设计。

a. 数据库的备份/恢复机制。对基于数据库存储的软件需要提供备份恢复数据库的功能。

b. 日志机制。提供运行过程中的详细日志记录机制,当出现问题时能够根据日志辅助判断故障原因,解决问题。

c. 进程自恢复设计。为关键进程设定监控管理模块,也称守护进程,采用"看门狗"策略,由管理模块监控关键进程。

⑤ 冗余设计。针对网络传输异常等进行冗余设计,具体包括如下 3 点:

a. 网络传输数据异常处理。在数据收发与处理软件中,在数据协议中增加冗余校验位。

b. 网络传输丢包处理。如果接收到的数据包被判定无效,则通知发送端重发,保证正确的数据包最终能够被接收。

c. 网络链路连通状态判定。采用读取网络链路 I/O 状态和"心跳"机制结合的方法,在对连通状态判定的基础上针对传输链路进行容错处理。

⑥ 硬件可靠性设计。为了保证指挥控制系统可靠性，在硬件系统方面需要满足的设计要求主要包括：主要硬件设备应有冗余备份，硬件故障时应能够快速恢复，关键数据应有备份，不能中断军事活动进程。具体的实施措施包括如下4点：

a. 采用服务器双机热备、单机冷备、单机工作方式，满足对不同应用软件系统可用性和可靠性的要求。双机热备：采用双机集群热备技术，提供故障的手动与自动切换，保障应用软件系统的关键服务不间断，提高应用软件系统的可用性和可靠性。单机冷备：采用动态服务部署技术，基于服务部署系统提供应用软件系统的单机冷备，保证应用软件系统遇到故障时的快速恢复。单机工作方式可以制定灵活的系统备份与恢复策略。

b. 终端保护。可以对计算机终端的操作系统、文件系统、业务数据进行保护与快速恢复。

c. 数据保护。对于关键数据，采用虚拟存储管理平台进行本地与异地的同步或异步数据镜像，保障数据绝对安全。对于其他非关键数据，按照设定的备份与归档策略，进行定时增量备份，保证故障发生后数据可以恢复到故障前某个时间点的状态。

d. 通信保护。局域网内部两台核心交换机之间，核心交换机与接入交换机、数据中心交换机之间采用双链路冗余备份，广域网路由器采用主、备路由器进行冗余备份等。

4. 安全性设计

1）概念内涵

信息安全的涵义主要体现在安全性、完整性和可用性3个方面。安全性确保信息只给合法授权用户使用，而限制其他人访问。信息不泄露给非授权访问的用户、实体或不被非法利用。安全性按性质又可以分为传输安全性和存储安全性。前者是对传输中的数据保密，后者是指在存储数据时的数据保密。完整性保护信息和处理方法的准确和完善。通俗地说，就是保证计算机信息数据不会受外界事件的干扰而被改变或丢失。数据完整性的破坏可以有很多因素，包括蓄意破坏、无意破坏、软/硬件失效、自然灾害等。无论是哪种形式的破坏,最好的应对方法就是数据备份。可用性确保授权人需要时可以获取相应的信息。各种对网络的破坏、身份否认、拒绝以及延迟使用都会破坏信息的可用性。

2) 基本原则

(1) 保护最薄弱的环节。安全性领域中最常见的比喻之一是:安全性是根链条;系统的安全程度只与最脆弱的环节相关。

攻击者往往设法攻击最易攻击的环节。设计时应标识出系统最薄弱的组件,首先消除看起来好像是最严重的风险,而不是看起来最容易减轻的风险。

(2) 纵深防御。纵深防御的思想是使用多重防御策略来管理风险,以便在一层防御失效时,另一层防御将会阻止完全的破坏。其实质是多重防御比最坚固的环节还要坚固。

(3) 保护故障。任何系统都会有故障,这是很难避免的,而安全问题通常与故障如影相随。因此,需要在设计时考虑故障可能引发的安全问题。

(4) 最小特权。最小特权原则规定:对特定用户只授予执行操作所必需的最少访问权,并且对于该访问权只准许使用所需的最少时间。

实现最小特权的基本方法是"分隔",即将系统分成尽可能多的独立单元,这样可以将对系统可能造成的损害降到最低。当然,分隔必须适度,如果对每一个功能都进行分隔,那么系统将很难管理。

3) 指挥控制软件安全性的设计

指挥控制软件的安全性需求本质上来源于高保密性要求,通常也包含两个层次的含义:数据与信息的安全与保密;软件自身的安全。

按照软件工程的要求,在需求分析阶段就需明确信息系统的安全需求,进行可行的安全需求分析,并在系统体系结构设计时,明确各组成部分及其数据的安全需求,分解相应的安全指标。

通常,在技术选型上,强制使用自主可控的基础软硬件、安全可信的通信网络、全寿命的运维监控,是确保信息系统安全的基本手段;在软件结构设计上,需要从认证、加密、授权、防护与监控等环节,依据保护最薄弱的环节、纵深防御、保护故障和最小特权的4条安全设计基本原则,将信息系统分为不同的功能区等,针对使用特点,分别设计相应的安全机制,提供安全保证手段。

此外,还需要考虑装备遗失和使用场景不可控等极端条件下的软件安全,能够进行安全风险评估,能够通过设备销毁和数据清洗,确保数据与信息的安全,将安全危害控制在最小程度。

3.3　指挥控制软件演化与重构

3.3.1　软件的重构演化及其诱因

1. 软件的演化

软件演化(Software Evolution)指在软件系统的生命周期内,软件维护和软件更新的行为和过程。在软件系统的生命周期内,演化是一项贯穿始终的活动,系统需求改变、功能实现增强、新功能加入、软件体系结构改变、软件缺陷修复、运行环境改变等因素均会引发软件演化。

长期的工程实践证明,一个简单的需求分析、初步设计、详细设计、开发和测试周期,已难以符合用户需求,因为用户对需求的认识是一个不断深入完善的过程。在软件交付用户试用或正式投入使用后,用户反馈问题、缺陷的纠正、流程优化以及新需求的产生和满足是一个不断迭代的必然过程。相应地,软件要经过多次迭代演进才能更好满足用户需求。软件演化已成为实用系统不断发展完善和增强的必然趋势。

按照修改软件的时间段,可将软件演化分为研制阶段演化和维护阶段演化两种情况:

(1) 研制阶段演化,指在软件正式交付最终用户使用前的设计开发与测试验证阶段,基于系统与用户交互,深化对功能需求的认识,收集试用过程发现的缺陷,在此基础上修改软件体系结构设计、代码和部署使用方式。这种演化是软件开发实践中最广泛的演化形式,也是软件工程领域理论研究长期重点关注的环节。

(2) 维护阶段演化,指在软件正式交付最终用户后的维护阶段,修改软件缺陷、重构软件以及变更功能的工作。这种演化,大多数是以“小修小补”方式体现,但也很容易转变为新一轮研制阶段演化,特别是在新功能需求较多、软件体系结构必须有较大调整时,一般以启动改造项目方式,转入一个新的软件设计、开发和测试周期。维护阶段演化需要考虑对已有软件成果的继承,包括持续不断产生的数据成果,还要考虑实际业务流程适应信息系统演化发生的经济、社会成本以及潜在风险,其技术难点较多,是当前软件工程领域理论研究的一个热点问题。

按照演化时软件的运行状态,还可将软件演化分为静态演化(Static Evolution)和动态演化(Dynamic Evolution)两种:

(1) 静态演化,是指软件在停机状态下的演化。其优点是不用考虑运行状态的迁移,同时也没有活动的进程需要处理。停止一个应用程序就意味着中断其功能服务,造成软件暂时失效。

(2) 动态演化,是指软件在运行期间的软件演化。在许多重要的应用领域,系统的持续不间断可用性成为关键性要求,如空中交通管制系统、全球金融交易系统、网络服务系统等,通过停止、更新和重启来实现维护和演化将导致较大的延迟、代价和风险,这就要求软件服务具备动态演化能力,即可在不停止系统运行的情况下实现软件的功能更新。动态演化的优点是软件不会暂时失效,能够持续不间断地可用。但由于涉及状态迁移等问题,在技术上比静态演化更难处理。动态演化是最复杂也是最有实际意义的演化形式。动态演化使得软件在运行过程中,可以根据应用需求和环境变化,动态地进行软件的配置、维护和更新,其表现形式包括系统构成元素数目的可变性、结构关系的可调节性和结构形态的动态可配置性。一次完整的动态演化过程一般分为3个阶段:动态演化触发、动态演化策略生成、动态演化执行。软件的动态演化特性对于适应未来软件发展的开放性、动态性具有重要意义。

基于不同分类特征可以看出,研制阶段演化是静态演化,维护阶段演化既可能是静态演化也可能是动态演化,取决于具体业务的持续不间断可用性要求。

另外,按照演化时是否有软件架构师与程序员参与,还可将软件演化分为

介入式演化和自主式演化两种:

(1) 介入式演化,是指由软件架构师和程序员主导的演化。目前绝大多数软件演化都属于介入式演化,一般包括软件架构调整、功能增补、缺陷整改等编码工作。介入式演化的特征是伴随着软件代码开发,软件需要测试并更新版本号,必要时还需开展第三方测评等质量确认程序。

(2) 自主式演化,是指由软件采用人工智能技术自主开展的、无软件架构师和程序员参与的演化。这种演化对软件架构设计和软件自学习、自调整有较高要求,目前还处于深化理论研究和工程试应用阶段。由于没有软件代码开发工作,自主式演化能够适用的场景比较有限,例如自适应优化配置参数以增强对环境适应性、优化信息共享与处理流程、通过自学习改善规则库等。自主式演化的成果需要软件架构师与程序员定期检验,核对其演化方向是否符合预期,不需再开展第三方测评和升级软件版本号。

2. 软件的重构

重构(Refactoring)这个概念最早来自 Smalltalk,之后进入了其他语言阵营之中。当程序员们积累了大量的项目代码,在代码精简的过程中,逐渐归纳概括形成了重构的理论方法。作为一种较常见的情况,软件投入使用后,在维护过程不断按照用户新需求增加功能,软件越来越复杂,程序结构却没有随着软件的复杂而进行优化,导致代码质量下降,产生大量的“代码坏味”(Bad Smells in Code),代码也变得越来越难以阅读,维护与变更的成本也越来越大。为了去除代码坏味,使新代码的增加更容易或改善既有代码的设计,提高代码的易读性,甚至提高编程的趣味性,有必要开展重构。

目前,对重构还没有严格的定义。一种广为接受的描述是:重构是以改善程序结构为目的的保留程序行为的程序转换。重构是一个过程,在不改变代码外在行为的前提下,对遗留系统的代码做出修改,对软件内部的结构进行优化,使其更加易于阅读、易于维护和易于变更。本质上说,重构就是“在代码写好之后改进它的设计”。

重构的一个关键前提是“不改变软件的外在行为”。这个前提非常重要,此外它要求在改造遗留系统的同时,不会为遗留系统带来新的缺陷,而且对于用户来说应当完全感觉不到它的存在。这就要求在重构时加强测试,确保与之前的功能保持一致,并且没有引入新的缺陷。

为了降低重构失败和引入新缺陷的风险,重构应当采取“小步快跑”的方式,先后开展多个小修改,每次测试验证小修改没有问题后再开展下一步修改,而不是一次修改大量代码。尽管小步快跑方法看起来效率不高,测试工作也挺频繁,但在工程实践中被视为是减少重构失败概率的一种有效手段,它能够以最快的速度发现修改的问题,将因修改错误带来的损失减少到最小。换一种角度看,每次修改的代码量越多,说明需要考虑的问题越复杂,最终出错的概率也就越大。

目前软件重构方法的研究侧重于软件内代码优化,且大都处于细粒度的软件重构层面,在粗粒度的系统重构层面关注不多,在如何通过调整软件之间耦合关系、技术体制,实现系统体系结构和性能升级方面尚未形成较为完整的理论体系。Martin Fowler 在其经典著作《重构改善既有代码的设计》中总结了 22 种代码坏味,提出了重新组织函数、重新组织数据、简化条件表达式、简化函数调用、处理概括关系等多种低层次重构方法,以及分解继承体系、将过程化设计转化为对象设计、将领域和表述/显示分离、提炼继承体系等大规模复杂重构方法;Joshua Kerievsky 在《重构与模式》一书中,在 Martin Fowler 研究成果基础上又提出了 5 种新的代码坏味,并给出了 12 种代码坏味与相关重构方法的对照表。

软件的重构与演化,都是对既有软件的改进。其差别在于演化贯彻软件全生命周期,而重构是软件演化的一种形式,它的特点是不改变软件外在行为,通过去除代码坏味,优化软件结构,通常是软件功能性能提升的一个基础步骤,以软件重构与演化为主要内容的软件演进式设计逐渐成为软件研发的主流。

通常,演进式设计需要在演进规划计划指导下,从最简单、最清楚的情况开始,一步步增加新的功能,每增加一个新功能就重构一次,不断改善程序代码或体系结构,直到最终完成项目。同时,测试人员、需求分析人员,甚至用户都随时查看与确认成果,从而缩短验证周期,及时发现问题。在制定演进规划计划时,要考虑可用时间、需求紧迫性、技术力量和改造风险等方面因素。通常情况下,外部条件一般不允许对系统做全面的重构,这时应从效益最大化角度,筛选出需求最急迫、问题最突出、作用最大的模块或者部分软件,然后为这些模块/软件制定由一系列短周期组成的具体工作计划。

3.3.2 指挥控制软件的重构过程

指挥控制软件有严格的技术状态管理要求,其重构工作必须按照规范的科研管理程序开展,而使用哪种科研管理程序很大程度上取决于重构工作的动机。指挥控制软件常见的3类重构动机及其过程如下:

1. 软件/模块复用要求

由软件/模块复用因素引起的指挥控制软件重构,一般是对遗留系统的改造。在重构工作中,首先要调整系统体系结构,将应该由共性功能软件/模块承担的功能剥离出去,交由共性功能软件/模块负责;其次应做好非共性功能软件/模块的修改或删减,开展共性功能软件/模块的对外接口设计、其他软件/模块的对外接口调整;然后依次开展代码级重构设计、方案评审、开发与测试。

2. 新的使用需求

一般在满足用户新的使用需求时,不必都采取重构方式。重构工作主要针对在体系结构和代码设计上难以满足功能性能提升目标的指挥控制软件。如果一般的体系结构和代码修改难以满足新需求,则有必要对软件再设计和改造,甚至可能还涉及技术体制升级。

通常,应按照新需求引起的重构改造规模大小,选用不同的科研流程。对于仅在代码级去除代码坏味的重构,一般由研制单位在内部开展方案审查和测试;而如果是在体系结构层面开展的重构,需由科研主管机构组织方案审查,在研制单位完成开发与内部测试后,还应组织第三方软件测评,以确保软件技术状态可用与可靠。

3. 技术体制升级

面向对象、面向服务等编程技术的推广,为遗留系统的重构提供了基础。特别是面向服务思想,能够更好地融合遗留系统、灵活地适应用户未来需求,为指挥控制软件技术体制升级提供较好支撑。

升级技术体制的重构工作，需重新梳理整个信息流程、重定义内外部接口、重新设计体系结构，一般情况下还需调整软件产品形态、部署方式甚至编程语言。技术体制升级不单纯是软件代码的重构，还有软件架构师设计理念和程序员编程模式等方面的转变影响，牵涉面广，特别需要严格把控质量和重视可靠性检验。在科研程序上，需由科研主管机构组织方案审查和第三方软件测评。

还有一种较少见的情况，是在外部新增约束条件影响下，软件研制过程中不得不变更技术体制，导致中途调整技术方案。这种技术体制升级，因技术方案变更产生大规模修改，需由科研主管机构组织方案审查，在方案审查后方可开发，研制单位完成内部测试后，必须通过第三方软件测评。

由于指挥控制软件担负任务特殊且大多与武器平台交链，为确保系统在大规模重构后能够正常履行战备执勤和作战指挥任务，应在技术体制升级后，在真实使用环境或逼近真实的验证环境中试用一段时间，方可上线运行。另外，由于在推广应用周期，系统使命和各类部队的使命任务可能会有差异，新技术体制的指挥控制软件难以在较短时间内全部替换掉遗留系统，因此在设计指挥控制软件重构方案时，需充分考虑与原有技术体制软件系统兼容互通能力，应尽量保留遗留系统主要能力接口。

3.3.3 指挥控制软件的演化过程

指挥控制软件担负战备执勤、演习训练、作战指挥等任务，经过长时间大范围的实际运用，经过各种复杂使用环境和多次实践应用案例，会积累大量的用户体验、缺陷记录和改进建议，加之指挥体制、机构设置、使命任务、作战理念、新武器装备列装与信息流程调整等方面原因，持续产生使指挥控制软件正向演进的动力。而且由于指挥控制软件的领域特殊性，其演化通常附有迫切、复杂、持续和安全等特殊要求，演化过程也必须更为规范，相关技术支撑也应该更加有力。

重构通常是软件功能性能提升的一个基础步骤，即指挥控制软件演化过程通常包含必要的重构工作。但这种重构并非每个演化都必须开展，一般由负责演化的软件架构师和程序员需要根据现有软件的具体状态决策，如果不存在必须修改的代码坏味和必须调整的技术架构，可省略重构步骤直接开展软件演化。

对尚未部署的指挥控制软件，必须正确评估需求变更对软件开发全过程的影响，必要时应进行需求重新评审等科研程序环节，纳入需求变更处理流程。对已部署的指挥控制软件，演化宜采用兼容过渡的策略，在明确其担负使命任务是否变化的基础上，分析指挥作业流程，分解信息处理功能，梳理其信息交换关系，评估演化对整个指挥控制信息系统、对人的影响范围和程度。针对不同演化目标与软件状态变更量，制定详细演化操作步骤，通常包含现有状态记录、软件版本检查、数据保护和节点恢复、用户培训、调整/替换/操作时刻、试用监控和正式运行等环节，必要时须开展模拟试验或搭建逼近实用场景的试验环境，分析与控制演化对指挥控制信息系统体系性能的影响度，保证正向可控演化。

指挥控制软件常见的 3 类典型的演化目的及演化过程如下：

1. 以整改问题缺陷为目标的演化过程

在软件研制阶段和维护阶段，经过用户的试用或实装环境应用，遇到内部测试和第三方测试未覆盖的场景，有可能会暴露指挥控制软件在设计或开发阶段忽略的问题和不足。此时，应尽快对问题缺陷进行分析定位，制定整改技术方案，明确职责分工和工作计划。由于是以整改问题缺陷为目标，通常是小修小补，代码量修改比较少，不对技术架构、类层次体系、内外部接口等做过大调整，其研制管理过程可适当简化。在完成编码开发后，由软件研制单位质管部门完成必要的质量检验工作，核实问题已整改归零且未引入新的缺陷问题，之后由科研主管机构组织检验，若软件达到改造要求给予新的软件版本号，再向最终用户提出软件更新申请，经审核批准后在实装环境部署。

2. 以提升功能性能为目标的演化过程

应根据功能性能提升范围差异，采取不同的科研管理程序开展指挥控制软件演化：

（1）对于少量修改代码或仅在已有软件中增加少量功能模块的，其演化过程与整改问题缺陷的过程基本相同，区别在于软件研制单位完成质量检验工作后需增加第三方测试,且新的版本号改由科研主管机构给予,提升测试要求与版本审批权限。

(2) 当需要大量修改代码或增加软件的,需在项目推进模式、方案审查、试用要求与版本审批权限方面提高要求,由科研主管机构视情以维护改进或再立项方式启动演进工作,以正式审查会方式确认技术方案合理性,并在演化过程中采取重构、版本管理等方式加强软件研制过程控制。

3. 以适应使命变化为目标的演化过程

这种演化以调整现有软件使命任务定位为目标,意味着要对软件内信息流程、外部接口、功能特征、关键性能、部署使用模式等作较大修改,有可能还需开展技术体制调整,需要在技术方案中明确软件设计和部署使用模式等,进而明确具体的重构内容及各相关单位职责分工与工作计划。在组织程序方面,由科研主管机构组织正式审查会确认技术方案合理性、技术体制符合性与关键技术可行性。代码开发完成后,顺序开展技术联试、第三方测试、部队试验,之后通过技术鉴定或定型程序获得新的版本号。

上述3种演化过程,是指挥控制软件演化工作最常见的几种,都需要软件架构师和程序员参与,属于介入式演化。随着人工智能技术在工程实践中逐步推广使用,指挥控制软件可逐步引入自主化演化机制,通过对案例的自学习,达到不断优化配置参数、优化规则知识库、增强对环境适应能力的目标。例如,通过学习对抗案例,可由软件自主完善作战飞机航路计算、弹药毁伤等模型;通过学习不同场合的软件部署模式,可由软件自主优化部署方案和按需调整服务集群规模,或在实时监控通信链路状态基础上调整配置参数和运用规则。

3.4 新概念下的软件设计

提高软件开发效率和质量一直是软件工程领域实践追求的目标。近年来,互联网、云计算、大数据等技术的飞速发展,IT领域的产业变革风起云涌,软件的应用模式、运行环境和开发模式也正悄然地发生变化。尽管传统的面向单机、局域网等环境的软件在一个时期内仍将长期存在,但是“基于网络构造、运行于网络上、通过网络提供服务”已成为现阶段软件的基本形态。云计算作为无处不在的计算基础设施，为基于网络的软件应用提供了多样而全新的设施级支持；与此同时，网络化的软件开发和应用实践催生了庞大的新的软件生态环境，涌现了开源软件、软件众包等大规模基于群体智慧的软件创作实践，软件开发活动呈现出主体开放对等、边界无限扩展、数据持续积累的互联网和大数据的特征，其内涵和外延都远远超出了传统软件开发方法的基础理论和实践范式。这些革命性变化对软件开发技术的发展既带来了巨大挑战，更带来了重大发展机遇，也深刻影响了软件工程的教育理念和方法变革。

3.4.1 基于云计算的软件设计

借助于网络和虚拟化等技术，云计算实现了对软硬件资源的集中化、动态化和弹性化管控，建立了从资源整合的一体化的全新服务模式。

1. 云计算简析

根据美国国家标准与技术研究院(NIST)的定义，云计算是一种按使用量付费的模式，这种模式为用户提供便捷、按需的网络访问，进入可配置的计算资源共享池(资源包括网络、服务器、存储、应用软件、服务等)，只需投入很少的管理工作，或与服务供应商进行少量交互，用户就能快速使用这些资源。

云计算的出现是在商业运营模式的推动下，在已有的分布式计算、网格计算、虚拟化等理论和技术的基础上建立发展起来的。云计算强调按需使用、动态调配、弹性扩展的理念，以用户的需求为原则进行资源的组织和交付。根据云计算交付服务内容的不同，当前的云计算可分为3个层次：基础架构服务(IaaS)、平台服务(PaaS)和软件服务(SaaS)3个部分。

1）基础架构服务(IaaS)

IaaS位于最底层，通过虚拟化技术将服务器等计算资源同存储资源和网络资源打包，通过API接口的形式提供给用户。用户不需再建设或租用机房，也不用自己购买和维护服务器和交换机等，只需要购买IaaS就能够获得这些资源。例如2011年北京云主机产业基地推出的云主机就是基于IaaS的主机租用服务，它基于对一组集群主机的统一管理，在其上虚拟出多个类似的独立主机，提供给中小企业、个人用户使用,对用户而言还具有低成本、高可靠、易管理的特点。据IDC《中国公有云服务市场追踪研究,2014上半年度》,2018年中国公有云市场营收将达到20亿美元。

2) 平台服务(PaaS)

PaaS构建在IaaS之上,在网络、计算、存储等基础架构之外还提供了业务软件的运行环境,其直接用户通常是云应用的开发者。个人网站常常用到的"虚拟主机"实际就属于PaaS的范畴,用户只需要将网站源代码上传到"虚拟主机"的地址,"虚拟主机"会自动运行这些代码生成对应的Web页面。PaaS服务可以理解为云计算环境下的中间件,为云应用开发提供了丰富的底层支持和基本框架。基于PaaS进行开发可以使应用开发者重点关注于应用的业务逻辑,而无需或仅需少量地处理数据存储、消息交互、安全等底层的弹性伸缩问题。

3) 软件服务(SaaS)

SaaS是最成熟的云计算服务类型,在云计算真正变得火热之前,软件服务本身就已经是一个非常流行的概念了。SaaS的目标是将一切业务运行的后台环境放入云端,通过一个瘦客户端(如Web浏览器或移动客户端)向最终用户直接提供服务,最终用户按需向云端请求服务,而本地无需维护任何基础架构或软件运行环境。SaaS同PaaS的区别在于,使用SaaS的不是软件的开发人员,而是软件的最终用户。

在这3层架构中,IaaS为用户提供基本的计算和存储能力,通过虚拟化和智能化技术自动为用户分配计算和存储资源,PaaS和SaaS则是面向软件资源,两者在一定程度上存在着关联。SaaS是通过虚拟化技术和多租户技术将单个的软件实例服务于多个用户组织,多用户共享软件架构,降低了每个客户的资源消耗。但是这种应用方式在对用户个性的适应方面不可能有太多涉及,为此,一些厂商开始逐渐将软件开发中常用的API组件、开发工具、运行环境等资源公开给用户使用,催生了基于云计算的软件开发平台。这类平台的出现,为用户提供了更广泛的开发空间,使软件的开发能够更多地面向用户业务本身。因此,云计算的3层服务体系创造了新的软件开发模式。

2. 云计算对软件设计的影响

软件工程概念的提出，标志着软件产品与硬件分离而成为独立交付对象，并在软件研制过程上逐渐形成了需求分析、设计开发、测试验证的一般流程。在软件工程提出后的几十年间，开发方法和设计思想不断创新，但是这一基本流程没有太大变化。

当云计算将信息技术推入服务化模式时，软件与硬件在“服务”这一共同的抽象形式下又重新走到了一起。计算处理从用户终端归集到云计算中心，以此为基础的软硬件资源通过自下而上的虚拟化技术融合为整体，共同满足用户的业务需求。

云计算的广泛应用，对软件开发产生的深远影响，究其根源是因为软件开发从封闭的计算机平台走向互通、互联、协作的网络平台环境。网络不再仅仅是通信的工具，而是逐渐具有运算和服务能力。软件开发从网络边缘走向网络中心，网络成为虚拟的超级开发平台，这在云计算中得到了最佳的体现。

云计算的出现，对于软件设计与开发的影响主要体现在软件体系结构、软件开发工具和软件商业价值3个方面。

1）软件体系结构的变化

软件技术随着软件设计抽象程度和开放程度的不断提高，不断推陈出新，从低级语言到高级语言，从面向过程到面向对象，从过程函数到流程模块等。在软件工程的发展过程中，抽象程度不断提高，问题空间与解空间的一致性不断加强，而这一过程也伴随着软件设计的逐步开放，SOA的出现即是典型的代表。SOA自2004年被提出后，由于其能够有效地解决IT系统整合中灵活性与复杂度之间的矛盾，成为近年来软件架构的主流方向之一。云计算中的PaaS与SaaS，本身就是SOA的应用实践。因此，随着云计算的发展，在软件设计中采用SOA架构毫无疑问已成为一种自然选择。

另一方面，网络和存储的融合使得软件获取资源的方式趋向“云”化。用户需要在任何时间、任何地点，通过任何设备、任何计算环境（操作系统）都能得到这种资源和服务。所以，云计算的软件架构必须适应云计算提供服务。例如，为了支撑网络上大规模用户访问，并行计算在软件架构中已经广泛应用，特别是基于 Hadoop、Spark 等并行计算框架的流行，这要求软件架构设计时需要考虑分布式的资源处理，以有效地调配资源，从而充分发挥多个计算节点的综合效率和性能。

2）软件开发工具的变化

过去，面向 PC 机应用开发，程序员通常使用 C/C++/Java 语言，关注的计算资源是物理 CPU 的性能、内存的大小、硬盘的存储容量等。云计算应用开发的时候，程序员更加关注的是云计算架构下分布式的计算资源组成，比如这种应用是在哪个计算集群中完成、应用之间内部通信的网络带宽、存储的分布式资源位置等。随着软件规模的扩大，在面向局域网或企业级应用中，. Net、J2EE、Struts 等各类开发框架超越了单纯的开发语言，成为程序员常用工具。云计算时代，互联网应用软件的主流开发语言及工具有 Java Script、Python、Ruby on Rails、QT 等，这些语言提供了基于 Web 进行交互的便利手段。

除了开发语言之外，软件开发还需要源代码管理、自动化测试等开发环境支持。云计算出现后，软件的开发环境也开始向云端迁移，作为一种服务在网上提供。通常这类工具可以作为 PaaS 平台的功能组件向用户提供。使用这些基于云的工具，也许并不真正改变开发人员编写代码的方式，但会简化工具的部署过程，并且不再需要专门的人做代码集成或在部署之前运行测试套件，这必然提高了软件开发团队的生产效率。

3）软件商业价值的变化

在云计算风靡之前，软件产业的商业模式变化已经出现。以 IBM 为代表的 IT 服务提供商率先将软件销售的重点从卖产品向卖服务转变。云计算的发展成熟加速了这一软件商业变革的进程，软件的销售模式从 License 转变到按服务收费，软件在云计算中成为服务的载体，这是一个很重要的变化。这种变化对许多软件企业来说影响是巨大的，比如微软、谷歌等公司，都在快速地应对云计算时代对传统技术和产品带来的挑战，并对核心产品的商业模式进行变革。这种变化反映了在云计算时代，软件的价值不再是代码，服务的质量成为带来价值的重要因素，甚至超越了软件本身所蕴涵的技术。

伴随着云计算和移动互联网的发展，App Store（应用商店）兴起，软件赢利模式也发生变化。包括谷歌、苹果以及国内奇虎、360等公司都在为云计算平台开发 App Store,公布自己的开发包,并通过互联网与软件开发者、用户建立产业生态圈。开发者通过提供商的云计算平台和应用商店销售软件,通过软件实现服务,在服务中获取利润,而用户通过互联网购买软件,获得相关的服务。软件不必“为我所有”,同样能达到“为我所用”之目的。

3. 基于云计算的软件开发平台

随着云计算技术的发展,PaaS 越来越受到开发者的青睐。PaaS 作为一个完整的开发服务平台,提供了从开发工具、中间件到数据库软件等开发者构建应用程序所需的所有开发平台的功能。用户或者企业基于 PaaS 平台可以快速开发自己所需要的应用和产品,同时基于 PaaS 平台开发的应用能更好地搭建基于 SOA 架构的企业应用。因此,在互联网以及部分的企业级应用领域,越来越多的软件开发活动逐渐迁移到了 PaaS 平台之上。

与此同时,也出现了大批的 PaaS 供应商,其中大牌互联网企业和传统大型软件企业均在其列。由于 PaaS 平台并没有统一的标准,因此当前各个厂商的产品的服务实际上有较大的不同,基于不同平台开发的应用可移植性也还比较差,这有赖于未来相关技术的融合以及标准化工作的推进。

云计算技术发展速度很快,相应供应商的产品也随技术发展和用户需求不断演化发展,以下简要介绍当前业界主要产品。

1) 国外云计算平台

(1) Google App Engine。Google App Engine(GAE)是 Google 提供的服务,允许开发者在 Google 的基础架构上运行网络应用程序。GAE 应用程序易于构建和维护,并可根据访问量和数据存储的需要扩展其功能。使用 GAE 将不再需要维护服务器,开发者只需上传应用程序,它便可立即为用户提供服务。GAE 提供动态网络服务,对常用的网络技术,支持基于 Python 的持久存储、查询、分类和事务,具备自动扩展的负载平衡能力;提供了基于 Google 账户的身份验证功能。同时,GAE 还为开发者提供了一套本地开发环境,能够在本地模拟 Google App Engine 来支持应用调试。通过 GAE,即使在重载和数据量极大的情况下,也可以轻松构建能安全运行的应用程序。

（2）Microsoft Windows Azure。Windows Azure 也称 Microsoft Azure，是微软的云计算平台，其主要目标是帮助开发者开发可运行在云服务器、数据中心、Web 和 PC 上的应用程序。开发者能使用微软全球数据中心的储存、计算能力和网络基础服务。Azure 服务平台包括了以下主要组件：Windows Azure；Microsoft SQL 数据库服务、Microsoft .Net 服务；用于分享、储存和同步文件的 Live 服务；针对商业的 Microsoft SharePoint 和 Microsoft Dynamics CRM 服务等。

（3）VMware Cloud Foundry。Cloud Foundry 是 VMware 的一项开源 PaaS 计划，使用各种开源开发框架和中介软件，来提供 PaaS 服务。目前 Cloud Foundry 支持多种开发框架，包括 Spring for Java、Ruby on Rails、Node.js 以及多种 JVM 等。Cloud Foundry 平台也提供 MySQL、Redis 和 MongoDB 等数据库服务。开发者可以通过它建设自己的 SaaS 服务，不用自行建设维护服务器和中间件。由于 Cloud Foundry 采用开源的网站平台技术，所以开发者的应用程序也可以迁移到其他平台。

（4）Force.com。Force.com 是企业云计算公司 Salesforce.com 的社会化企业应用平台，允许开发者构建具有社交和移动特性的应用程序。另外，Force.com 还提供了有助于在云上更快建立及运行业务应用程序的所有功能，包括数据库、无限实时定制、强劲分析、实时工作流程及审批、可编程云逻辑、实时流动部署、可编程用户界面及网站功能等。Force.com 支持 Apex 编程语言，开发者可以基于 UI 层面编写数据库触发器和程序控制器。

（5）Heroku。Heroku 是一种提供 Ruby 语言服务的云计算应用平台，构建在 Amazon AWS 之上，该平台采用了 Ruby on Rails 的网络开发框架，客户只需在本地计算机设置一个 Ruby Gem（Ruby 语言的程序包管理器），就可在 Heroku 云中部署和运行应用程序。客户可以直接从浏览器中访问和编辑自己的代码，也可以添加相关语言的插件。目前，除了 Ruby 外，该平台还支持 Node.js、Clojure、Java、Python 和 Scala 等语言。

（6）Amazon Elastic Beanstalk。Elastic Beanstalk 提供了一种在 Amazon Web Services-AWS 云中部署和管理应用的途径。该平台建立了面向 PHP 的 Apache HTTP Server 和面向 Java 的 Apache Tomcat 等一组软件。开发人员保留对 AWS

资源的控制权,并可以部署新的应用程序版本、运行环境或回滚到以前的版本。CloudWatch 提供监测指标,如 CPU 利用率、请求计数、平均延迟等。通过 Elastic Beanstalk 开发人员可以使用 AWS 管理控制台、Git 和一个类似于Eclipse的 IDE,将应用程序部署到 AWS 中。

(7) Engine Yard Cloud。Engine Yard 的特色是提供一个 Ruby on Rails 的平台和框架,其中包括 Web 服务器、应用和数据库服务器,同时提供一个 Rails 优化的 Linux 发行版。开发者可以通过 Engine Yard 的监控平台来进行环境配置、应用程序部署和监控。

(8) Engine Yard Orchestra。Engine Yard 收购了 PHP 应用开发平台 Orchestra,为 PHP 开发者提供了部署 PHP 应用到云中的服务。开发者可以使用流行的 PHP 框架构建应用程序,并可以通过 Git 或 Subversion 进行部署。

2) 国内云计算平台产品

(1) 百度应用引擎。Baidu App Engine(BAE),是百度推出的网络应用开发平台。基于 BAE 基础架构,用户不需要维护任何服务器,只需要简单地上传应用程序,就可以为用户提供服务。用户可以基于 BAE 平台进行 PHP、Java 应用的开发、编译、调试、发布。同时,BAE 平台也已经提供了若干云服务,包括 fetch URL、task queue、SQL、memcache 等。

(2) 阿里云。Aliyun Cloud Enginee(ACE),是阿里集团推出的一个基于云计算基础架构的网络应用程序托管环境,帮助应用开发者简化网络应用程序的构建和维护,并可根据应用访问量和数据存储的增长进行扩展。ACE 支持 PHP、NODE. JS 语言编写的应用程序;支持在线创建 MySQL 远程数据库应用。

(3) 腾讯云平台。腾讯云产品主要包括云服务器、云数据库、弹性块存储、NoSQL 高速存储、云对象存储服务、云数据分析、云监控和云通道等服务,架构与百度云(WebApp 生成服务 SiteApp、移动云测试 MTC、浏览内核 Engine、BAE 等)不同。

4. 军事应用展望

1) 基于 IaaS 的信息系统设备集中管控

指挥控制信息系统通常规模巨大,需要维护大量的设备,特别是后端,需要管理大量的服务器、存储设备等,耗费大量的维护力量。如果利用 IaaS 实现对设备的集中管控,则至少可以在以下三方面取得好处:一是可以大幅节省机房、人力,通过虚拟化技术可以在逻辑上虚拟出若干个服务器乃至机房,节省设备占据空间和维护人力,特别是对于机动式信息系统,可以大幅压缩机动设备的数量;二是可以提高能源消耗效率(Powe Usage Effectiveness,PUE),虚拟化技术在本质上采用了微观世界的时分复用思想,将空闲的计算和存储资源在关键时刻高效利用起来,提高了设备的有效使用率;三是提供作战需要的超级计算和存储能力,并保持继续提高和扩容的能力,通过对计算和存储资源的集群化管理,可以提供超越单个机器的计算和存储极限的能力。

2) 利用 PaaS 促进信息共享

消除信息孤岛,实现信息互联互通长期以来是军事信息系统建设的重要目标之一。利用 PaaS 思想,为各相关业务信息系统的开发建设提供通用软件基础设施,提供必备的开发环境,为各业务信息系统提供运行环境,将有助于促进信息系统的统型,进而促进信息在 PaaS 上的流动,为提高信息共享质量创造环境。

3.4.2 基于群体软件工程的软件设计

1. 群体软件工程

群体软件工程(Crowdsourcing based Software Engineering)是一种借助社会群体智慧进行软件开发的方法,是众包(Crowdsourcing)在软件工程领域的应用。群体软件工程的产生有其深刻的原因:

(1) 网络技术的发展改变了软件的生态环境。在网络带宽飞速提升的今天,现代软件的"生态环境"发生了巨大变化,网络为广大用户提供了均等的、虚拟的、丰富的集计算机应用平台、信息服务平台、软件资源下载平台、软件维护平台于一体的信息共享环境,无论是软件开发商,还是系统用户,越来越把软件视作网络环境中的软件。在网络时代,软件开发从集中到分散,计算从单核到多核协同;软件形态从单体到群体软件的交互与协同,依靠网络实现各种各样的虚拟计算环境;软件的价值从"为我所有"到"为我所用",并正从面向图灵计算模式向面向网络计算模式转变,这些都迫使软件工程寻找新的解决办法。

(2) Web 2.0使得发挥群体智慧成为可能。Web 2.0技术使得个人不再仅仅是信息和服务的接收者,同时还是信息和服务的创造者和提供者,参与到了内容生产、传播的各个环节。Web 2.0极大满足了用户创造的需求,实现了信息的双向交流,改变了信息的生产方式,“包产到户、自主经营”的方式极大激发了用户的主动性和创造性,提高了信息服务内容生产和传播的效率。众多个体以兴趣为聚合点形成社群,社群之间构成的社会网络成为个体和群体之间相互作用的纽带。在知识经济社会里,用户的主动创造性得到激发,群体智慧在信息的传播中得到增值,借助群体的智慧进行软件开发成为可能。

(3) 传统的软件工程方法无法完成超大规模软件系统的开发。在传统软件工程中,软件设计通常由若干软件专业骨干,根据预先规划需求,采用自顶向下或自底向上的方式完成,整个开放活动是封闭不开放的,这种设计方法很难用于开发超大规模软件系统。比如,微软的Vista系统,包含6万个功能模块,6000万行代码,由9000名专业工程师,耗时5年开发完成,它是传统软件工程框架下的极限之作。根据美国的“超大规模系统——未来的挑战”报告指出,今后超大规模系统将达到20个Windows 7量级,总代码量12亿行,需投入90万人年、18万专业程序员开发、20个类似微软规模的软件公司承包开发任务,这是目前的软件工程方法无法完成的。

这些原因使得软件开发已经从为计算机开发软件进入到为网络开发软件的时代,经典软件开发方法(即自动化方法和工程化方法)的瓶颈日益凸显。群体软件工程以网络为依托,能够吸收广泛的社会群体加入到软件的开发活动,一方面将网络上的各类人进行连接,另一方面将各类资源进行整合,是未来软件开发方法的发展方向。

2. 群体软件设计

群体软件工程集合了群体的智慧,联合进行软件开发,需要充分发挥社群作用,赋予用户比传统软件工程更为重要的角色。群体软件工程过程的首要原则是,“使用者即设计者,使用者即开发者,使用者即维护者”。在群体软件工程过程中,用户本身就担当着开发者的角色,自己最了解自己的需求,这能够加快软件开发的速度;同时,利用群体的智慧使得处理大数据变得迅速而可靠。

1）群体软件的多层结构

群体软件是多态递归的多层次的软件结构。例如,传统的 Windows 7 系统分为两层,操作系统层和应用软件层。而群体软件的结构为多层,并且有多个应用层,相邻层之间开放,隔层之间屏蔽,如图 3-12 所示。

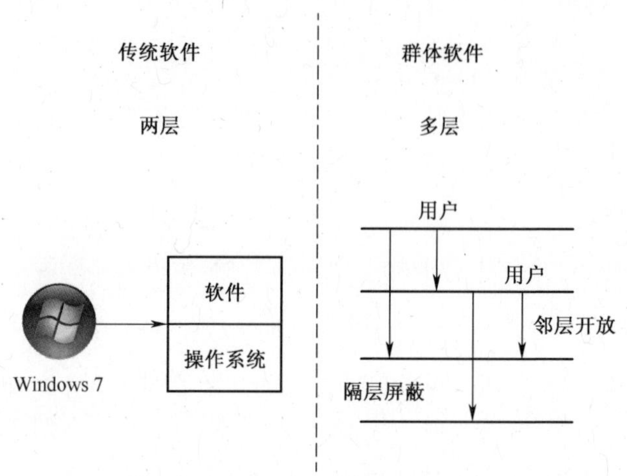

图 3-12　群体软件的层次结构

2）群体软件的基本单元

群件是进行群体软件开发的基本单元,包括基本群件和组合群件两类。

基本群件由 Supply(供给)和 Demand(需求)两部分组成。对于第 N 层的群件 A 来说,其 Supply 是第 $N-1$ 层为第 N 层提供的服务,Demand 是第 N 层为得到服务需要提供的条件信息。第 N 层的基本群件是由第 $N-1$ 层环境所提供的语言设计实现,并在该环境中编译成为可执行的代码,完成测试后,直接为第 N 层服务。第 N 层的组合群件由第 N 层的基本群件经过顺序、条件、循环,以及并行、同步和通信等操作后得到。

3）群体软件开发的基本原理

群体软件开发的基本原理包括:屏蔽原理、开发者竞争选择原理、竞争测试原理。

(1) 屏蔽原理。假设群体软件自底向上有 $N+1$ 层,则第 $N+1$ 层称为第 N 层的直接上层,第 $N-1$ 层称为第 N 层的直接下层。第 $N+1$ 层作为第 N 层的直接用户,能够得到第 N 层提供的简单易用、安全可靠、直接使用的服务。而第 $N-1$ 层是第 $N+1$ 层的隔层,其计算、存储、通信和控制的操作细节需要对 $N+1$ 层进行屏蔽。如图 3-13 所示。这种设计方式能够使各层间相对独立,有利于简化软件开发过程。

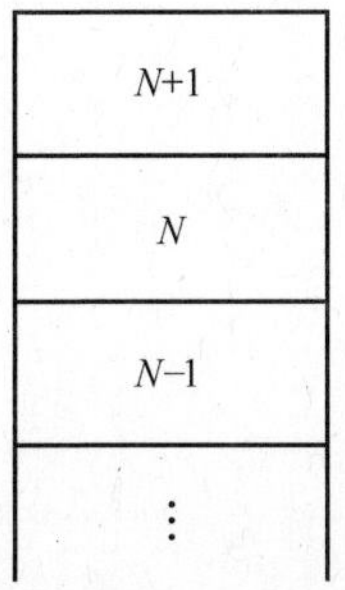

图 3-13　群体软件屏蔽原理示意图

(2) 开发者竞争选择原理。群体性竞争机制对软件资源的形成、组合、测试、维护和服务具有基础性作用。

在软件开发过程中,每层开发者的数量与该层群件直接用户数量遵从“二八定律”,即该层直接用户的 20%以上成为开发者,这是群体软件工程的必要条件。此外,每个群件(函数)的开发都以竞争选择模式展开,每个选手提交的群件产品通过专家评审和用户反馈等产生评分,评分高者录用。

(3) 竞争测试原理。在软件测试中,测试人员也要遵从“二八定律”,测试人员的数量不少于直接用户的 20%,这是群体软件测试的必要条件。第 N 层用户负责第 N 层基本群件和组合群件的测试和纠错。测试中也采用与软件开发类似的竞争机制,并计算所有参与测试者的排名和积分,并根据测试问题的优先级和测试者的积分,确认获胜者。

3. 群体软件开发

1) 软件开发角色

整个软件开发过程包含 3 个角色,软件需求者、中介平台和软件开发者。

(1) 软件需求者:有软件开发需求的企业或个人,将软件需求提交到中介平台,接收已经完成的成果,并支付相应的报酬给软件开发者。

(2) 中介平台:是软件需求者和软件开发者之间的中介,一方面在平台上发布软件需求者的需求供开发者选择,另一方面接收软件开发者完成的产品,是一个管理任务和开发人员的综合性平台,负责协调、解释工作。

(3) 软件开发者:开发者查看中介平台上的软件任务,领取任务,完成产品开发,并获取相应报酬。

2) 软件开发过程

软件开发过程包含以下步骤,如图 3-14 所示。

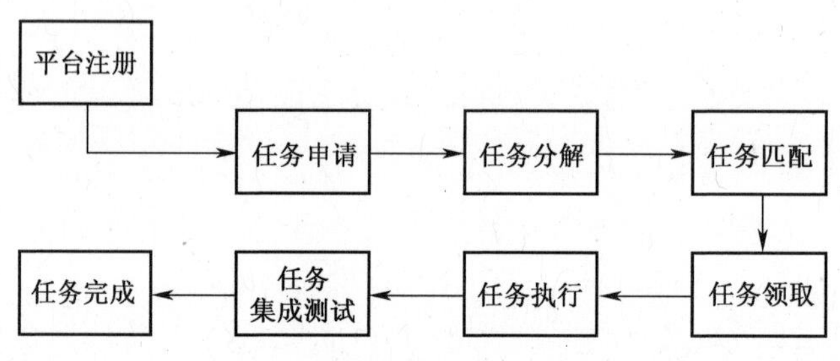

图 3-14　群体软件开发过程

(1) 平台注册。软件需求者和软件开发者都需要在中介平台上进行注册登记,由中介平台审核发布通行证。

(2) 任务申请。软件需求者提交任务需求,包括任务描述、预期结果、时间限制、质量参数和奖励政策等。

(3) 任务分解。将复杂任务分解成较小的子任务,每个子任务被设计来适应特殊需求,使其能被分配到合适的群体,由软件需求者或中介平台完成。各任务应有规格说明书及恰当的测试用例。

(4) 任务匹配。软件开发者看到软件需求及测试用例后,如果觉得能够完成,可以主动申请任务,并提供已有的经验及过去所做的相关工作,以增加获取任务的概率;也可以由中介平台基于用户的技能设置关注率等信息,发掘有潜力的软件开发者,分配任务。

(5) 任务领取。软件需求者查看软件开发者的情况,明确任务的开发者。

在软件开发者确定领取任务后，中介平台提供相应的法律文书供软件开发者在线签署，以明确双方权利义务、知识产权等。

(6) 任务执行。任务执行过程中，软件开发者通过协作服务（如论坛、即时信息等）沟通软件进展情况、需求等。软件需求者通过中介平台提供的功能，监控并管理多个开发者的任务执行进程。

(7) 任务集成测试。如果任务是由多个开发者完成的，中介平台负责将各个任务进行集成，并进行整体测试，最后将集成后的软件交付给软件需求者。

(8) 任务完成。软件需求者对接受的任务进行审核和评分。如果软件开发者提供的任务通过审核，则获取相应的报酬。

3) 软件开发涉及的技术难点

(1) 任务匹配中的项目推荐。群体软件通常以分布式开发方式进行，开发者分布于世界各地，组织松散，参与项目的人员可以自行浏览开发信息，自由选择软件项目。在进行任务匹配时，这种开发方式可能会造成热门项目开发者众多，其他项目因无法招集足够开发者造成项目延时或停滞。同时，软件的质量与软件开发人员的素质紧密相关，软件需要有与之能力相匹配的开发人员来完成，这也需要对开发人员的能力进行评估。此外，项目的成功与开发团队的构成有密切关系，不同角色对成员技能有特定要求，成员之间遵守相似编程风格、命名策略可使交流顺畅，合作高效，进度加快，成本降低。因此，为开发者推荐合适的项目十分重要，在推荐时不仅要考虑开发者的能力是否适合项目需求，而且还要考虑新成员与老成员间的合作交流问题。信息推荐是一种支持在大量信息中为用户提供可供决策参考的有用信息的途径。它根据用户的历史数据或用户的偏好向用户推荐可能感兴趣的人或软件，已经被广泛应用于不同领域。亚马逊、淘宝等电子商务推荐系统完成人—物推荐，它们根据用户的购买记录或相似用户的购买记录向用户提供图书、商品等个性化推荐，来提高产品的购买率。微博、朋友网、人人网等社交网络则完成人—人推荐，通过朋友的推荐，用户可以结识更多的新朋友，扩大自己的交际圈。未来可以将信息推荐引入群体软件工程领域，根据开发者参加的软件项目，掌握开发者的兴趣爱好、专业特长、开发技能等信息，构建开发者—项目关联网络，结合开发者技能和项目需求关联度,为开发者推荐最适合的项目,让合适的人找到合适的项目,让项目由合适的人来完成。

(2) 群体软件的质量控制。群体软件开发通过招募未知工作者群体,利用群体的智慧来解决机器难以解决的问题。但是由于采用面向不确定大众群体的工作方式,而且承接任务的志愿者具有独立匿名的特点,工作者为了使自己的利益最大化,可能没有认真地为任务需求者工作,所提交的成果质量低下,违背了需求者发布任务的初衷,甚至产生了适得其反的结果,这些都会导致所开发的软件质量难以控制,具有较大的不确定性。目前群体工作的质量控制方面的研究工作主要集中在 3 个方面:①成果质量评估方法研究,通过各种方法对工作者提交的成果进行评估,以此来识别恶意工作者;②工作者的组织模型,从建立更好的工作者组织管理模式角度出发来控制众包成果的质量;③群体工作任务的设计,从如何设计好的任务角度出发,达到获得高质量结果的目标。

4) 对软件设计的影响

群体软件融合了大众的智慧,将更多的人纳入到软件开发活动中,对传统的软件工程产生了巨大影响,主要表现在以下 4 点。

(1) 设计人员从精英扩大到大众。传统的软件工程中,进行软件设计的是受过专业训练的精英,在群体软件工程中,普通人也可参加软件设计,软件的使用者也可以成为软件的开发者,软件设计人数激增。

(2) 项目开发从封闭独占走向开放共享。传统软件设计,需要预先规划需求,将需求不断分解,开发时或自顶向下开发,或自底向上开发,整个活动是有计划的封闭的。在群体软件工程中,软件需求可以不断加入,软件开发人员可以动态加入或退出,所研发出来的项目也由企业独占走向大众共享。

(3) 开发组织从企业到社区。软件开发不再是一个实体的企业,其研发从团队化变成社会化的兴趣共同体或社区组织。软件开发人员来自不同地域、不同国家,人员之间组织松散,软件开发所需的组件、服务来自互联网,类型多样。

(4) 开发模式由传统的软件工程走向社会工程。传统的软件工程在进行软件开发时,一切重新开始,通过需求分析、建模、封装而成,社会工程方法下的所有业务流程、业务对象通过装配而成,是一种基于已有建设成果堆垒更多内容的开发方法。

4. 群体软件开发实例

群体软件开发在大型信息系统的开发中已经取得了许多成果，主要有3种模式：群体协作模式、信息中介模式和深入协作模式。

1）群体协作模式

群体协作模式下，每个个体独立完成系统的一小部分功能，数量巨大的个体共同协作完成系统的功能。典型代表有Facebook系统、Galaxy Zoo系统和苹果公司的软件商店App Store等。

（1）Facebook系统。Facebook每个月有60亿张照片上传，如果想开发一个系统，将每张照片与上传用户的信息进行关联，信息量将达到10^{18}。如果采用四面体全信息的标注和处理方法，将照片四方面的信息标注连接起来，一张照片需要12分钟，以Vista的开发团队规模（一万个开发者），需要41年完成这个系统。采用群体模式，Facebook所有的8.5亿用户都对自己上传的照片进行标注或帮助朋友进行照片标注，则仅需一个半小时就可以完成。

（2）Galaxy Zoo系统。Galaxy Zoo是一个邀请大众参与，对100万星系进行分类的项目。由于计算机程序无法对星系进行可靠的分类，受到全民科学思想的启发，邀请志愿者共同完成。专家需要2~3年完成，若志愿者参加，则只需要一个月就可完成。整个流程为：志愿者在网站上学习如何识别螺旋星系和椭圆星系；在测试图片上完成测试，测试合格则完成注册；注册成功的用户对星系图像进行分类。

（3）苹果公司的软件商店App Store。从2008年7月到2011年11月，有近70万开发者参与了软件开发，开发出了60万个商业应用；而Google的Android Market从2008年7月吸引了近60万开发者，开发了近45万个商业应用。

2）信息中介模式

软件需求者通过中介平台发布软件需求，软件开发者通过中介平台接受软件开发任务，中介平台的本质是聚合需求者和开发者双方的供需信息，促使并保障交易顺利完成。中介平台完成用户注册、奖励保证、流程监控、第三方支付担保等功能，这种模式下平台并不涉及软件开发的深层次细节。典型代表有猪八戒网和猿团等。

(1) 猪八戒网。猪八戒网是一个汇集大众智慧的典型中介平台,提供创意设计、网站建设、网络营销、方案策划等多种任务。其运营流程为:由任务发布者发布任务,设定任务的难易程度、任务期限、奖励,然后收集参选作品并在众多方案中挑选最满意的一件,所获作品之间具有竞争性、替代性。

(2) 猿团。猿团是互联网技术云服务平台,拥有超过 3 万名程序员注册,平台聚合了程序员的业务时间,聚合了各类云服务资源,能够帮助缺乏技术的创业者高效、高质量地实现互联网产品开发和运营,帮助开发者快速掌握新一代云服务技术,并选择参与高质量项目。

3) 深入协作模式

中介平台深入参与群体软件的开发,能够帮助软件需求者完成需求分解、软件集成、软件综合测试,为软件开发者推荐项目、帮助软件开发者进行交互。典型代表有 TopCoder 系统和码市(Coding. net)等。

(1) TopCoder 系统。美国在线(America Online)委托 TopCoder 开发通信后端系统,TopCoder 任命两名高级工程师担任设计师和项目经理,将系统分解成 52 个部分,交给开发社区群体完成,这个过程中有 25 万名开发人员加入。传统软件工程需要 1 年时间完成,TopCoder 仅用了 5 个月完成,并且程序每千行代码平均仅有 0. 98 个漏洞,远低于业内要求的每千行 6 个漏洞的标准。

(2) 码市(Coding. net)。码市是一个帮助用户实现想法的软件众包平台。需求方在码市完成开发有 5 个阶段。第一个阶段是需求梳理阶段,需求方可以提交自己的需求,码市提供免费的需求模板,项目经理会根据提交的需求进行整理,确保项目需求的合理性,码市的一大亮点是每个项目都会配备项目经理,一个项目经理不会同时参与过多的项目,以确保项目能够顺利实施。第二个阶段是设计产品阶段,如果用户没有产品经理,可以根据实际情况进行产品原型的实现。第三个阶段是码市的设计师帮助项目进行 UI 设计。第四个阶段是软件开发阶段。第五个阶段是软件验收阶段。Coding. net 本身是一个云端开发平台,有着大量的程序员资源,同时 Coding. net 有着自己的代码管理工具,而其他的软件众包平台只能用第三方的同类工具。Coding. net 将代码托管与项目管理整合,可以实时跟踪开发进度,保证信息的透明性,增强可控性,保证双方的权益。

5. 群体软件军事应用展望

虽然指挥控制软件因其独特的使命,具有高保密性,对研制过程通常有特殊的安全保密要求,由特定的软件企业承研并形成一定的文化,但也极易在该圈子因竞争氛围不足产生弊端。借鉴群体软件工程的思想,某些指挥控制软件也可在较大的承研单位范围内进行竞争性研制,择优使用。

此外,从1.3.2节“指挥控制软件组成及分类”可见,基础平台层的部分软件具有信息系统的共性,可以借鉴优秀的商业软件,在严把安全保密门槛的前提下,部分共用功能可以开放给大众,甚至采用众筹众创的模式,为指挥控制信息系统的建设开辟新的研制途径,开创吸纳新技术、创新研制管理方法的新路子。

3.4.3 基于“软件定义”的软件设计

1.“软件定义”的概念与现状

软件定义(“Software-defined”)的基本含义是对象(例如网络、计算、存储以及其他对象)的软件化,一方面采用软件实现对象,另一方面由软件负责对象控制。可被软件定义的真实对象通常都是标准化、性能好且在数量上有一定规模。软件定义在应用软件与对象集群之间筑起一道隔层,应用软件运行于这道隔层中的软件化对象之上,隔层与真实对象之间如何打交道则不是应用软件关心的事。如图3-15所示。

根据维基百科关于软件定义系列概念,其历史可从软件定义无线电的雏形——20世纪70年代的美国国防部数字化无线电接收机开始,到软件定义网络(Software Defined Network, SDN)的雏形——1995年Sun公司设计的网络设备软开关,2000年至2010年各种软件定义对象概念和实现的日臻成熟,再到大规模软件定义环境的典型——2015年VMWare推出的软件定义数据中心套件,软件定义的范围越来越丰富,各种计算设备都能软件虚拟化并实现其实体的软件自动管理,如图3-16所示。

软件定义有几个特点:一是对象的控制采用软件编程;二是虚拟化对象的

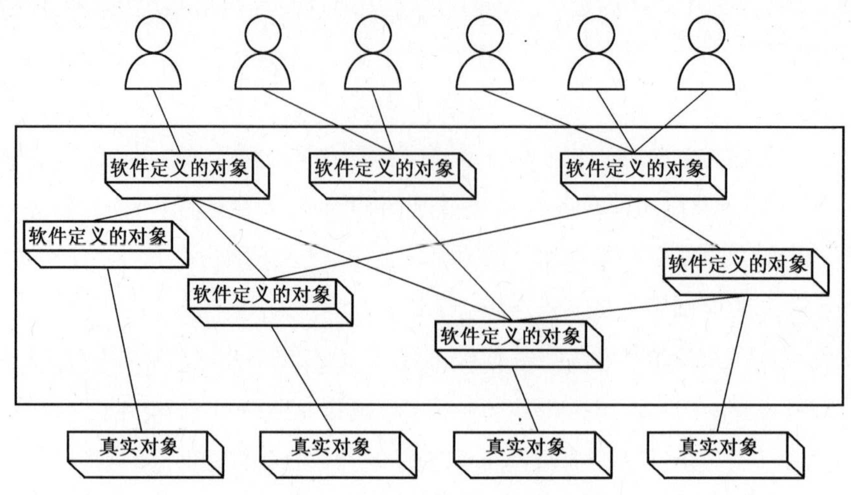

图 3-15 示例:软件定义构成的中间隔层

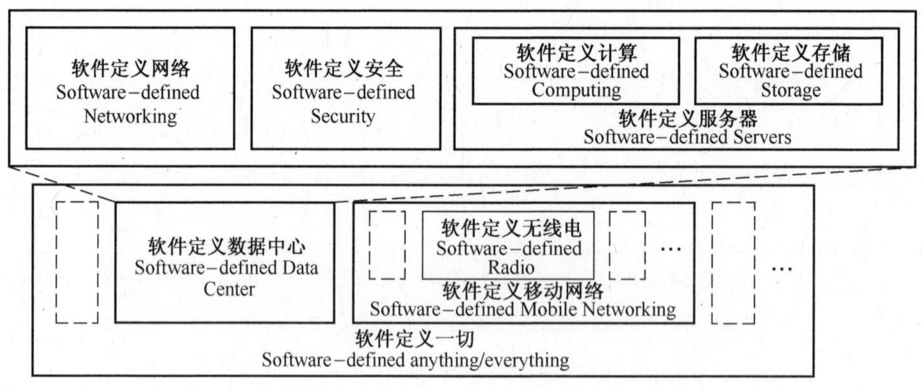

图 3-16 截至 2015 年软件定义对象的发展情况

编组部署由软件定义;三是环境内所有虚拟化对象可集中于一个软件管理;四是真实对象在操作虚拟化对象之后由软件自动配置。

这些特点均是围绕真实对象虚拟化展开的,与云计算中的 IaaS 有很多相似之处,特别是给软件设计带来了免去真实对象部署、缩短开发周期的便利。在 IaaS 中用户从云提供者申请所需的虚拟机资源,云提供者按照用户提出的虚拟机需求,遵守双方签订的服务等级协议(Service-Level Agreement,SLA),利用虚拟机在物理机上灵活放置,优化数据中心的资源配置。实际硬件对用户透明,用户(特别是有开发基础的用户)能很快地根据开发经验估算应用对硬件的需求,并通过 IaaS 平台获得虚拟计算资源。

另一方面,IaaS 强调软件设计得益于虚拟化技术减轻开发压力,而软件定义关注的是实体被软件定义(或被软件虚拟化)本身。以 SDN 为例,IaaS 考虑的是借助 SDN 缓解局部网络压力、提高服务质量,主要面向用户;而在软件定义范畴之内谈及其概念和技术时,主要针对虚拟网络如何调度、虚拟网络的变化如何传递给实体网络设备完成控制。当软件定义概念进入软件设计范畴之后,软件设计或多或少地涉及了硬件的设计、配置和测试思想。在软件定义对象不存在的条件下,软件设计要充分考虑引入虚拟设备带来的各种情况,且后期针对封装过的虚拟设备进行黑盒测试是不可避免的。在软件定义对象存在的条件下,虚拟设备可根据软件需要进行一定配置。

2. "软件定义"对软件设计带来的影响

软件定义为软件设计带来的影响集中体现在接口设计上,如图 3-17 所示。如果软件定义对象虚拟化完备且不允许用户介入,整个软件设计过程和方法与传统(或者说其他)软件设计过程方法没有区别。对于允许用户介入的情况,则需要根据软件定义对象架构、功能等特点,对软件设计提出其他要求。

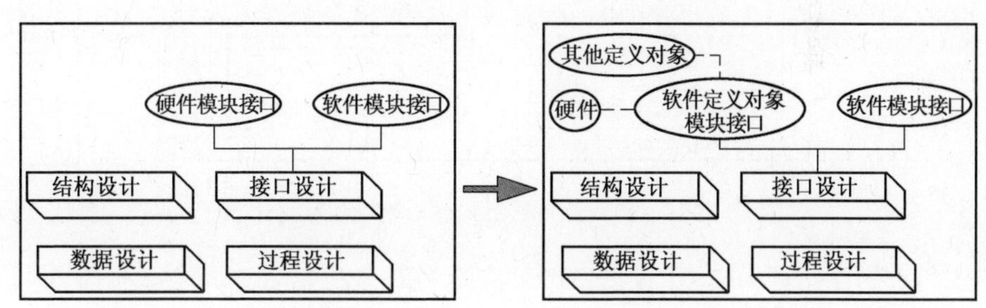

图 3-17　软件定义对象存在条件下软件设计的主要变化

以软件定义网络为例,SDN 体系结构分为 3 层,如图 3-18 所示,由下到上(或称从南向北)分为数据平面、控制平面和应用平面。数据平面与控制平面之间利用 SDN 控制数据平面接口(Control-Data-Plane Interface,CDPI)进行通信(目前主要采用 OpenFlow 协议),这部分在网络应用软件设计中通常不需要深入了解和关注,而控制平面与应用平面之间由 SDN 北向接口(North Bound Interface,NBI)负责通信,仅有这部分是网络应用软件设计中需要考虑的事情。

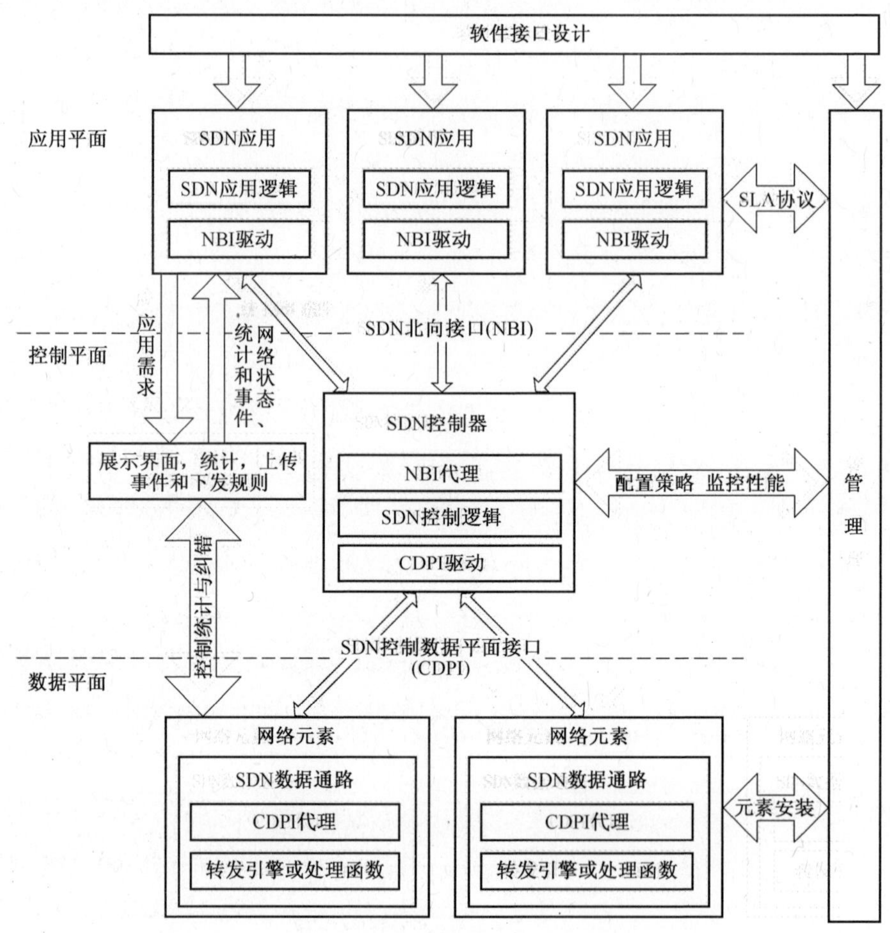

图 3-18　面向软件定义网络的软件接口设计

再以软件定义无线电为例,一种包含 4 类 API 的体系结构,如图 3-19 所示。

(1) 无线配置软件层 API。与上层应用的接口,包括与提供商或第三方业务的交互,运营网络的连接,局域网连接以及与用户间的互操作。

(2) 核心软件层 API(Core API)。支持无线配置软件层与核心软件层之间可重构过程的接口。

(3) 无线硬件抽象层 API(RHAL API)。支持 RTOS 与 RHAL 硬件互操作

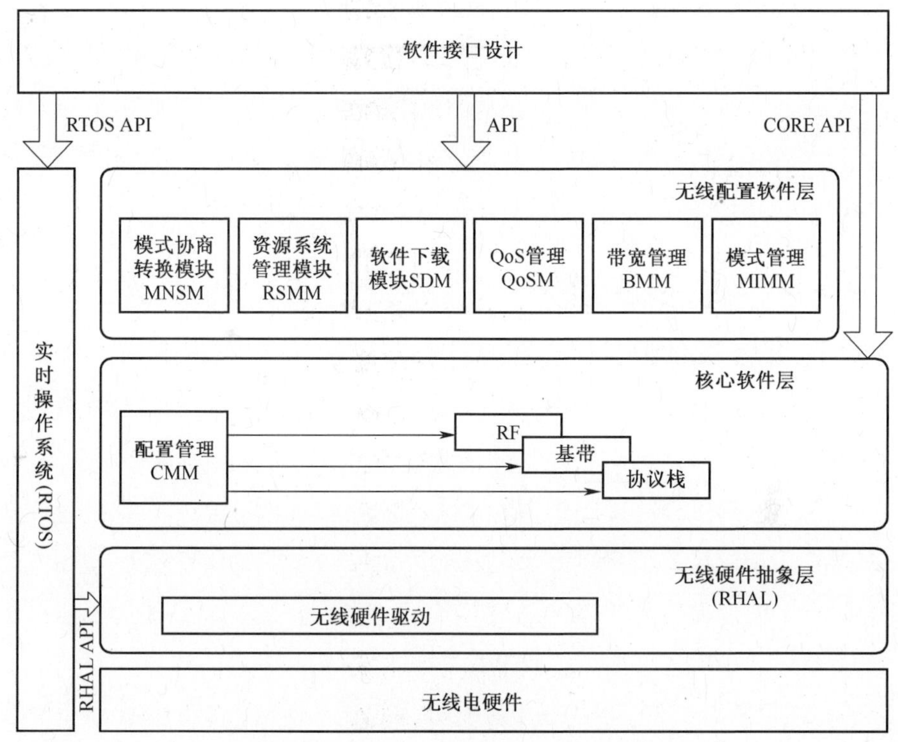

图3-19 面向软件定义无线电的软件接口设计

的接口。

(4) 实时操作系统API(RTOS API)。控制、监视运行应用及设备状态和终端能力的接口。

在这种框架下,软件设计接口主要考虑无线配置软件层、核心软件层以及实时操作系统的接口对接。

面向未来,可能还有更多的实体对象被软件定义,需要针对对象体系的构成分析其接口并与软件设计相结合,确定具体接口。

3. "软件定义"军事应用展望

长期以来,指挥控制信息系统的研究和建设大都围绕在C^4ISR领域,然而,物理空间的探测手段、火力武器等是形成信息优势、决策优势的基础,甚至最终决定作战结果。信息化条件下的作战追求的是系统体系能力,需要通过信息优势获取行动优势进而达成火力优势,而这需要几乎所有作战要素的深度配合。

如果采用软件定义的思想，对战场各类物理资源，如探测平台、作战人员、火力系统等进行定义和建模，将为制定联合作战计划所需的人员编配、火力调配、协同支援等提供精确依据，为随任务需要调度和调控运用各种资源，达成作战目标提供高效方法，有望通过自底而上的数据支撑，验证作战计划的可行性，开展作战实验研究，实现高效指挥，进而提高体系作战能力水平。

3.4.4 基于“机器学习”的软件设计

1. 机器学习概述

机器学习的主旨是使用机器模拟人类的学习活动，将学得的精髓以机器可理解的方式存入机器“大脑”，在具体场景中运用所学习的知识，解放人类在观察、分析和判断等过程中过于集中的注意力，协作提升作业效率。从信息到知识，机器学习追求精益求精。20 世纪 80 年代以来，机器学习在理论和应用方面不断取得成功，以至于几乎成为人工智能的代名词。机器学习经历了两次浪潮：浅层学习（Shallow Learning）和深度学习（Deep Learning）。

第一次浪潮始于 20 世纪 80 年代末期，用于人工神经网络的反向传播算法（BP 算法）由 Rumelhart 和 Hinton 等人提出，并掀起基于统计模型的机器学习热潮。BP 算法的特点是：让人工神经网络模型从大量训练样本中学习统计规律，从而对未知事件进行预测。相比以前的基于人工规则的方法，BP 算法略去了部分人为定义规则的工作量，将推理过程数学化成现象到本质的反向量化计算，具有一定优越性。这个时候的人工神经网络，虽然也被称作多层感知机（Multi-layer Perceptron），但是由于多层网络训练复杂度较高，实际使用的多为只含一层隐层节点的浅层模型。20 世纪 90 年代，多种浅层机器学习模型被相继提出，如支撑向量机、Boosting、最大熵方法（典型方法如模拟退火算法）等。这些模型的结构带有一层隐层节点或没有隐层节点，并在理论分析和应用上都获得了巨大的成功。相较之下，由于理论分析的难度，而且训练方法需要很多经验和技巧，该阶段多层人工神经网络研究领域相对较为沉寂。

第二次浪潮始于 2006 年，Hinton 和 Salakhutdinov 在《科学》上发表了一篇关于深度学习的文章，开启了深度学习在学术界和工业界的浪潮。这篇文章表明多隐层的人工神经网络具有优异的特征学习能力，学习得到的特征对数据有更本质的刻划，从而有利于可视化或分类；而深度神经网络在训练上的难度，可以通过“逐层初始化”来克服。随着深度学习研究在学术界持续升温，2010年，美国国防部DARPA计划首次资助深度学习项目，以脑神经系统具有丰富的层次结构为前提，引入深度学习，可以让拥有多个处理层的计算模型来学习多层次抽象的数据表示。

虽然机器学习方法不断涌现，但如人类学习一样，学习方式只有少数几种模式。其一为依托大量范例（或称训练数据）优化模型的监督学习，典型用例有人脸识别、语音识别；其二为没有范例而靠近似性归类的无监督学习，典型用例有统计分类、规则关联；其三是介于监督和无监督之间的半监督学习，典型用例有图案还原、音频修复；其四是设定学习目标迭代提升的强化学习，典型用例有机器人控制、通信优化。

但是迄今没有任何一种机器学习方法是万能的，只能根据应用选择合适的方法。机器学习依赖应用场景蕴含的特征，特征选取不好，学习效果不可能好。以人脸识别为例，要看眼耳口鼻，仅以毛发作为特征，即便学习算法再好，也无法达到理想结果。尽管近年流行的深度学习能由机器自己选取特征，但特征范围仍然是人为定义。因此，融合机器学习的软件工程对人要求较高，一方面必须对应用专业有很深理解，能把握从事物本质到应用目标的转化规律，另一方面需要有机器学习基础，能针对应用需求选择合适方法。

2. 机器学习的主要方法

机器学习经过几十年发展，产生了一系列算法。经过长时间的研究，这些算法大部分已经具备较为完整的理论基础，典型的有决策树学习、最近邻方法、支持向量机、随机森林和深度学习等。

1）决策树学习（Decision Tree Learning）

决策树是一个预测模型，映射表象和内部特征之间的关系。树中每个节点表示决策点，每个分支代表决策值可能的走向，叶节点是模型的内部特征，对应从根节点到该叶节点所经历的路径输出。决策树仅有单一输出，若有多个输出，可以建立独立的决策树以处理不同输出。

最典型且简单的例子是判断出生婴儿性别,如图 3-20 所示,输入是婴儿具有的性别特征,决策分支是婴儿是否具有男婴性别特征,通过统计学习,得到“有则是男孩,没有则是女孩”的分支走向。决策树学习是一个白盒方法,模型内部结构清晰。其缺点也比较明显,例如结构固定,模型的人为干预成分较多,如果对决策过程理解不足,很难建立合理的模型。

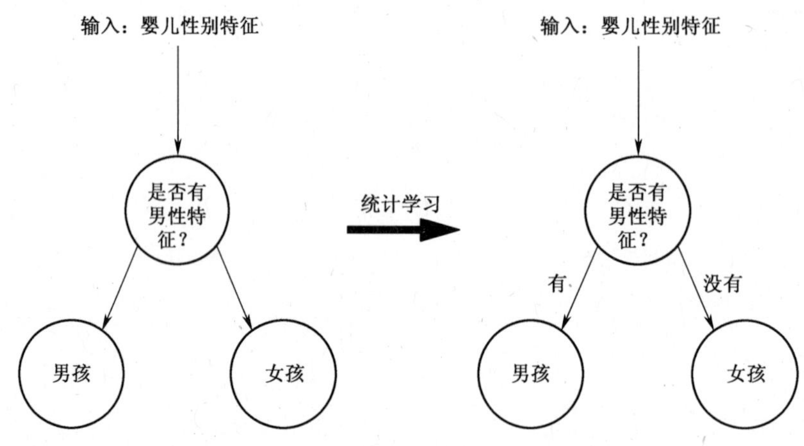

图 3-20 一个简单的决策树学习过程

2) 最近邻方法(K-Nearest Neighbour,KNN)

KNN 算法是无监督学习的经典方法,它是一种聚类算法,其核心思想是:如果一个样本在特征空间中的 k 个最相邻的样本中的大多数属于某一个类别,则该样本也属于这个类别,并具有这个类别上样本的特性。如图 3-21 所示,$k=3$,圆点将被归为三角一类并视为具有三角样本的特性,或圆点的特性将综合融入原本的三角特性之中。该方法在确定分类决策上只依据最邻近的一个或者几个样本的类别来决定待分样本所属的类别。KNN 方法在类别决策时,只与极少量的相邻样本有关。

还以性别判断为例,假设每个对象特征为身高和体重,通过 KNN 方法可以将身高和体重相似的个体归为相同性别。其中细节不作赘述,因为“相似”的数学定义、最近邻数量的选择直接影响聚类的结果。和多数无监督学习一样,KNN 方法是一个基于统计的方法,其假设是在样本足够的情况下,大多数待分

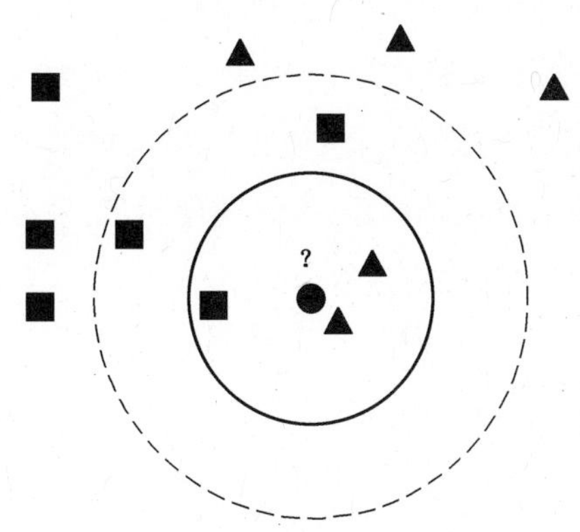

图 3-21　KNN 决策方式

析对象是能按照规律归类的。

3）支持向量机（Support Vector Machine，SVM）

支持向量机是结构风险最小化的一种分类器，其倾向于寻找距离两类样本边界距离最大的一个超平面来作为分类面，支持向量机可以通过核函数在几乎不增加运算量的前提下将样本映射到高维空间，并在高维空间下对样本进行分割。以图 3-22 为例，SVM 力求寻找一条直线尽可能地把圆点和三角分开，理想情况下能将两类对象精准分界，但是现实世界的问题维度很高，分界线通常只能区分部分样本。事实上，作为 20 世纪 90 年代最经典的监督学习方法，SVM 能胜任几乎所有的二值分类问题。对于多类分类，需要将分类转为多个二值分类实现。

4）随机森林（Random Forest）

随机森林是决策树学习的增强版，通过集成多棵简单的弱决策树，最终构成一个强分类器。随机森林每次从样本中采样部分数据和特征，生成一棵弱决策树，最后由这些弱决策树投票表决最终结果。

继续以性别分析为例，如图 3-23 所示，每棵决策树代表一种特征，例如一棵代表体重、一棵代表身高、一棵代表头发长度，最后搜集每棵树的选择状态做综合投票，决定分类最终结果。

5）深度学习（Deep Learning）

深度学习的原型是人工神经网络（Artificial Neural Networks，ANN）。神经

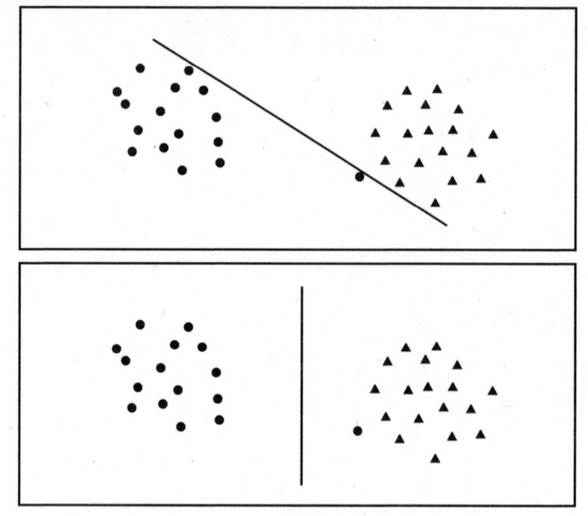

图 3-22 支持向量机分类示意

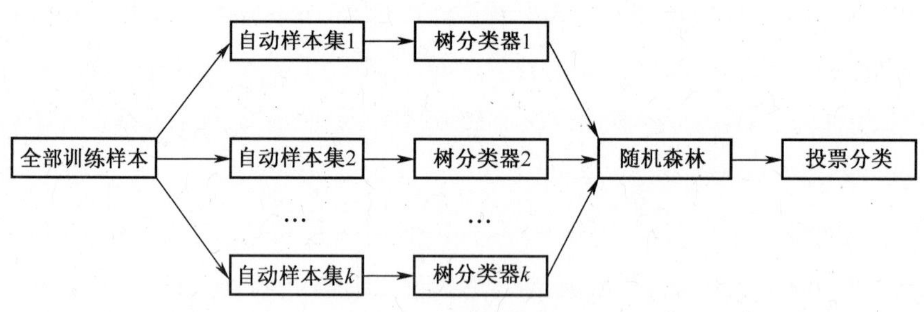

图 3-23 随机森林流程

网络算法早在 20 世纪 40 年代末出现，其原理如图 3-24 所示，左边一列（输入层）为观察状态，右边一列（输出层）为本质状态，由层层网络决定其中的转换因素。2006 年 Hindon 提出深度学习概念，并在 2012 年 Imagenet 挑战赛中，获得了大幅超过传统机器学习方法的成绩。

常用深度网络根据层次结构主要分为卷积神经网络（Convolutional Neural Networks；CNN）和循环神经网络（Recurrent Neural Networks，RNN）两种。CNN 卷积提取特征操作和图像滤波非常相似，CNN 也确实在图像上得到了非常优秀的效果，目前已基本成为图像理解领域的标准结构。RNN 的目的是用来处理序列数据。RNN 之所以称为循环神经网路，是因为一个序列当前的输出与前面的

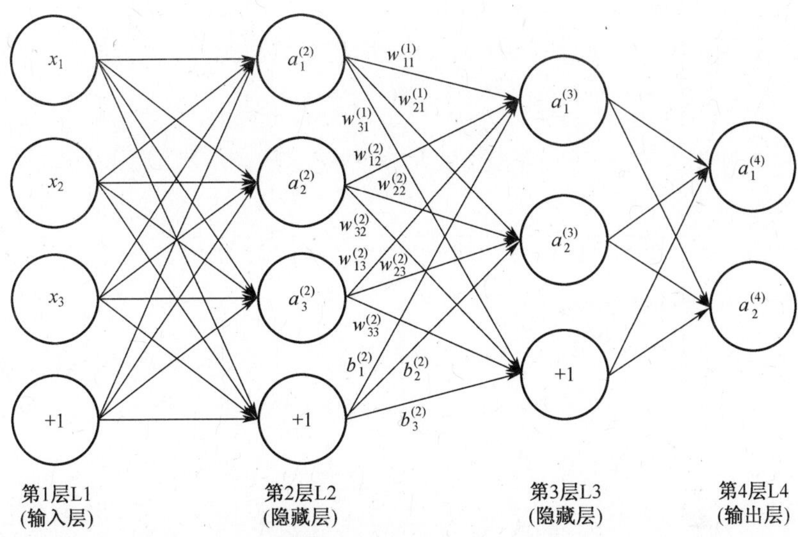

图 3-24　深度学习原理图

输出也有关,具体的表现形式为网络会对前面的信息进行记忆并应用于当前输出的计算中,目前 RNN 在视频分析等具有时间特征的领域效果显现。

3. 机器学习在软件设计中的应用

随着数据量的增长和深度学习的出现,机器学习已经浸入到软件设计的方方面面,极大地改变了这些领域软件设计的思路和方法,取得超出想象的应用效果。在 AlphaGO 于 2016 年、2017 年世纪围棋大战中击败李世石和柯洁之后,机器学习的强大更是不容置疑。主要的深度学习的应用包括用户行为聚合、语音识别、图像对象识别、机器人运动等。

1) 用户行为聚合

用户行为聚合是将相似用户行为聚类归组。该问题通常需要无监督学习方法实现,分为人为经验介入和无人为经验介入两种手段。人为经验介入是在聚类前先由人为确定几个参照分类标准,随后的用户行为数据输入将集中在几个分类标准周围,这种手段的分类结果能符合设计者意图;当设计者自己对用户群体比较模糊的时候,通常采用无人为经验介入的手段先行试验,通过调整算法参数考察用户行为数据的关联程度,优化聚合模型。两种手段可根据业务需求灵活运用。此外,网络时代用户行为产生的数据量巨大,充分利用计算存储优化技术是用户行为挖掘的有力保证。

该方向的应用领域有用户画像、商品推荐和个性化服务等,亚马逊、淘宝等购物网站,Facebook、豆瓣等交友、兴趣网站在这方面均有成功案例。

用户画像(User Profile 或 Personal)是一种勾画目标用户、联系用户诉求的有效工具,需要将用户属性、行为与期待联结起来。用户画像所形成的用户角色并不是脱离产品和市场构建出来的,形成的用户角色需要有代表性、能代表产品的主要受众和目标群体。

商品推荐需要在用户属性、用户选择商品之间建立关联规则。其中最重要的是发现共现关系。例如:用户购买了 A 后接着购买了 B 和 C,于是一旦发现用户购买了 A,系统就会给用户推荐 B 和 C。

个性化服务需要的特征是用户属性、用户选择服务的行为以及系统能提供的服务。它既需要以用户初期对系统服务的使用记录作为输入(即有人为经验介入),聚类训练相似用户对服务的偏好,又需要通过积累大量用户与系统的交互适时调整服务内容(即无人为经验介入),这是一个迭代过程。

2) 语音识别

语音识别通常需要监督学习的方法,积累特定人物讲话录音和其中的文字,通过机器学习训练建立声音模型库,达到将语音转换成文字的能力。初期的语音识别从单个字词开始,需要先将长段的语音进行切分,再实现语音转字词的能力,随着分布式处理技术的发展和存储设备容量提升,出现了整句识别的实例。微软研究院 2009 年开始将机器学习技术应用于语音识别,2011 年基于深度神经网络的语音识别研究取得成功。采用深度神经网络后,可以充分描述特征之间的相关性,可以把连续多帧的语音特征并在一起,构成一个高维特征。由于深度神经网络采用模拟人脑的多层结果,可以逐级地进行信息特征抽取,最终形成适合分类的较理想特征。这种多层结构和人脑处理语音图像信息时有很大的相似性。深度神经网络的建模技术在实际线上服务时,能够无缝地与传统的语音识别技术相结合,在不引起任何系统额外耗费的情况下提升语音识别系统的识别率。

语音识别技术目前已融入操作系统输入法、同声翻译、录音记录、手机控制、人机交流等领域。

3）图像对象识别

图像对象识别要求从图片中定位并辨识对象。对象存在于现实世界中，图像是对象表象瞬间的二维映射。因此，对象的旋转、距离、位移、环境光照甚至图像传感器的性能都会给对象识别造成不同程度的影响和挑战。这是计算机视觉领域几十年来的经典问题，是应用机器学习的传统项目。一种机器学习算法诞生后，几乎不可避免地要投入到主流的图像识别标准库或识别竞赛中练手，以便将该算法与传统算法做比较。

对象识别在安防领域、导航领域、制造业、情报侦察领域等有广泛应用。

4）机器人运动

机器人运动包括两个环节，一个是对机器人所在环境进行认知，接着是对需要做的动作做出选择控制。这两方面与机器人智能相关，属于机器人系统的软件范畴。

环境认知用到的传感器较多，除语音识别、对象识别中用到的麦克风、摄像头之外，声呐、激光、触觉传感器等都被覆盖。从多种传感器提取相关特征，通过机器学习方法训练、预测，综合得到场景和环境的认识。

动作选择和控制同样需要机器学习过程，这和婴儿熟悉动作一样，通过环境认知的刺激强化对正确动作的反应，从而针对特定环境做出正确动作。机器人运动依赖机器关节结构，越智能的机器人要考虑的因素越多，加上多种传感器途径，机器人运动是一个既需要机器学习，又面临巨大数据量带来学习压力的科目。

目前机器学习已较为成熟的机器人运动科目有无人车驾驶、匹配多种地形的四足行走、简单环境抓取简单物体等。

5）其他应用

机器学习还在垃圾邮件检测、脑机接口、医学分析、股票预测等领域广为应用，其范围之大并不局限于本书所列内容。

4. 机器学习软件产品

目前学术和工业界已有大量的开源机器学习工具，由于机器学习的算法与应用间的耦合性较弱,用户通常需要使用已有的开源机器学习工具搭建领域模型,再针对数据进行参数调优。目前常用的机器学习库有:

(1) Scikit-learn:Scikit-learn 基于现有 Python 包,集成了大量常用传统机器学习算法。Scikit-learn 提供了通用的 API 接口,结合 python 的语言特点,适于集成到各种语言框架中。

(2) Mllib:Apache 的 Spark 和 Hadoop 机器学习库,旨在为大规模和高速度而设计的 MLlib,自称拥有所有常见的算法和有用数据类型。MLlib 支持 Java、Scala 和 python 语言。

(3) TensorFlow:TensorFlow 最初由 Google Brain 小组(该小组隶属于 Google′s Machine Intelligence 研究机构)开发,目的是进行机器学习和深度神经网络的研究,但该系统的通用性足以使其广泛用于其他计算领域,目前 Google 内部已在大量使用 AI 技术。

常用的商用机器学习平台有:

(1) Amazon Machine Learning:Amazon Web Service 配套的服务,辅助各种水平的开发者使用机器学习服务。

(2) Databricks:为利用 Spark 处理大数据的用户提供机器学习模块。

(3) Neural Designer:采用神经网络学习方法的数据挖掘工具,具有图形界面。

(4) Matlab:内含多种机器学习模块,支持用户构件各类评估仿真应用。

(5) 阿里御膳房:阿里云提供的可视化数据分析开发平台。

5. 机器学习军事应用展望

机器学习应用于军事早已有之,美军在十年前便已设立了“深绿”计划。当时美军受 IBM 的“深蓝”战胜国际象棋棋王卡斯帕罗夫的影响,便设立“深绿”计划试图利用机器学习来帮助指挥员快速决策,在作战指挥中取得致胜的先机。“深绿”的任务是预测战场上的瞬息变化,帮助指挥员提前进行思考,判断是否需要调整计划,并协助指挥员生成新的替代方案。最初的设想是能够将制定和分析作战方案的时间缩短四分之一。通过提前演示出不同作战方案以及可能产生的分支结果实现快速决策,从而使敌方始终不能完成 OODA 闭环,无法决策并行动。“深绿”的主要目标是将指挥员的注意力集中在决策选择上，而非方案细节制定上，方案细节的制定交由计算机完成。

2016年6月，辛辛那提大学开发的“阿尔法AI”机器飞行员，战胜了著名的空军战术教官基纳·李上校，而且无一败绩。这场“人机”对抗是通过空战模拟器进行的，单机对单机，过程比较简单，属于“动作及简单战术行为”的智能。机器飞行员采用的是称为“遗传模糊逻辑”的智能技术，空中格斗快速协调战术计划的速度比人快250倍。而且所用硬件仅价值500美元，相比AlphaGo便宜很多。据说在未来，机器飞行员可充当智能对手进行作战训练，也可以成为智能僚机，代替人执行战术动作，或者是用于自主化的无人机。

随着指挥控制信息系统向智能化方向发展，机器学习未来可能将在以下几方面持续做出贡献。

1）情报获取

情报处理是机器学习应用最多的领域，破译密码、采集传输、识别判读、持续跟踪、关联组织等都需要。只要涉及信息输入和信息加工等需要人重复劳动的环节，都可以通过机器学习把握人从事该项工作的本质规律，将这些经验教给机器，减轻人的脑力劳动强度。

2）目标分析

在积累了足够目标信息和相关信息后，目标指示不仅仅是军事行动中一瞬间的概念，还可以通过关联分析比较目标的潜在特点，通过历史数据分析目标活动规律。作战人员利用自身的军事经验指导应用系统学习合理的特点和规律，从而积累数据提炼关注信息，为指挥决策做准备。

3）数据处理

机器可以为指挥员提供“辅助决策”，其根本依托是数据，涉及面越广的军事行动所需数据量越大，会给计算、存储带来很大压力。在数据链路扁平化、按需服务的基础上，选择、清洗、调度合适的数据是智能决策前的必修课。机器学习算法能为其中各个环节提高效率，最终节省决策时间，为战胜取得先机。

4）人机交流

脱离传统的鼠标、键盘和触摸设备，草图、口语和手势都可以成为与系统交流的手段。在一些特殊场合,这些输入手段可以降低用户操作计算机的要求,更好地将精力集中在指挥艺术上。例如可以将标图手稿交由计算机处理得到精确的方案,通过口述和手势直接在电子沙盘上进行协同作业。

参考文献

[1] Frederick P Brooks, Jr. The Design of Design, Essays from a Computer Scientist(影印版)[M]. 北京:机械工业出版社,2011.

[2] Roger S Pressman. 软件工程:实践者的研究方法[M]. 黄柏素,梅宏,译. 北京:机械工业出版社,1999.

[3] 杨芙清,梅宏,等. 面向复用的需求建模[M]. 北京:清华大学出版社,2008.

[4] 杨芙清. 软件工程技术发展思索[J]. 软件学报,2005,16(1):1-7.

[5] Yang FQ. Thinking on the development of software engineering technology[J]. Journal of Software, 2005,16(1): 1-7.

[6] 梅宏,黄罡,张路,等.ABC:一种全生命周期软件体系结构建模方法[J]. 中国科学:信息科学,2014,44:546-587.

[7] 孙昌爱,金茂忠,刘超. 软件体系结构研究综述[J]. 软件学报,2002,13(7).

[8] 王怀民,吴文峻,毛新军,等. 复杂软件系统的成长性构造与适应性演化[J]. 中国科学:信息科学,2014,44: 743-761.

[9] 王越,陶然,李炳照,等. 信息系统功能增强的多活性代理方法研究[J]. 中国科学:信息科学,2013,43:821-841.

[10] 陈康,郑纬民. 云计算:系统实例与研究现状[J]. 软件学报,2009,20(5):1337-1348.

[11] Chen K, Zheng WM. Cloud computing: System instances and current research. Journal of Software[EL/BO]. http://www. jos. org. cn/1000-9825/3493. htm.

[12] (美)Thomas Erl .SOA 概念、技术与设计[M]. 王满红,陈荣华,译.北京:机械工业出版社,2007.

[13] (美)Sandy Carter.SOA&Web2. 0——新商业语言[M]. 袁月杨,麻丽莉,译.北京:清华大学出版社,2007.

[14] 荆小庆,王光卫.软件系统安全性设计原则分析[J]. 中国测试技术,2005,31(1).

[15] 樊林波,吴映程,赵明,代碧锋.软件可靠性与安全性的区别分析及其证明[J]. 计算机科学,2008,35(9):285-288.

[16] 徐海,丁定浩.大型复杂电子系统开展"五性"一体化设计的必要性[J]. 环境适应性和可靠性,2008.

[17] J H Saltzer,M D Schroeder. The Protection of Information in Computer Systems. Proc. IEEE, 1975,63(9).

[18] Victor N Kasyanov, Vladimir A Evstigneev. Graph Theory for Programmers: Algorithms for Processing Trees(影印版)[M]. 北京:科学出版社,2006.

[19] 周天琳. 大规模软件重构及其度量技术研究[D]. 东南大学,2009.

[20] 巫东来. 基于 SOA 的遗产 Web 系统重构研究[D]. 南京邮电大学,2009.

[21] 彭亮. 基于重构的可持续开发软件的研究[D]. 复旦大学,2006.

[22] 陈志雨,刘俊强. 基于体系结构的网构软件演化关键技术研究[J]. 计算机技术与发展,2014.

[23] 胡博. 基于语义的软件演化的度量[D] .武汉科技大学,2008.

[24] 杨成伟. 面向构件化软件(演化)技术的研究和应用[D]. 曲阜师范大学,2008.

[25] 徐恭旭. 面向软件产品族的构件演化方法研究[D]. 浙江工业大学,2010.

[26] 陈洪龙,李仁发. 自适应演化软件研究进展[J]. 计算机应用研究,2010.

[27] 王怀民,史佩昌,等. 软件服务的在线演化[J]. 计算机学报,2011.

[28] 李博奇. 软件演化技术在 MIS 中的应用研究[D]. 哈尔滨理工大学,2009.

[29] 李军超. 面向自动化重构的代码味道识别器的设计与实现[D]. 国防科技大学,2006.

[30] 王忠杰,徐晓飞,等. 企业信息系统重构过程与重构性能评价[J]. 计算机集成制造系统,2005.

[31] Rumelhart D, Hinton G, Williams R. Learning representations by back-propagatingerrors [J]. Nature, 1986, 323(6088): 533-536.

[32] Hinton G, Salakhutdinov R. Reducing the dimensionality of data with neural networks [J].

Science, 2006, 313(504).

[33] 田璐,任苏明．模拟训练系统人机界面设计与评价[C]// 中国通信学会青年工作委员会. 2009 通信理论与技术新发展——第十四届全国青年通信学术会议论文集. 北京:电子工业出版社,2009.

[34] 陈启安．人机界面的优化设计[J]. 软件世界,2005,12:64-65.

[35] 罗仕鉴．人机界面设计[M]. 北京:机械工业出版社,2004.

[36] 金纯,张乃仁．基于认知理论的人机界面标准化设计原则[J]. 人类工效学,2005,11(3):32-34.

[37] 李红俊．机载信息系统人机界面软件设计[J]. 现代电子工程,2005,(2):59-63.

[38] 李荣丽,黄艳群．人机界面设计中的用户模型研究[J]. 长春理工大学学报,2006,29(2):59-61.

[39] 沈霞,陶晋,魏东．从设计心理学角度思考数控加工设备的人机界面设计[J]. 工业设计,2008,35(6):66-67.

[40] Bargas Avila J, Hornbaek K. Foci and blind spots in user experience research[J]. Interactions, 2012, 19(6):24-27.

[41] Beyond video games: New artificial intelligence beats tactical experts in combat simulation, http://magazine. uc. edu/editors_picks/recent_features/alpha. html.

第4章 测试联试验证

软件测试是解决软件正确性、完整性、安全性和质量问题的主要途径，是软件投入使用前必须进行的一项重要工作。

4.1 认识软件测试

4.1.1 软件测试概念

软件测试是伴随着软件的产生而产生的。由于早期的计算机运行性能比较差，软件的可编程性范围也比较狭窄，错误主要集中在元器件的不稳定上。在这一阶段还没有系统意义上的软件测试，更多的是一种调试测试，测试用例的设计和选取是在随机的基础上，凭借测试人员的经验进行的。

随着软件产业化的发展，人们对软件的质量、成本和进度提出了较高的要求。许多测试理论和测试方法相继诞生。关于软件测试，不同的人对其有不同的认识。

“测试是正确性确认的实验方法的一种极端形式，通过测试达到确认程序正确性的目的。”

——图灵

“使用人工或自动手段来运行或测定某个系统的过程，其目的在于检验它是否满足规定的需求或是否弄清预期结果与实际结果之间的差别。”

——《IEEE Standard For Software Test Document》

“程序测试是为了发现错误而执行程序的过程。”

——G. J. Myers

“测试是执行或者模拟系统或者程序的操作;测试是为了建立信心,即软件是按照它所要求的方式执行,而不会执行不被希望的操作;测试是带着发现问题和错误的意图来分析程序;测试是度量程序的功能和质量;测试是评价程序和项目工作产品的属性和能力,并且评估其是否获得了期望和可接受的结果。”

——Brown A

由上述的各种不同的软件测试概念可以看出,不同时期人们对软件测试有着不同的认识,从不同的角度出发,对于软件测试的理解也不尽相同,给出的软件测试的概念也有所差异。虽然人们在软件测试的具体定义上存在上述众多的不同见解,但对于软件测试都是为了在产品未到达用户手中之前,减少产品中的缺陷与错误,验证软件已正确地实现了用户的要求,进而确立人们对软件质量的信心方面是一致的。根据软件测试概念的发展,总结出软件测试的原则有 4 条。

1. 不存在完全测试

由于软件开发过程是一种运用代码实现人对需求逻辑的实现过程,具有明显的编写代码人员个体的创作特性,因此“没有错误的软件是不可能存在的”。软件测试是根据软件开发阶段的规格说明和程序的内部结构而精心设计一批测试用例(即输入数据和预期的输出结果),并利用这些测试用例去运行程序,以发现错误的过程。在此过程中,要求测试设计囊括所有场景,并在每种场景中将所有输入和输出的条件组合都考虑到是不可能的。因此,完全测试是不可能的,软件测试的本质目的是:证明并寻找软件中错误的表现形式,而并不去证明软件没有错误。不完全测试的客观性,加上人的因素,经过严格测试的软件,也很难保证没有错误。

2. 测试与开发并行

从软件的生存周期看,在软件开发的每个阶段都有可能发生错误。如果前一阶段的错误没有及时地检查出来并得到很好的解决,那么,这个错误很自然地会导致下一阶段的工作出现偏差和错误。Segue Technologies 公司 2014 年统计数据表明,所检测出的软件错误中,属于需求分析和软件设计的错误约占 64%,属于程序编写的错误仅占 36%,程序编写的许多错误是“先天的”。因此,软件测试不应仅局限于对代码的测试,应贯穿于软件的整个生命周期过程之中,测试和开发并行。在开发的每个阶段都应该有相应的测试工作,软件测试不应只是代码实现后的后置行为。

软件开发与软件测试的紧密结合,说明软件开发和测试过程会彼此影响,要求测试人员对开发和测试的全过程进行充分的关注。第一,测试人员要充分关注开发过程,对开发过程的各种变化及时做出响应。例如开发进度的调整可能会引起测试进度及测试策略的调整,需求的变更会影响到测试的执行等等。第二,测试人员要对测试的全过程进行跟踪,例如建立完善的度量与分析机制,通过对自身过程的度量,及时了解过程信息,调整测试策略。

3. 测试是保证软件质量的必要手段

软件由于具有抽象性和复杂性等特性,在开发过程中难免产生缺陷和错误。因此通过软件测试发现和解决软件缺陷和错误一直是软件质量保证的重要手段。一般情况下,测试阶段的工作量往往会占到开发期总工作量的一半,对于可靠性要求很高、特别是涉及人身安全的软件系统,测试部分的费用甚至会占到整个开发费用的 3~5 倍。在软件开发的不同时期和阶段,如何有效地控制其质量,是一个涉及许多因素,具有相当难度的问题。特别是当软件规模较大时,各阶段的质量控制变得更加复杂和困难。测试作为软件质量控制的重要手段,在软件质量涉及的诸多因素中,有着至关重要的作用。

4. 测试人员需要的专业技能

针对测试工作全周期中的各个环节,优秀的测试人员需要具备相应的技能体系。

(1) 学习能力。在日常工作中,要有较强的学习能力。要长期不间断地跟踪学习各种类型的软件测试方法,以及各种测试工具、测试技术,也需要与时俱进地了解软件设计模式、软件开发技术及程序组织架构的发展,以便尽快了解项目的技术背景和关键点,应对各类开发模式的全新挑战。

(2) 沟通能力。在项目开始后,要有较强的沟通能力。要能够与测试涉及的所有人进行有效沟通。与用户沟通时,能够明确系统可以正确的处理什么和不可以处理什么。与开发人员沟通时,能够以技术语言明确软件需求。

(3) 测试设计能力。了解需求后,要求较强的测试设计能力。能够对软件需求进行深度分析,结合软件特点,思考软件的可测性和测试的合理性,分解复杂需求,设计出准确、充分、冗余率低的测试用例,通过设计全面考核软件的表现。

(4) 代码开发能力。用例准备阶段,测试人员需要具备开发能力,了解开发技术,并能针对接口调用等测试编写用例执行代码。对于特定的测试需求,也需要测试人员使用编程语言来编写测试脚本,完成一系列指令,驱动自动化测试工具的运行。

(5) 测试环境搭建能力。对多级异步的大型复杂系统,需要测试人员具备实际测试环境搭建能力,能够动手操作各类陪试软件和专业系统,调试通信网络环境,部署各级各类软硬件,完成复杂测试环境的快速搭建。

(6) 问题分析能力。测试执行阶段,需要测试人员结合自身经验,准确执行用例,分析、识别和分析问题现象,既能充分挖掘出软件的各类缺陷,又能捕获到软件潜在的漏洞和隐患。既能从需求覆盖角度考察软件的正确性,又能从系统架构、技术模式的角度给出软件的优化建议。

4.1.2 软件测试类型

根据不同的分类标准,软件测试也可进行不同角度的分类。

1. 按照测试用例的驱动和执行分类

(1) 手工测试:由人手动输入各种测试用例,进行测试输出与预想输出对比查看。

(2) 自动化测试:由程序驱动输入另一程序,然后由程序自动分析出结果。

2. 按照测试过程是否在计算机上执行分类

(1) 静态测试:被测软件的目标程序不在计算机上执行。

(2) 动态测试:被测软件的目标程序在计算机上执行。

3. 按照测试过程的级别分类

(1) 单元测试:最低级别的测试活动,对软件的独立单元进行测试。

(2) 集成测试:对应用系统的各个部件联合起来进行测试。

(3) 确认测试:对完整的软件系统进行测试,验证软件的有效性。

(4) 系统测试:将已经确认测试过的软件、计算机硬件、外围设备、网络等其他元素结合在一起,进行信息系统的各种组装测试和确认测试。

4. 按照测试过程是否考察软件的内部结构分类

(1) 黑盒测试:测试过程只关心测试的输入输出对应关系是否正确,而不考察被测软件内部结构如何。

(2) 白盒测试:测试过程不但关心测试的输入输出对应关系是否正确,而且考察被测软件内部结构。

(3) 灰盒测试:是介于白盒测试与黑盒测试之间的测试,关注输出对于输入的正确性,同时也关注内部表现。

5. 按照测试执行的类型分类

常见的基本测试类型包括功能测试、性能测试、接口测试、人机交互界面测试、强度测试、可靠性测试、安全性测试、恢复性测试、安装性测试、互操作性测试、敏感性测试、兼容性测试等。

4.1.3　软件测试模型

软件测试模型描述了软件测试过程所包含的主要活动以及这些活动之间的相互关系等。通过测试模型,软件测试人员及有关人员可以了解测试从什么时候开始,在什么时候结束,测试过程包括哪些活动,需要什么资源等。在软件测试策划时,要根据测试目的、所采用的开发过程模型和组织的条件等,选择合适的测试模型。

1. V 模型

V 模型最早由 Paul Rook 在 20 世纪 80 年代后期提出,描述了一些不同的测试级别,并说明了这些级别所对应的生命周期中不同的阶段。

V 模型揭示了软件测试活动分层和分阶段的本质特性,它非常明确地标明了测试过程中存在的不同级别,并且清楚地描述了这些测试阶段和开发过程期间各阶段的对应关系。

如图 4-1 所示,左边下降的是开发过程各个阶段,与此相对应的是右边上升的部分,即测试过程的各个阶段,左边每个开发活动都有右边的测试活动相对应。因此,V 模型主要传递了如下信息:需求、功能、设计和编码的开发活动随时间而进行,而相应的测试活动,即针对需求、功能、设计和编码的测试,其开展的次序则正好相反。换而言之,代码最后被开发,而相应的单元测试首先被执行;需求最早被开发,可相应的验收测试到最后才进行。

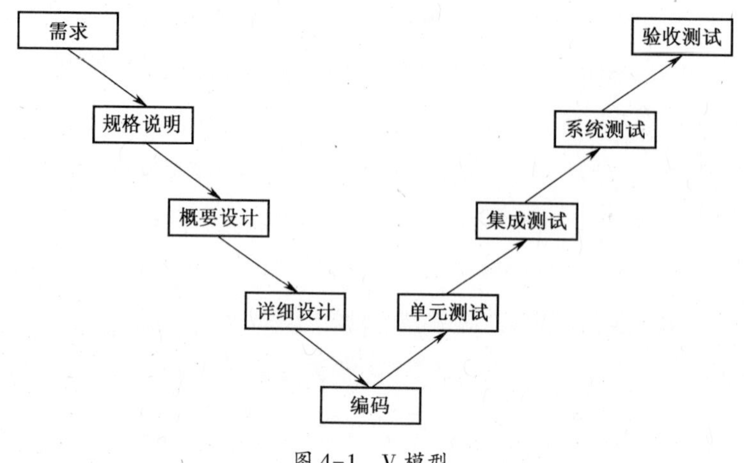

图 4-1 V 模型

该模型也存在一些问题,比如容易让人形成“测试是开发之后的一个阶段”“测试的对象就是程序”之类的误解。由于 V 模型把系统开发过程划分为具有固定边界的不同阶段,这使得人们很难跨过这些边界来采集测试所需要的信息。有些测试应该执行得更早些,有些测试则需要延后进行。例如,需求或者设计阶段的错误往往需要到最后验收测试才被发现,这样修改的代价就会放大。又比如,单元测试中需要设计桩模块和驱动模块,这需要付额外的成本,或者因为条件不具备,根本就无法开发,而且有可能掩盖了一些潜在的缺陷,所以在实际应用中有时候并不是当单元开发完成后就执行单元测试,当模块被组装在一起后就执行集成测试,往往需要推迟一些阶段的测试。不仅如此,V 模型也阻碍了从系统描述的不同阶段中取得信息进行综合,所以一些经过改进的软件测试模型被提出。

2. W 模型

W 模型也叫双 V 模型,是对 V 模型的改进,由 Evolutif 公司提出。针对 V 模型让人觉得测试是开发之后的一个阶段,“测试的对象就是程序”的问题,W 模型强调需求、功能和设计同样要测试,测试的对象不仅仅是程序,软件测试应该贯穿整个开发周期之中,只要相应的开发活动完成,就可以开始执行测试,从而有利于尽早的发现问题。以需求为例,需求分析一完成,就可以对需求进行测试,而不必等到最后才进行针对需求的验收测试。如图 4-2 所示,W 模型由两个“V”重叠而成。其中一个“V”表示开发过程,包括需求分析、需求规格书生成、软件设计、代码编程、软件构建、系统构建以及安装等阶段。另一个“V”表示测试过程,包括需求测试、规格测试、设计测试、单元测试、集成测试、系统测试以及验收测试等活动。软件测试的各项测试活动与开发过程的各个阶段相对应。按照 W 模型,软件开发过程中各个阶段的可交付产品(中间的或者最终的产品)都要进行测试,尽可能使各阶段产生的错误在该阶段得到发现和解决。W 模型在 V 模型的基础上增加需求测试、规格测试和设计测试,目的是确保需求的完整性、一致性、准确性、可实现性、可测试性等,以及设计对需求的可追踪性、正确性、规范性、可测试性等。软件需求规格说明、软件概要设计说明以及软件详细设计说明等均是被测试的对象。W 模型树立了一种新的观点,即软件测试并不等于程序测试,不应仅限于程序测试的狭小范围内,而应贯穿于软件定义与设计开发的整个过程。因此,需求分析、概要设计、详细设计以及程序编码等各阶段所得到的文档,包括需求规格说明、概要设计规格说明、详细设计规格说明以及源程序,都应成为软件测试的对象。

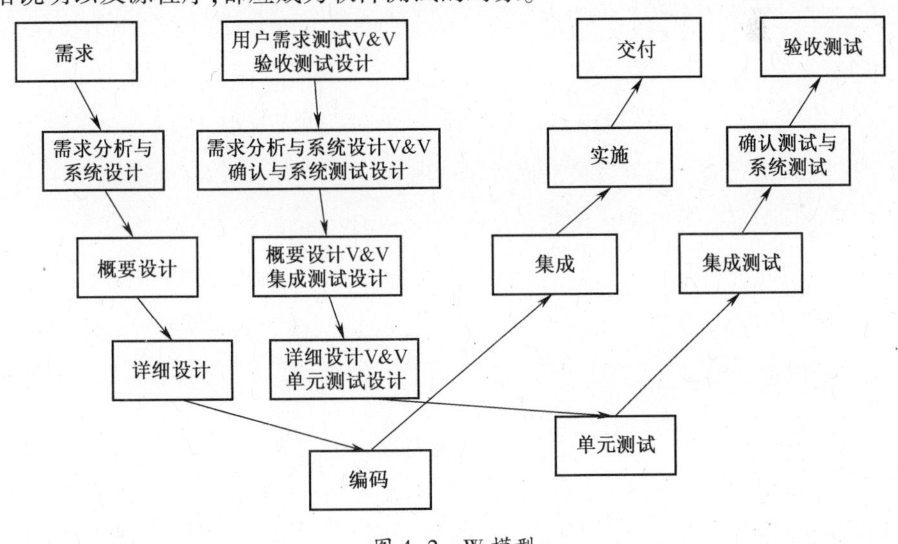

图 4-2　W 模型

3. X 模型

X 模型也是为了解决 V 模型的种种问题,而由 RobinF · Goldsmith 在 Brian-Marick 提出的替代模型基础上提出的,他们认为 V 模型和 W 模型最大的问题体现在以下几个方面:

(1) 忽略了软件开发是由一系列的交接所组成,每一次交接内容都改变了前一次交接的行为。

(2) 依赖于开发文档的存在,及文档的精确性、完整性,并且没有对时间进行限制。

(3) 认定一种测试的设计是依据某一个单独的文档,不包括根据其前后阶段的文档的修改而作相应修改。

(4) 认定这些依赖于某个单独文档的测试一定要在一起。

如图 4-3 所示,X 模型的左边描述的是针对单独程序片段所进行的相互独立的编码和测试,右上半部分显示此后将进行频繁的交接,通过集成最终合成为可执行程序,这些可执行程序还需要进行测试。已通过集成测试的成品可以进行确认并提交给用户,也可以作为更大规模和范围内集成的一部分。多条并行的曲线表示变更可以在各个部分发生。

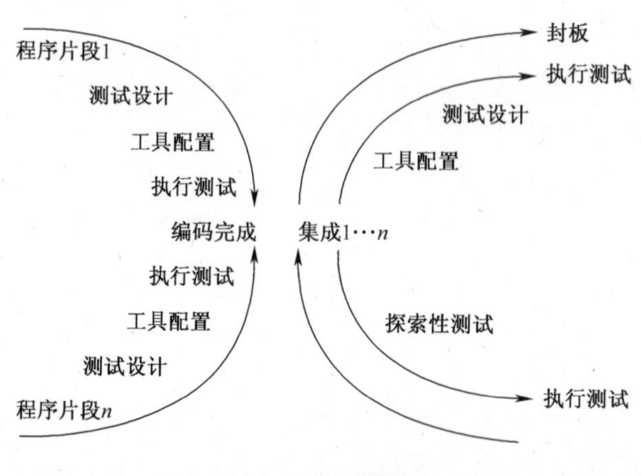

图 4-3 X 模型

总的来说,X 模型是为了解决 V 模型中理想化的一些东西,比如开发阶段之间有严格的界限,忽视了需求变化往往导致开发过程变化的情况,认为测试可以依据已经写好的精确的文档来进行，没有明确测试执行前应该进行的测试设计等。此外，X 模型包含了探索性测试方法，该方法强调发挥测试人员的主观能动性，在碰到问题时及时改变测试策略，让测试人员借由经验和不断学习来改善测试的规划和执行。

4. H 模型

H 模型仅仅演示了在整个生产周期中，某个（测试）层次上的一次测试“微循环”（“微循环”可以看作是一个流程在时间上的最小构成单位）。

如图 4-4 所示，模型中的“其他流程”可以是任意开发流程，例如设计流程和编码流程，也可以是其他非开发的流程，例如软件质量保证（SQA）流程，甚至是测试流程自身。向上的箭头表示在“其他流程”的某个时间点，（由于先后关系）引发或者（由于因果关系）触发的测试就绪点。这个时候，只要测试准备活动完成，测试执行活动就可以（或者说，需要）进行。概括地说，在 H 模型中，软件测试独立于其他流程，贯穿于整个产品生命周期，与其他流程并行推进，当某个测试点就绪时，软件测试即从测试准备阶段进入测试执行阶段。H 模型兼顾效率和灵活性，可以被应用到各种规模、各种类型的软件项目上。在 H 模型中，软件测试过程活动完全独立，贯穿于整个产品的周期，某个测试点准备就绪时，就可以从测试准备阶段进行到测试执行阶段。软件测试可以尽早进行，并且可以根据被测对象的不同而分层次进行。

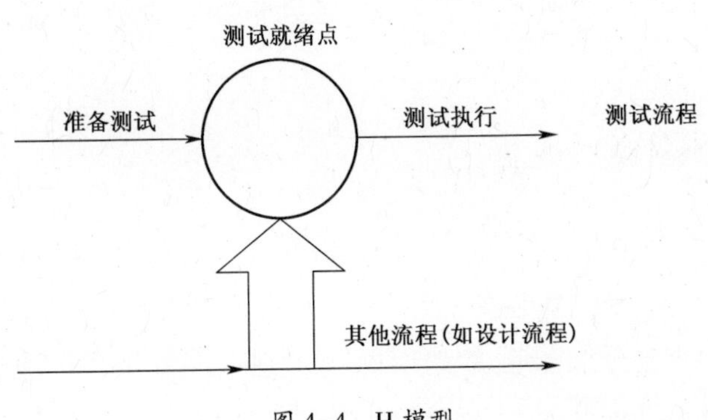

图 4-4　H 模型

H 模型揭示了一个原理：软件测试是一个独立的流程，贯穿产品整个生命周期，与其他流程并行推进。H 模型指出软件测试要尽早准备，尽早执行。不同的测试活动可以按照某个次序先后进行,但也可能反复,只要某个测试就绪点准备好后,测试执行活动就可以开展。

在这些被广泛接受的测试模型中,V 模型是最被认可和广为应用的,它的价值在于明确标识了测试过程中存在的不同级别,并且清楚地描述了这些测试级别和开发过程各阶段的对应关系。W 模型反映了一种新的测试观念,即测试应该伴随着整个开发周期,测试的对象不仅仅是程序,对需求、规格和设计同样需要测试,以利于尽早地发现和解决错误,降低软件开发风险和成本。如果说 V 模型是针对编码的测试,是一种传统意义上的测试(狭义测试),则 W 模型是一种广义的测试(验证和确认),它们的共同弱点是把系统开发过程划分为具有固定边界的不同阶段,且依赖于开发文档的存在及文档的精确完整,导致在实际的开发过程中经常无法操作。X 模型解决了 V 模型的问题,提出测试应该在准备好后马上进行,与开发反复迭代进行,并指出软件测试不仅仅指测试的执行过程本身,还应该包括测试需求分析、测试计划、测试分析、测试编码、测试验证等测试的准备活动。且 X 模型包含了探索性测试这一软件测试前沿理论,也是亮点之一。H 模型指出软件测试是一个独立的流程,贯穿产品整个生命周期,与其他流程并发进行。

由此看出,不同的模型有其自身的特点,没有任何模型是普适的、万能的。在实际工作中,要根据被测对象的特点和不同的测试要求,综合利用各模型中对项目有价值的地方,对测试模型进行自适应的裁剪、调整、修改、拼接,甚至完全的创新。

4.1.4 软件测试流程

规范的软件测试过程首先应做到过程清楚,项目负责人要充分考虑整个测试过程的所有环节,各个环节缺一不可,忽略一个细节,就可能影响测试进度和测试质量;其次做到分工合理,职责明确,切忌职责重叠或出现漏洞;最后要做到过程受控,并做到有据可查。根据以上原则,通常将测试过程分解为测试需求分析、测试策划、测试设计与准备、测试执行、测试总结等几个阶段,如图 4-5 所示。

测试输入
研制总要求方案
软件需求规格说明
软件设计文档
研制总要求方案
软件需求规格说明
软件设计文档
测试需求规格说明
软件需求规格说明
软件设计文档
软件用户手册
测试计划
测试需求规格说明
测试计划
测试说明
测试数据
软件需求/设计文档
测试需求规格说明
测试计划
测试说明
执行记录
测试问题报告
测试过程
测试需求分析
确定测试级别和类型
确定测试内容或质量特性
测试策划
确定测试策略和方法
确定测试充分性要求
确定测试资源和技术需求
人员进度安排
测试设计与准备
设计测试用例
准备和验证测试数据
建立和校核测试环境
测试就绪评审
测试执行
首轮测试
回归测试
测试总结
测试数据整理分析
总结与评价
测试需求评审
测试计划评审
测试说明评审
测试总结评审
测试输出
测试需求规格说明
测试计划
测试说明(含用例集)
测试数据
执行记录
测试问题报告
测试报告
测评报告

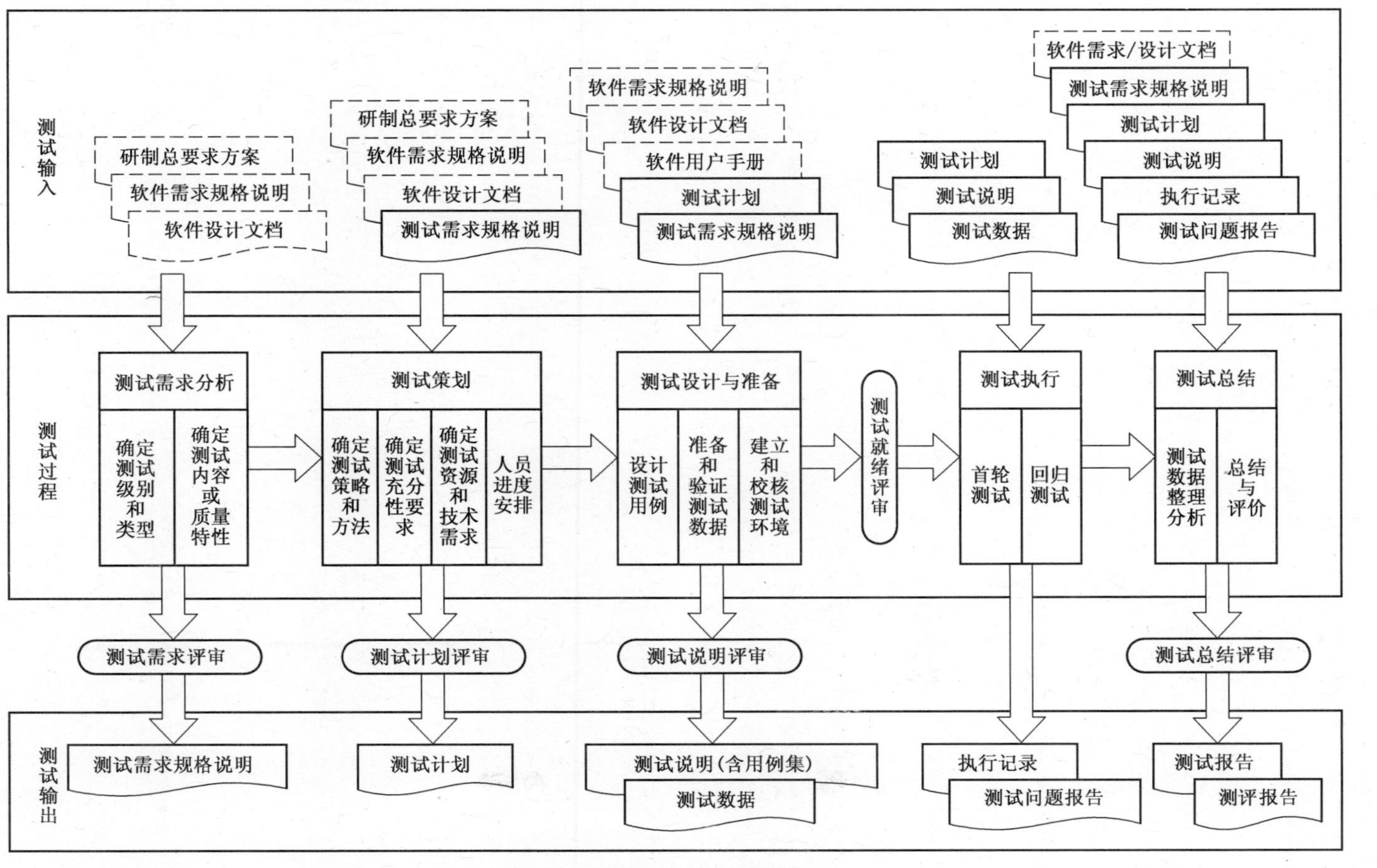

图 4-5　软件测试流程图

(1) 测试策划,是对完成本次测试任务的一个规划。根据项目招标书、委托书、合同、被测软件研制总要求、技术文档或其他等效文件(以下简称测试依据),对本次测试的被测对象、测试范围、测试级别、测试类型、测试内容、测试进度、测试质量控制、测试配置管理、结束条件、测试资源、分包、风险等进行分析。

(2) 测试需求分析就是根据测试策划中确定的测试依据,对本次测试任务进行测试需求分析。

(3) 测试设计与准备就是根据测试需求分析阶段确定的测试项、评价项,选择或设计测试方法和评价方法,并进行测试数据和测试环境的准备。

(4) 测试执行就是根据测试说明,严格执行测试,如实填写测试记录单,根据测试的充分性要求,决定是否进行回归测试;采集和分析评价数据,按照评价说明对被测软件的质量进行评价。

(5) 测试总结就是当最后一轮测试结束后,测试机构编制测试报告,并对本次测试工作进行分析总结。

4.2 软件测试技术

本书将测试技术体系分为常用测试技术与专用测试技术,每种测试技术都存在对应的测试方法。常用测试技术给出了基本的测试方法和相关的工具,不同的测试方法具有不同的测试目标,用以解决不同的测试问题。专用测试技术针对软件运行平台的不同,给出了专门的测试策略与应用场景描述。

4.2.1 通用测试技术

1. 静态测试方法与工具

静态测试是指仅通过分析和检查源程序的语法、结构、过程、接口等检查程序的正确性的测试方法。静态测试方法的主要特点是不需要在任何环境下运行源代码或可执行程序,甚至不需要进行任何编译,因此可节省因开展测试用例设计和执行等动态测试工作带来的测试成本;测试过程也可由人工进行,可弥补因使用自动测试工具带来的局限性;测试实施无需特别的测试环境作支撑，相比于动态测试而言更易开展。

静态测试方法主要包括：文档审查、静态分析、代码审查以及代码走查，其中文档审查、代码审查和代码走查由人工完成，静态分析由测试工具完成，并由人工对工具生成的结果进行确认。

静态测试工具直接对代码进行分析，不需要运行代码，也不需要对代码编译链接，生成可执行文件。静态测试工具一般是对代码进行语法扫描，找出不符合编码规范的地方，根据某种质量模型评价代码的质量，生成系统的调用关系图等。静态测试工具的代表有 Telelogic 公司的 Logiscope 软件、PR 公司的 PRQA 软件、Macabe 公司的 Macabe 等。

2. 动态测试方法与工具

动态测试是指通过运行被测程序，检查运行结果与预期结果的差异，并分析运行效率和健壮性等软件指标的测试方法。动态测试方法的主要特点是需在模拟环境、半实物仿真环境或真实环境下实际执行软件，获取其运行时的真实情况和动态情况，用以进行质量分析；需按一定原则构造测试数据作为程序运行的输入，因此测试数据构造的好与坏直接影响测试的有效性和全面性；构造测试数据需一定技巧，在最优情况下覆盖有效范围、边界情况及无效范围等，并覆盖各种可能的数据组合情况；需遵循严谨的测试规范及流程，对人员资质、目标运行环境等方面有较高要求。构造测试数据的策略有黑盒测试和白盒测试。

1）黑盒测试

黑盒测试是在已知产品应具有的功能条件下，通过测试来检测每个功能是否都能正常使用。在测试时，把程序看作一个不能打开的黑盒子，在完全不考虑程序内部结构和内部特性的情况下，测试者通过程序接口进行测试，主要检查程序功能是否按照需求规格说明书的规定正常使用，程序是否能适当地接收输入数据并产生正确的输出信息，并且保持外部信息（如数据库或文件）的完整性。黑盒测试方法主要有等价类划分、边界值分析、因果图、错误推测等，主要用于软件确认测试。

黑盒测试工具包括功能测试工具和系统测试工具。黑盒测试工具的一般原理是利用脚本的录制和回放,模拟用户的操作,然后将被测系统的输出记录下来同预先给定的标准结果比较。黑盒测试工具的代表有 IBMRational 的 TeamTest、Robot,Compuware 公司的 QACenter,Ml 公司的 WinRunner 等工具,另外,专用于系统测试的工具包括有 Ml 公司的 LoadRunner、IBMRational 的 Quantify、Radview 公司的 WebLoad、Microsoft 公司的 Webstress 等工具。

2)白盒测试

白盒测试也称结构测试或逻辑驱动测试,它是按照程序内部的结构进行测试,检测产品内部动作是否按照设计规格说明书的规定正常进行,检验程序中的每条通路是否都能按预定要求正常工作。

在白盒测试中,测试人员把测试对象看作一个打开的盒子,测试人员依据程序内部逻辑结构相关信息,设计或选择测试用例,对程序所有逻辑路径进行测试,通过在不同点检查程序的状态,确定实际的状态是否与预期的状态一致。白盒测试方法主要包括控制流测试和数据流测试。

(1)控制流测试。控制流测试以程序结构的控制流图为基础生成测试用例,通过对不同控制结构的测试,以覆盖和验证所有控制结构。控制流测试主要有语句覆盖、分支覆盖、条件覆盖、条件组合覆盖及路径覆盖等。

(2)数据流测试。数据流测试是基于控制流程图,对异常数据进行研究,并依据研究结果,确定应如何覆盖指定的测试路径。主要方法有逻辑覆盖和路径测试。

白盒测试工具一般是针对代码进行测试,测试中发现的缺陷可以定位到代码级,一般采用"插桩"的方式,向代码生成的可执行文件中插入一些监测代码,用来统计程序运行时的数据。测试工具的代表有 Compuware 公司的 Devpartner 软件、Rational 公司的 Purify 系列、Numega 中的 BounceChecker 等。

白盒测试不能替代黑盒测试,而是用来作为黑盒测试的补充,在测试环境受限,无法通过实际运行来验证软件功能点时,可以通过白盒测试对未执行的代码进行覆盖测试,以保证测试的充分性。

综上,静态测试技术能够快速找出软件的编码缺陷,具有发现缺陷早、降低返工成本、覆盖重点和发现缺陷的概率高的优点,但耗时较长,且对程序结构和程序逻辑的问题检查的不够全面。动态测试技术通过运行程序来发现软件系统中的错误,能够暴露出软件在系统设计上的缺陷和系统需求实现上的遗漏。但动态测试不能在代码完成之前就发现问题,而是把需求、设计上的问题遗留到后期,增加了软件开发的成本和周期。因此,静态测试技术与动态测试技术是互相补充的,通常情况下应采取两类技术相结合的方法设计测试用例。

4.2.2　专用测试技术

1. 前端软件测试技术

1) GUI 软件测试

GUI 测试主要用来检验确定应用软件的图形用户界面是否能够按照用户预想的流程要求完成相关操作,并确认界面的实现信息与界面设计相互吻合。其中界面流程指系统能够根据用户的操作、输入的信息按照流程达到用户的期望,并在某些异常情况下(如输入密码错误等)告知用户重新操作;界面实现信息与设计吻合是指,界面上能正确显示用户所需的信息。目前常见的 GUI 测试方法有手工和自动化两类。

手工设计、选择、执行 GUI 测试用例时,用例可以设计的非常复杂,可验证的内容和适用范围可以很广,用于用户验收和系统测试。自动化 GUI 测试关注是否能够出结果的同时也关注业务过程和结果是否正确,所以用例的复杂度和预期结果的判定均较为复杂,需要耗费更多的精力完成各种情况的用例设计,确保测试的有效性。另外根据自动化程度的高低,实施情况也不相同。测试自动化程度达到中等的,基本通过录制和回放脚本进行,只能用于回归和例行测试,即用于已经至少测试过一次的内容,人工干预程度较高;自动化程度较高的,可以达到按关键字驱动或者数据驱动。其中关键字和数据驱动的脚本不再仅限于录制和回放,而是根据用例的数据和相关动作编制测试脚本,脚本在运行时根据提供的关键字查找所需识别和运行的对象,这种方式用一个脚本可以测试多个用例和多套数据。

2) Web 应用软件测试

Web 应用以其交互性、方便性和易用性的优势而获得了广泛的使用。Web

应用的迅速发展和广泛应用,决定了人们对 Web 系统的正确性和有效性有更高的要求,因此 Web 测试成为 Web 应用开发过程中的重要环节。Web 测试有以下几个特点:

(1) 多平台、多用户的特点,致使需要多种测试方法来完成全方位测试。无论使用者在 Windows 平台、UNIX 平台还是其他任何平台都可以通过 Internet 访问同一个 Web 系统,再加上 Web 系统运行在分布式、动态性、多平台、交互式和超文本的环境下,且用户数量多、使用时间长,系统不仅要满足功能要求,还要通过性能、负载和强度上的压力测试,因此大部分工作需要自动化测试工具来完成。

(2) 分布式的特点,对安全性要求高。Web 应用系统中,并不是所有信息都放在一起,而是分布在不同的站点,通过服务器集群在一起,实际应用中只需要在浏览器中指明需要访问的站点。由于 Web 系统与 Internet 相连,处于一个开放的环境下,那么对于一些涉及个人隐私、机密性较高的系统或网站,要做好充分的安全性测试。

(3) 动态性的特点,需要进行动态、在线测试。Web 网站上的信息是动态的、经常需要更新的,而且 Web 系统还具有实时的交互性。可见,Web 系统的分布式特点和交互性决定了测试的即时性,需要测试人员在线收集测试数据,并对其进行分析。

(4) Web 应用的跨平台和跨浏览器的特点,对平台的兼容性和可靠性提出了更高的要求。因此在 Web 测试中,通常需要考虑可靠性及兼容性测试。

鉴于以上 Web 系统的特点,基于 Web 的系统测试不但需要检验系统的可用性、验证是否按照设计的要求来实现,还需要对浏览器和操作系统的兼容性、安全性和可用性进行测试。

3) 移动 APP 软件测试

移动应用和 Web 应用类似,但不同于 Web 应用。一般来说,移动应用都有前端 App 程序和后端服务器,包括应用服务器和数据库服务器等。如果把移动应用系统看成三层,可以分为后端(backend)、中间件(middleware)和前端(frontend)UI。针对不同的层次,相应的测试目标、测试类型不尽相同。后端和中间件的测试,不管是移动应用、一般 Web 应用(B/S 结构)还是 Windows/Mac/Linux 客户端网络应用(C/S),都没有明显差别,可以进行 SOA 功能测试和面向接口的集成测试。除此之外,还要进行系统服务器的安全性渗透测试、安全性功能测试(如身份验证测试)、性能测试等。

针对移动 App 应用测试,除了针对代码的单元测试、系统功能、安全性测试之外,通常着重考虑下列测试:

(1) 兼容性测试,包括硬件差异、操作系统版本等。

(2) 交互性测试,不同的操作同时发生,如微信操作时电话来了。

(3) 用户体验测试,即用户易用性测试,如横竖显示切换、触摸、多指触摸、缩放、分页和导航等操作灵活性、局限性。

(4) 耗电量测试,可以通过仪器来检测,也可以通过判断计算效率是否最优来进行评估。

(5) 网络流量测试,数据传输是否压缩、是否只传输必要的信息。

(6) 网络连接测试,在低速无线连接、不同网络间切换的情况下,软件容错性、稳定性如何;在无网络的情况下,App 是否支持离线操作。

(7) 性能测试,在移动设备端,主要分析占用的内存、进程占有 CPU 资源等情况。

(8) 稳定性测试,针对移动 App 闪退现象进行测试,避免 App 应用的崩溃问题。

2. 后端测试技术

1) 面向服务的测试技术

面向服务的体系架构(Service-Oriented Architecture,SDA)已成为基于 Web 的分布式系统(如电子商务、电子政务等)的主要发展趋势。SOA 提出了一种松散耦合的、基于标准的、面向服务的体系架构,以有效解决分布式、异构环境下,应用系统的集成问题。传统的软件测试技术难以适应 Web 服务的技术发展。服务的测试通常涉及服务提供者、发布者和使用者三种角色,其分布式合作的特征使得测试的组织、缺陷管理、结果评估等活动都更加困难。除服务的发布者外,其余角色由于缺乏设计和实现的信息,需要使用黑盒技术进行测试。目前主要采用基于模型的技术实现 Web 服务相关协议和描述来进行验证。通过 Web 服务的接口说明转化成形式化的模型(如有限状态机模型,Petri 网模型等),借助模型检测器(Model Checker)等自动化工具,验证协议和服务描述的完整性和一致性。

2) 云测试技术

云测试是基于云计算的一种新型测试方案。服务商提供多种平台、多种浏览器的平台,一般的用户在本地用 Selenium 把自动化测试脚本编写好,上传到网站,就可以在平台上运行 Selenium 脚本进行测试。

云测试需要考虑以下四方面的问题:

(1) 了解云计算系统的测试需求及测试技术。对于云测试系统来说,测试需求关键是找出云计算系统有哪些风险。首先要求测试工程师对云计算有一个较深的理解,并对云计算的关键技术有一定了解,例如:虚拟化技术,分布式的编程模式、存储模式、海量数据的管理、云平台自身的管理以及资源调度等,才能准确判断云计算系统测试的缺陷、漏洞和风险。

(2) 制定详细的云测试计划。与内部测试相比,云测试计划应更加详尽,因为一旦测试提交到云中,测试过程很难直接掌控,测试的风险也会加大,因此,详细的测试计划能减少这一过程带来的风险,一个标准的云测试计划的目标就是在测试执行的过程以及性能和安全性等各个方面降低风险。

(3) 确定云测试过程的安全性。在签署云测试协议之前,对云测试服务提供商的安全性做法和策略应有相当的了解,在云测试执行过程中也要确保对测试执行过程及结果分析的安全性,保证数据不被泄露。

(4) 执行云测试。在确定好以上几点后,就可以在云测试平台上执行云测试了。

3. 实时系统测试技术

1) 嵌入式软件测试技术

嵌入式系统已经成为日常生活中不可或缺的一部分,如在汽车、家电、手机等产品中的广泛应用。随着人们生活追求的日益提高,软件系统变的越来越复杂、庞大，如何保证嵌入式软件的可靠性成为嵌入式系统面临的最大问题，软件测试中可能存在的问题包括：

（1）用户的环境发生了改变，越来越贴近日常生活；

（2）用户的使用环境有可能存在不确定性；

（3）测试软件的应用，可能会与开发者利益发生冲突；

（4）应用者的持续性可能与开发和测试工作发成冲突。

为了解决上述问题，嵌入式软件测试的不同阶段应采用不同的方式：

（1）由点及面的单元化测试。减少大规模测试在小目标单元上测试的比例，通过尽可能小的目标单元访问所有目标指定的界面。一般情况下，主机单元无论是硬件配置与运行速度都会比小单元更有优势，大测试在主机环境下测试，小单元成为配置项级的确认，软件测试就会变的简单很多。

（2）模块化测试。将不同的应用功能单元模块化，模块的测试在主机环境中进行。一个大型软件的开发可以分成几个级别的集成模块，低级别模块的软件集成在主机平台上完成，高级别模块的软件集成在目标环境上进行测试。

（3）用户的确认测试。软件测试最终目标是用户，因此所有的开发归总到主机平台，通过移植的方式应用到用户身上，使测试变成简单的确认测试，减少用户对开发环境的依赖，会为软件测试提供很大的便利。

2）物联网平台测试技术

物联网是一个提供人或物唯一标识符以及无需人人或人机交互就可以在网上转化数据能力的场景。所有这些物理对象都通过互联网连接到一个或多个传感器上，每个传感器将监控一个特定条件比如温度、动作或位置。相比过去互联网的使用有了巨大的变化。

物联网平台测试一般分为功能测试和性能测试两个部分。业界对物联网公共服务平台并没有形成规范化的标准功能定义，现有的物联网公共服务平台在实现时功能各有侧重，因此功能测试只能依据各平台的功能定义进行针对性设计。与公共服务特殊性相关的主要是部分性能测试，一个运营良好的物联网公共服务平台至少应当具备设备兼容性、数据交换兼容性、安全性、可定制性和可扩展性。

综上，软件测试的众多技术是辩证统一的，它们相互依存、相互对立又相互补充，任何一种测试方法都有其优点，在特定的测试领域能得到充分发挥。同时，任何一种测试方法都不能覆盖所有测试的需求，在某些场合存在一定的局限性和不足。实际应用时，可以根据项目情况，将多种测试技术结合起来，进行适用性选择和扩展，才能制定出完整充分的测试方案。结合软件开发过程的不同阶段，建议采取下述策略。

（1）先进行静态测试，后进行动态测试。

（2）开发文档和源代码可使用静态测试，通过人工和静态分析工具实施。

（3）单元测试可使用白盒测试，通过人工和单元测试工具相结合的方法实施。

（4）集成测试、确认测试和系统测试，可使用黑盒测试，对于接口参数组合或输入界面的字段，可首先通过等价类划分、边界值分析确定出有代表性的测试数据，然后采用因果图、组合设计等方法选出有代表性的参数组合，最后通过猜错法、逻辑覆盖及路径覆盖等方法补充用例进行测试。

（5）对于特殊类型的测试，或特殊形态的软件，在采用上述通用测试后，还要针对软件特点和测试要求，采用专用的测试技术设计测试用例，保证测试的完整充分性。

4.3 指挥控制软件测试

指挥控制软件作为典型的智能化、网络化、信息化代表，在国防各重要领域日益发挥着巨大作用，它已成为各领域指挥控制信息系统的神经中枢，为各领域高效、安全地开展指挥控制活动提供了坚实的技术保障。因此指挥控制软件质量好坏直接影响到指挥行动的成败，如果指挥控制软件出现故障，可能造成整个系统失效，甚至产生更严重的后果。软件测试是保证指挥控制软件质量的一个重要手段。

4.3.1 指挥控制软件测试定义和内涵

指挥控制软件测试是指通过规范化的组织形式和测试活动，对指挥控制软件的需求符合度、战术技术性能等进行全面的考核、做出评判结论，从而验证指挥控制软件领域应用能力的一系列综合性活动。

指挥控制软件相比于普通软件，专业领域性强，应用场景复杂，互联互通互操作性、实时性、精准性、可靠性及易用性要求高，软件在研制过程中由于用户对软件的理解在不断深入，需求很难一次性固化，通常采用迭代式开发模式，边研、边测、边使用，多次循环迭代，在快速响应需求变化的同时，采用多种方法，不断逼近实际使用环境，加强实战化系统能力的验证，从而保证指挥控制系统软件产品的质量与安全可靠性。

4.3.2 指挥控制软件测试特点

1. 领域专业性

大型指挥控制信息系统处于信息链顶端，负责实时指挥、控制，并能自动根据实际情况提供任务决策方案，应用范围涉及国家军队、海洋海事、交通枢纽等重要领域。与普通软件基于模块化的设计不同，指挥控制信息系统软件体系结构具有较强的体系性、高适应性和高演化性特征，传统的软件测试方法，如功能分解、等价类划分等，虽然对单个软件仍能发挥一定作用，但对系统能力的互操作性、安全性、可靠性，以及极限条件的抗毁性等方面的测试显露出一定的局限性。因此为确保软件测试质量，需要软件测试人员了解战法模型、战术意图，熟悉指挥体制、作战流程，要站在用户应用角度构建不同实战化任务场景，依据任务想定设计测试流程，构造多业务数据，进行多用户并发压力测试，考核战场环境下指挥控制软件的可用性、战术技术指标可达性，充分验证指挥控制软件与作战组织运用的自适应性，以及软件系统能力可靠性和安全性。

2. 测试迭代性

面对指挥控制软件复杂多样性，以及不同应用模式集成系统后需求的多变性，为了快速响应不同业务需求变化，在研制过程中需要引入研发、测试、试用到定版发布的多轮迭代,通过软件业务需求不断持续迭代集成,使得软件缺陷尽早发现,并快速定位。

指挥控制软件测试迭代性主要体现在软件从研发到定版过程中软件业务需求持续深化的多轮迭代。随着迭代工作模式的不断固化,为保证软件持续迭代集成测试的效率,需要每一轮测试过程的自动化构建,包括软件版本、测试环境构建、测试用例设计、测试数据选取、测试脚本执行等,从而实现增量软件测试的自动化执行和对软件问题的有效定位。

3. 测试精准性

指挥控制软件的功能是支撑实现指挥控制活动的指挥手段,直接关系指挥目的实现程度,因此必须确保准确无误。数据是软件的重要组成部分,是指挥控制信息系统的核心,对软件数据准确性和充分性校验将直接影响指挥活动目标的精准性。这就要求测试人员要进行系统功能路径的完整覆盖测试,遗漏任何功能点,都会导致忽略对数据操作而产生错误的功能点。实际测试过程中,先要对系统数据的存储结构和数据关联进行分析,设计测试用例数据,不仅考虑正常的输入值,还有设定给出范围的边界值和选取特定拐点值,特别是对一些模型或算法效率的考察往往需要大规模的覆盖各种行为轨迹的测试数据,同时编写程序脚本自动化执行,以验证不同模型或算法间的优劣性。

4. 测试高效性

由于指挥控制软件持续集成迭代化开发的特点,要求测试工作要适应需求改变而进行多轮次的测试迭代,为缩短测试时间,保证测试的充分性,需借助自动化测试工具,将大量的重复性工作交给计算机去自动化完成。与此同时,还要加强对指挥控制软件测试过程规范化和安全性管理,面向软件在研发、定版和部署发布前的不同状态特点,进行软件全生命周期的测试流程管理和测试数据管理,以确保软件测试质量和测试效率。

4.3.3 指挥控制软件测试模型

软件测试模型是软件测试的基础,是指导软件测试的框架,它是被测系统测试特征的抽象。由于指挥控制软件应用场景复杂性和需求的多变性,按部就班使用经典的测试模型,很难满足需要。为适应指挥控制系统研发特点,通常采用基于敏捷思想的持续集成的迭代测试模型。

持续集成的迭代测试模型是一种理想的“小型瀑布”模型,借鉴了敏捷开发的思想,将测试和开发过程紧密结合。在持续集成迭代测试模型中,将复杂的集成处理提前,在开发中适时的进行集成处理,以此排除软件开发中的复杂性,这是持续集成迭代测试模型的基本思路。传统的瀑布模型测试中,一般要等到所有的开发工作都结束后,测试阶段前才开始着手集成,通常会出现程序库缺失、数据库构建失败、编译无法通过等各种各样的问题,往往导致测试推迟,测试时间被压缩。

持续集成迭代测试模型的开发和测试过程是迭代结合在一起的,主要内容和流程如图4-6所示。

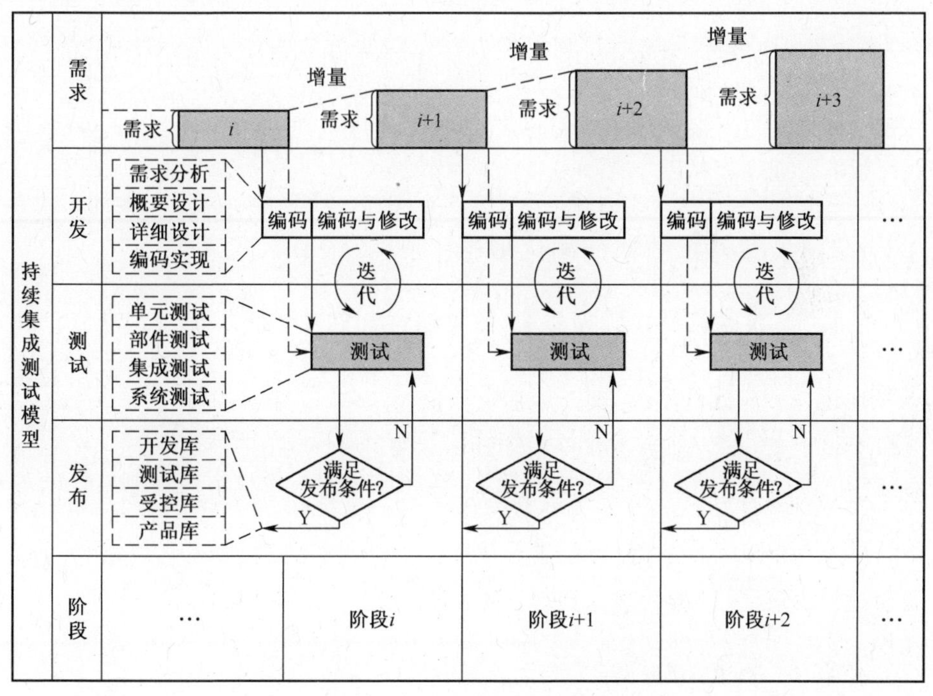

图4-6 持续集成测试模型

持续集成迭代测试模型中,需求、开发、测试和发布各环节不断迭代,整个模型由若干个迭代阶段组成,其中,需求随着各阶段是增量变更的,开发和测试是紧密结合的,发布条件是灵活的。

在每一个迭代过程内部,需求是相对固定的。在每个迭代阶段(2~4 周)前期,用户需求逐渐收敛,需求会发生增量变化并形成新的需求版本,新的需求既是开发编码的依据,也是测试的依据。

开发人员按照需求的增量内容落实编码工作,根据具体要求有选择性的完成需求分析、概要设计、详细设计和单元测试等工作。如果测试人员发现缺陷,开发人员需要尽快修改缺陷,并提交下一次迭代测试。

测试人员按照需求变更,对增量代码进行影响域分析,并对新增功能、修改功能及其影响域进行测试验证。如果发现问题,则转由开发人员修改,然后安排新一轮测试,通过快速的多次迭代,将问题归零。理论上不允许代码带着缺陷进入下一个阶段,否则,缺陷会被继承和扩散,持续集成测试的迭代过程将难以收敛。

当软件测试问题归零或满足发布条件时(例如软件仅用来支撑系统集成和联试),软件就可以发布至版本管理库,包括开发库、测试库、受控库、产品库等软件版本管理库。

4.3.4 指挥控制软件测试形态

根据指挥控制软件在开发集成、状态鉴定和部队验收不同阶段的软件特点,给出指挥控制软件测试伴随测试、定版测试和上线测试三类测试形态,如图 4-7 所示。伴随测试组织实施在指挥控制软件的开发集成阶段,定版测试组织实施在指挥控制软件的状态鉴定阶段,上线测试组织实施在指挥控制软件的部队验收阶段。

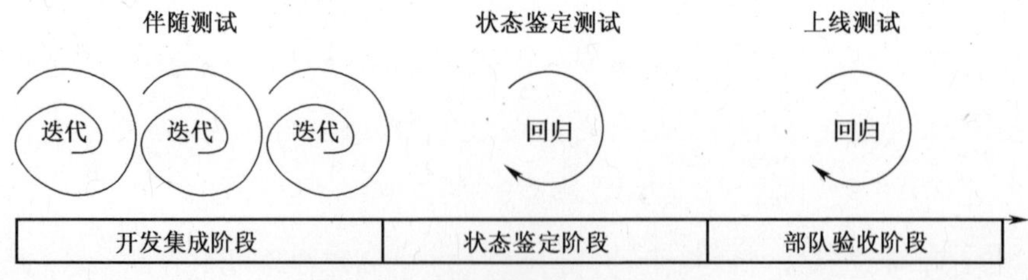

图 4-7 指挥控制软件测试形态

1. 伴随测试

指挥控制软件伴随测试是在软件开发过程针对软件需求变化频繁、版本状态变更快、边研边用边完善的特点,第三方测试机构参与软件研发过程中,与软件研发人员、用户密切交互,与软件开发并行开展的一种测试形态。通过软件测试多轮迭代,持续的质量反馈,保障软件开发产品活动的稳定性、持续性和周期性,从而保证软件交付可用性、安全可靠性等。伴随测试体现尽早测试的思想,被认为是能够最大化发现软件问题、高质量完成测试任务的有效测试管理方法。

指挥控制软件伴随测试不同于内部测试,其测试主体是第三方测评机构,其特点是测试响应及时、高效,与研发人员交互紧密,测试过程简洁,且切中要害。

指挥控制软件伴随测试一般随软件项目的启动即启动,在这种情况下,很难获得全套的软件资料,第三方测试机构是通过参与软件开发的全过程,了解和掌握软件的需求、结构、功能、接口等,整理测试需求,并同步策划和设计测试方案。伴随测试一般以 5 个步骤反复迭代:测试需求分析与测试策划、测试设计、环境准备、测试执行、测试总结,软件伴随测试流程如图 4-8 所示。

1）测试需求分析与策划

软件开发早期,由于用户需求不完整,或者没有具体需求,很难出具明确的软件需求规格说明、软件设计说明和软件用户手册等有效文档,测试人员不了解软件“应具备”的功能组成、性能要求、接口关系和协议、边界条件、安全性需求等,因此伴随测试需要测试人员参与软件需求分析、设计开发过程,从中掌握测试需要的信息,进而同步开展测试设计和策划工作。

软件伴随测试的需求分析由软件测试负责人组织,软件开发负责人、项目经理、质量师参加,根据获取的初始软件需求、初步确定的研制进度等,进行项目早期测试策划。

（1）根据软件需求、项目规模、开发周期等,确定软件测试的人员需求,包括人员数量、技能要求、领域背景、职责分工等。

（2）根据项目部署要求、项目规模、编程语言、开发工具、运行环境等,确定

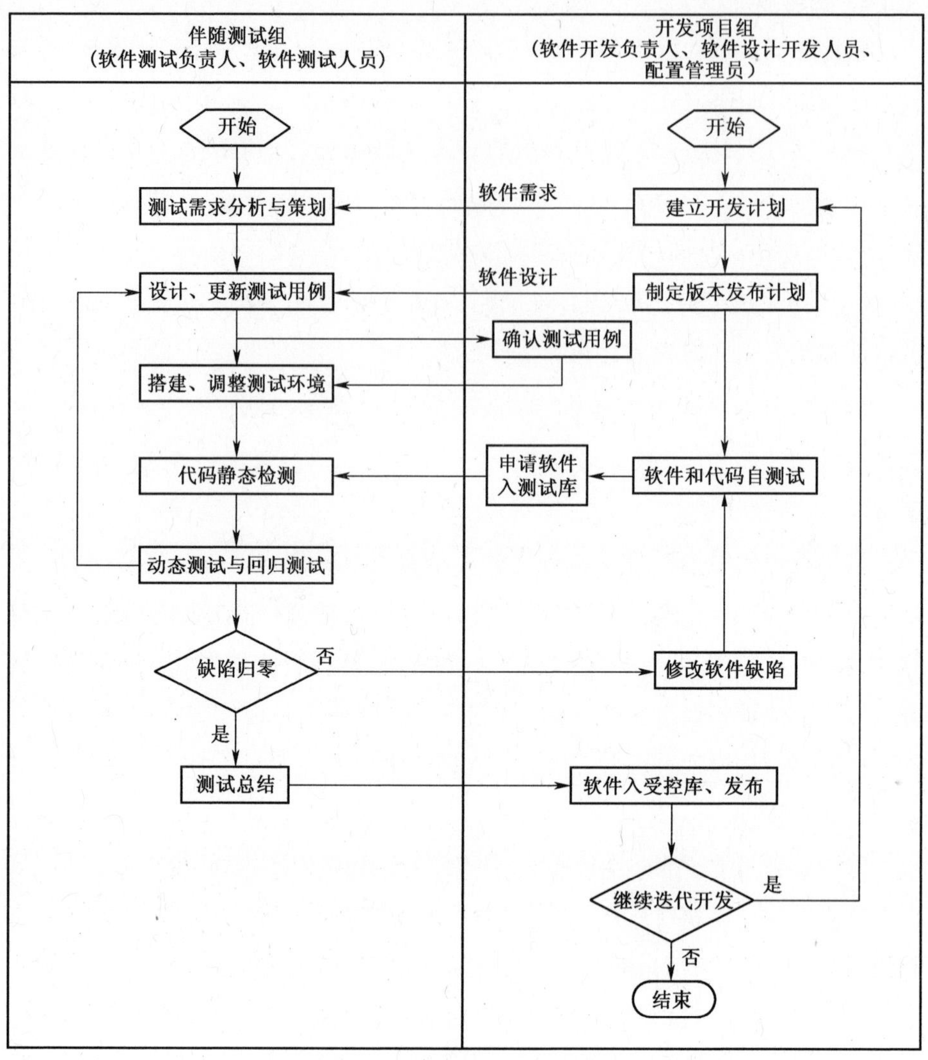

图 4-8　软件伴随测试流程

代码静态检测环境和软件运行动态测试环境的资源需求，包括组成测试环境的软件名称、软件版本、硬件数量、硬件配置等。

（3）根据项目研制进度，确定测试环境的搭建进度安排。

（4）软件测试负责人根据策划结果填写伴随测试策划单，制定测试结果通报规定。

2）测试设计

软件测试负责人组织软件测试人员根据不断完善的软件需求和软件版本，持续进行测试用例设计。

（1）软件测试负责人组织软件测试人员根据开发计划和版本发布计划中的用户需求、系统/软件需求、软件功能等设计测试用例，形成软件测试用例设计/执行单，测试设计应考虑正常、异常、边界等情况。

（2）开发计划和版本发布计划内容发生变更时，软件测试负责人应及时组织软件测试人员根据变更的需求更新测试用例。

（3）动态测试执行前，软件测试负责人通过传阅、会议等方式与软件设计开发人员确认测试用例。

3）测试环境准备

测试环境一般包括：测试执行环境和版本管控环境。

（1）测试执行环境。软件测试负责人组织项目组成员搭建和更新测试执行环境。获取测试资源，包括测试环境所必须的软、硬件资源，测试用设备、软件、仪器仪表、数据等。测试人员应认真分析硬件测试设备的状态是否完好，软件测试环境是否满足测试要求，搭建的测试环境与被测软件真实运行环境是否有差异，这些差异是否影响测试结果等。

（2）版本管控环境。伴随测试的高速迭代，需要严格和缜密的版本控制，促进优质迭代。按照开发库、测试库、受控库来构建环境。开发库由开发负责人员管理，用于存放开发过程中的软件；测试库由测试负责人员管理，用于接收提交申请测试的软件；受控库由软件负责人员管理，用于存放通过测试的软件。一般流程是软件从开发库提交给测试库验证，测试库验证通过后提交受控库。受控库中软件若发生变动，需反馈至测试库进行版本的测试验证。

4）测试执行

（1）静态测试。软件开发人员负责开发库中的代码自测试，源码申请提交入测试库后，软件伴随测试项目负责人组织软件测试人员开展代码审查，找出不符合代码规范、代码风格不统一、内存使用后不释放等方面的问题。通过代码审查既可以发现和解决动态测试无法检测的问题，还可以减轻下一步动态测试的负担,让动态测试可以专注于程序内部逻辑的错误。代码审查完成后,测试人员通报扫描结果,软件开发人员修改通报的代码缺陷,严重及其以上缺陷在入受控库之前必须修改归零,其他缺陷在本轮开发结束之前必须修改归零,对不能在规定的时间内修改归零的缺陷,软件测试人员需填写软件遗留缺陷清单。

(2) 动态测试。

① 软件开发负责人组织软件开发人员从开发库中提取被测软件,申请入测试库,并提交软件版本说明,协助测试人员部署软件到动态测试环境。

② 软件伴随测试负责人组织测试人员根据软件版本说明选择确定测试用例:变更测试时,选择软件新增、修改部分的测试用例,以及受新增、修改和删除影响部分的测试用例;完全测试时,选择软件已实现功能的全部测试用例。

③ 软件测试人员执行测试,记录测试结果,形成软件测试用例设计/执行单,根据被测软件版本实际情况更新测试用例。

④ 发现问题时,软件测试人员应及时与软件开发人员确认,记录软件缺陷,测试用例执行完毕后提交软件缺陷清单。

⑤ 软件开发负责人组织软件设计开发人员分析发现的软件缺陷,给出处理意见。

⑥ 软件开发人员在被测软件版本上修改软件缺陷,所有缺陷修改完成后,软件负责人将自测通过的软件版本重新提交入测试库,并提交填写了修改描述和影响域分析的软件缺陷清单。

⑦ 软件测试人员根据影响域分析选择测试用例,发生功能变更时,修改原有的测试用例或新增测试用例。

⑧ 软件测试人员执行回归测试,在软件缺陷清单中记录回归测试结果。

⑨ 重复④~⑧直至本软件版本需要解决的软件缺陷均已修改归零。

5) 测评总结

软件版本的动态测试完成后,软件测试负责人组织测试人员整理已有的软件测试工作产品,统计测试发现的软件缺陷,提交软件开发负责人确认。

(1) 按“分系统—配置项”的层次结构整理软件测试用例,对配置项的所有测试用例进行汇总,形成软件测试用例集。

(2) 按“分系统—配置项—发布版本”的层次结构整理软件测试用例执行记录,对本轮发布软件版本的测试用例执行记录进行汇总,形成软件测试用例执行记录集。

(3) 统计代码静态检测发现的所有代码缺陷和遗留缺陷,形成静态缺陷汇总表。

(4) 统计动态测试发现的所有软件缺陷和遗留缺陷,形成动态缺陷汇总表。

软件伴随测试总结完成后,软件开发项目组将通过动态测试的软件版本提交入受控库,对当前软件版本进行技术状态确认,根据主要功能是否实现、缺陷是否归零等,确定是否继续下一版本软件开发计划,或结束当前开发过程。当下一版本软件开发启动后,伴随测试也随之循环进行。

2. 定版测试

软件定版测试是对软件产品进行全面检测,确定技术状态的一种测试形态,一般按照相关标准要求开展,其测试完成形成的产品可入产品库,发布给用户使用。软件定版测试由第三方测评机构执行,主要检测和评估软件产品是否满足研制合同、研制总要求和需求规格说明中功能、性能、接口等战术技术指标。

软件定版测试相比伴随测试,测试计划性强,测试依据明确、测试轮次相对固定,并根据测试结果给出软件综合评价。

(1) 测试计划性强。定版测试通常以任务(或招标合同)方式下达,对测试时间和测试周期有明确的要求,对测试环境、测试人员、研发方保障等资源的调度和使用计划性强。

(2) 测试依据明确。定版测试阶段研制要求和设计方案论证已经完成,战技指标固定,测试标准和规范均已明确。

(3) 测试轮次固定。定版测试有明确的轮次限制(通常允许两轮),当研发方无法在规定的轮次内满足定版测试要求,则需要重新申请。

(4) 测试综合评价。定版测试要对最终测试结果进行综合评价,对是否通过定版测试给予明确结论,并从专业角度给出建设性的改进意见。

软件定版测试需要按照测试要求对测试过程制定详细的规划,要考虑整个测试过程的所有环节,各个环节缺一不可,忽略一个细节,就可能影响测试进度和测试质量;其次做到分工合理,职责明确,切忌职责重叠或出现漏洞;最后要做到过程受控,并做到有据可查。每一轮测试过程可分解为测试策划、测试需求分析、测试设计、测试环境准备、测试执行、测试总结等几个阶段。软件定版测试流程如图 4-9 所示。

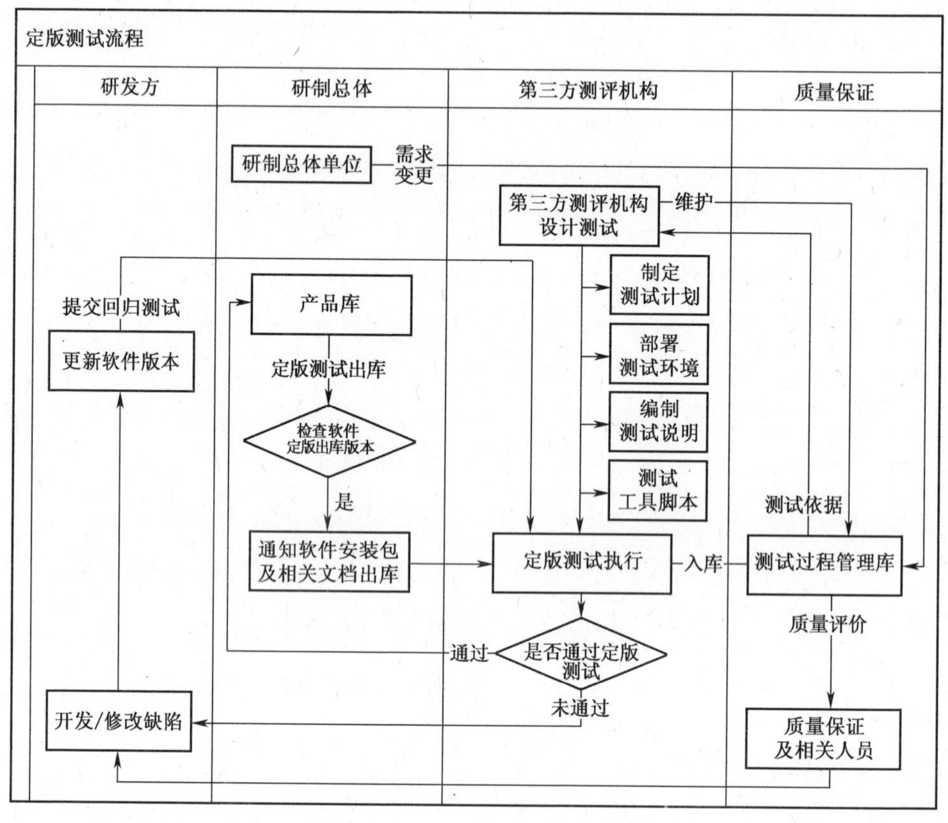

图 4-9 软件定版测试流程

(1) 研发方负责软件的开发/修改缺陷,并更新软件版本。

(2) 研制总体负责产品库的管理,检查软件定版的版本,通知软件安装包及相关文档出库。此外,研制总体具有需求变更的权限,负责测试过程管理库中的需求维护。

(3) 第三方测评机构负责定版测试设计和测试执行。测试设计包括制定测试计划、部署测试环境、编制测试说明和测试工具脚本等测试相关内容。如果软件通过定版测试(或问题归零),则软件进入产品库管理阶段,未通过则返回开发/修改缺陷步骤,更新软件版本后进行回归测试。

(4) 质量保证及相关人员负责测试过程管理库的维护,为测评机构提供研制合同、研制总要求和需求说明等测试依据,将定版测试过程中产生的测试设计、测试用例、脚本数据等内容入库管理。最后,基于测试过程管理库中的定版测试数据,对软件质量进行综合评价,并给出定版测试结论。

执行指挥控制软件定版测试的前提条件主要包括:

(1) 研制方提交被测软件申请材料,申请通过后由定版管理机构下达测试任务(或对具备资质的测试机构进行任务招标);

(2) 测评机构编写测试大纲,完成大纲评审,上报后获得批准实施;

(3) 测试环境部署完毕,满足配置管理、安全保密、质量保证等要求,具备开展测试条件;

(4) 测试用例编写完毕,并经过测评机构评审;

(5) 测试人员经过安全保密审查,责任和分工明确。

3. 上线测试

指挥控制软件上线测试是由第三方测评机构组织和设计的实装测试,利用实装环境、模拟手段、监控机制等要素构建各种复杂或极端的测试场景,重点检测常规测试难以发现的潜在问题,分为模拟上线测试和上线发布测试两个阶段。

第一阶段模拟上线测试是为确保指挥控制应用软件在发布后安全可靠地投入使用,利用真实的数据信息,在近似实际运用环境条件下构建小规模的实装测试环境,设计并执行实际应用业务场景,用于验证指挥控制信息系统实际作战效能,并通过负载压力模拟测试,验证系统在各种复杂环境下的适应性和顽存性。

第二阶段上线发布测试是指挥控制应用软件经确认发布后,借助在线典型用户代表,通过在线监控手段,在不影响被测软件及其他服务正常运行的情况下,监测被测软件状态,以及实现的输入和输出正确性,并通过持续监测后的数据分析,辅助开发人员进行软件问题的定位。

指挥控制软件上线测试需要研制总体、第三方测评机构、试验单位、用户单位、质量保证和开发方的参与协作,由第三方测评机构负责设计测试场景和使用环境,指导试验单位开展模拟上线测试,组织用户单位开展上线发布测试,上线测试过程中第三方测评机构全程监控软件运行状态,上线发布的测试流程如图 4-10 所示。

(1) 研发方负责软件的开发/修改缺陷,并更新软件版本。

(2) 研制总体负责产品库的管理,检查软件定版的版本,通知软件安装包及相关文档出库。此外,研制总体具有需求变更的权限,负责测试过程管理库中的需求维护。

(3) 第三方测评机构负责设计上线测试和监控被测软件运行状态。上线测试设计内容包括制定测试计划、设计测试场景、明确测试条件等测试前提和约束。监控软件运行状态主要是准确捕获被测软件的异常状态,及时反馈给质量保证人员。

(4) 试验单位负责编制测试说明和测试工具脚本等测试相关内容。如果软件通过模拟上线测试(或问题归零),则软件进入产品库管理阶段,未通过则返回开发/修改缺陷步骤,更新软件版本后进行回归测试。

(5) 用户单位组织人员开展上线发布测试,测试执行过程中引发的异常将被第三方测评机构监控和捕获,并反馈给质量保证人员。

(6) 质量保证及相关人员负责测试过程管理库的维护,为试验单位提供研制合同、研制总要求和需求说明等测试依据,将上线测试过程中产生的测试设计、测试用例、脚本数据等内容入库管理。此外,质量保证人员需要对测试数据进行分析,辅助相关人员定位问题原因。

执行指挥控制软件上线测试的前提条件主要包括:

(1) 被测软件经过多轮测试或状态鉴定后,软件状态固化,并且运行状态稳定。

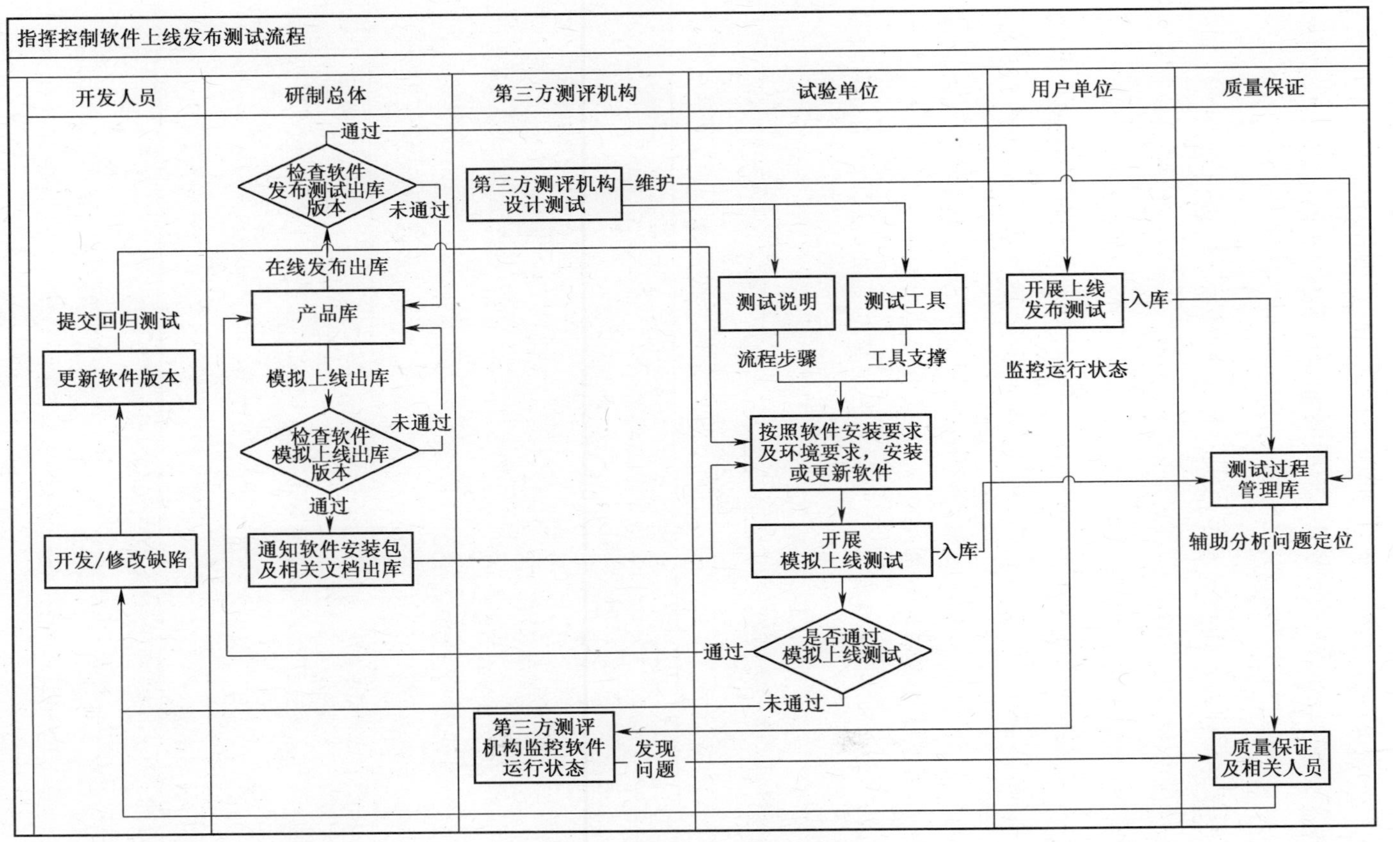

图 4-10　指挥控制软件上线测试流程

(2) 在软件需求分析和设计阶段,不影响功能性能情况下,完善软件可测试性需求和设计,如预留测试接口、内建测试单元等。

(3) 在软件设计阶段,需要构建高效的监控机制,借助运行日志、故障码等手段,及时捕获被测软件在异常状态下的运行信息,高效支持问题定位和原因分析。

(4) 在软件的各个测试阶段,需要持续积累软件的缺陷数据,用来辅助分析被测软件问题的原因和位置。

(5) 第三方测评机构测试人员需要掌握软件的业务背景和专业知识,充分参与软件的需求分析过程,能够设计出各种复杂环境或极限条件下的使用场景。

4. 三类测试形态对比分析

指挥控制软件伴随测试、定版测试和上线测试三种测试形态在组织实施、测试环境、测试目的、测试依据、测试管理等方面存在较大差异,三种测试形态各要素对比如表 4-1 所列。

表 4-1 测试形态要素对比表

要素	伴随测试	定版测试	上线测试
测试主体	第三方测评机构组织实施	第三方测评机构	研制总体组织,第三方测评机构参与
测试执行体	第三方测试机构用户设计用例、测试监督和质量管理,研发内部测试人员具体执行	第三方测评机构	执行主体部队用户,第三方测试机构参与实战化场景测试用例设计
下达任务方	科研订购系统	试验鉴定系统	科研订购系统
介入时机	研发阶段	性能试验与状态鉴定	从软件状态鉴定后,到软件正式投入使用前
测试环境要求	联试环境、小规模的实装环境	模拟试验环境	实装环境
测试目的	通过每一轮次测试验证,保证软件开发产品的持续可用性、稳定性、安全可靠性	重点考核软件战术技术指标达标度,充分检验装备性能指标及其边界条件,以及验证系统间互联互通互操作能力	保证发布后软件运行稳定性、安全可靠性

（续）

要素	伴随测试	定版测试	上线测试
依赖文档	研制要求、工程规范、标准、未固化的需求文档	研制总要求、研制合同，软件需求、设计及用户手册等	软件需求、设计、用户手册
测试轮次	多轮迭代	允许两次回归	有限轮次迭代
测试方法	GUI 测试、测试驱动、自动化测试技术、正交试验设计	静态结构分析法、代码检查法、逻辑覆盖法。等价类划分法、因果图法、边界值分析法、正交试验设计法、判定表驱动法	测试驱动、自动化测试、web 系统测试
测试内容	功能、性能、接口、互操作、兼容性、可恢复性、安全性、可靠性、人机交互、协议符合性、标准规范一致性	代码审查 K9 C++test、jtest 性能测试 LoadRunner	性能测试、负载压力测试、关键业务流程测试
测试工具	测试管理工具、代码审查 K9 C++test、jtest 性能测试 LoadRunner、自动化测试工具（Quest 公司 TestquestPro，HP 的 UFT）	测试管理工具、代码审查 K9 C++test、jtest 性能测试 LoadRunner	状态监控工具、内存泄露工具 Parasoft Insure ++、测试管理工具

4.3.5　指挥控制软件测试过程管理

为规范指挥控制软件测试过程中的各项活动，通过测试活动尽早发现软件系统中存在缺陷，并确保缺陷被有效标识、跟踪和修改，需要面向指挥控制软件全生命周期各个阶段进行软件测试过程管理。

指挥控制软件规模庞大，软件系统间集成复杂，项目参与承研单位多，为确保软件全生命周期产品状态可控，在指挥控制软件工程管理中需加强软件配置管理工作，并按照开发库、受控库和产品库对各基线配置项进行管理。测试配置管理是软件配置管理的子集，其作用于测试的各个阶段。为有效保障测试过程数据完整性、一致性和可追踪性，在开发库、受控库和产品库基础上，独立产生软件测试库。测试库与开发库、受控库和产品库之间关系如图 4-11 所示。

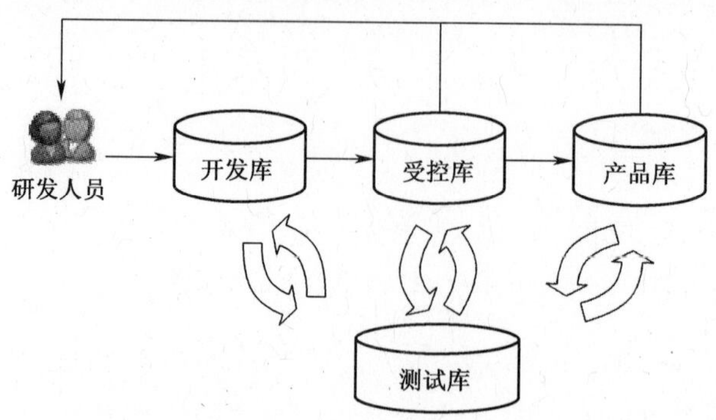

图 4-11　测试库与开发库、受控库和产品库关系

1. 开发库

开发库由软件开发方负责管理。开发库存放软件开发阶段的需求、文档和代码的所有版本,以及软件开发方测试软件所需要的测试环境、测试用例和缺陷。

开发库中软件版本,通过软件开发方测试,也称内部测试后,方能提交到测试库。

2. 受控库

受控库由项目总体单位负责管理。受控库存放的是由开发库输出,且通过第三方测试的软件版本和与之相关的需求和文档,以及第三方测试机构测试软件所需要的测试环境、测试用例和软件缺陷等。

受控库中的软件版本,如果通过第三方测试机构测试,则可以提交到产品库;如果没有通过第三方测试机构测试,则需要开发人员修改软件版本后,重新提交到开发库。

3. 产品库

产品库由项目管理人员负责管理。产品库存放的是由受控库输出,且通过第三方测试的软件版本和与之相关的需求、文档、测试环境、测试用例和软件缺陷。如果产品库中的软件版本在实际应用中出现错误,则需要开发人员修改软件版本后,重新提交到开发库。

4. 测试库

测试库由第三方测试机构负责管理,测试库存放指挥控制软件全生命周期不同阶段测试过程中的文档、软件代码、测试环境、测试用例、软件缺陷等。

4.4　指挥控制信息系统联试

指挥控制软件的体系性决定了其构成的复杂性特征,即指挥控制软件不是一种边界清晰的独立体构成,而是根据使用机构的构成需要,由多个系统构成的系统之系统,因此指挥控制软件除了完成必须的测试评价外,一般还需组织系统与系统之间构成体系的联试活动。

4.4.1　联试定位

通常,体系复杂性具体表现为指挥控制软件的“三互”(即互连、互通、互操作)要求上,“三互”要求除包含本项目内部涉及的关系外,还可能涉及与本项目外的其他系统的关系。实践经验表明,项目内部的“三互”关系通常会受重点关注,会在研制阶段提出比较准确和完备的要求,特别是对其中改造或者新研的部分,但对于其中涉及的采购或者需要沿用的部分,其“三互”要求提的一般都不够准确和完备,需要通过试验探求和验证;此外,从项目实施上来看,大的项目通常会被分解为多个模块,由多个承研机构负责实施,这些模块间的“三互”关系是传统的集成测试难以覆盖的。相对项目内部“三互”要求具备相对准确和完备,并在需求文档(例如研制总要求)中详细记录的特点,与项目外部的“三互”要求因项目成果尚未形成,难以确认与其他系统准确和完备的“三互”要求,通常比较泛化,需求文档中描述的通常比较笼统,细节考虑往往不够全面,期盼在成果试用的基础上得到细化和印证。

综上可见,指挥控制系统的联试活动是解决关于“三互”需求的不确定的唯一方法,也唯有在体系化的具体组织运用中,问题才能得到检验和确认,校准项目研制的方向和目标。

4.4.2 联试组织

系统联试一般会涉及多个软件、不同平台以及多个承研单位，需成立专职的联试组织机构并明确各自职责，确保系统联试的顺利开展。通常需成立组织协调组、技术协调组、试验实施组、试验保障组和试验总体组，制定系统联试大纲，编写联试实施细则，根据联试情况进行联试评估，拟制联试总结报告等工作。

其中组织协调组主要负责制定联试任务安排、提出任务有关要求、组织拟制和发布有关管理制度，在联试过程中组织协调跨部门、跨系统的相关工作，进行重大问题的协调和指挥决策、发布工作简报、召开例会和批准试验大纲等；技术协调组主要负责协调系统试验工作，为试验业务流程和系统组织运用把关，解答联试过程中遇到的有关具体需求问题，研究解决联试过程中暴露的各类技术问题，尤其是协调各项目之间的“三互”接口问题及问题分析定位，协调提供联试环境搭建所需装备，向组织协调组汇报联试进展情况和问题处置建议，负责制定系统联试大纲、汇集和审定实施细则，根据联试情况进行评估，拟制联试总结报告等；试验实施组主要负责各类试验的大纲拟制、搭建联试环境、执行联试科目、记录联试问题和对联试中发现的问题进行分析定位等，并将问题提交至技术协调组，根据联试情况对系统进行评估，编制试验报告。

如果项目涉及的所有部分都参与联试，通常叫做全系统联试。全系统联试时，一般由承研总体单位牵头，参与承研任务的各研制单位联合编写联试大纲，按照系统联试大纲和实施细则组织实施。

指挥控制系统的第一次联试一般不早于初样阶段，如果第一次联试中的“三互”问题较多，可在正样阶段再行组织。根据联试场地的实际组成，通常分为试验环境联试和实地环境联试两类。

1. 试验环境联试

试验环境联试通常仅由研制部门牵头组织，在环境搭建过程中，需要外部模块的仿真替代品，以提高体系化组织运用的真实程度，能够对“三互”关系涉及的业务流程进行较完备的模拟。

在试验环境联试中，由于对试验器材的可控度较高，数据采集的手段往往较多，能够全维度地对联试过程数据进行收集，为分析评估提供丰富的数据。

2. 实地环境联试

实地环境联试通常仅由项目主管部门牵头组织，协调其他外部系统配合试验，所有承研单位参加，组织运用的真实度较高，能够较全面对“三互”关系涉及的业务流程进行检验。

在实地环境联试中，由于涉及实际业务的运行，与实际运行的系统有交互，为不影响正常业务运行，对试验器材的可控度通常受限，数据采集的手段往往有限，需要在新研成果侧收集尽可能多的数据，以便分析试验结果，针对问题，快速试验新技术方案，修正研制成果，在联试环境中再次验证，以便确认找到解决方案。

4.4.3　联试评估

成功的指挥控制系统联试，能够通过对联试数据的分析评估，从体系角度对项目成果的功能性能给出定性的结果，能够聚焦影响整体业务流程的关键环节，对技术体制进行初步的检验，校准项目研制的方向和目标。特别是对采用了较多新技术的项目，如果能够通过联试，对新技术的实际效用进行早期的评价，将会对项目技术路线、标准体制的权威性给出客观的评价。

参考文献

[1] Futrell, Robert T, Shafer, et al. Quality Software Project Management[M]. Prentice Hall, 2002.

[2] Kenett R S, Baker E R. Software Process Quality: Management and Control[M]. New York: Marcel Dekker, 1999.

[3] Kai S. Collaborative Quality Assurance in Information Systems Development:The Interaction of Software Development Techniques and Team Cognition[M]// Collaborative Quality Assurance in Information Systems Development. Switzerland. Springer International Publishing,2016.

[4] Mistrik I,Soley R M,Ali N,et al. Software Quality Assurance:In Large Scale and Complex Software-intensive Systems[M]. San Francisco. Morgan Kaufmann Publishers Inc. ,2015.

[5] Hamlet D. Composing Software Components:A Software-testing Perspective[M]. New York: Springer Science+Business Media,LLC,2010.

[6] Dustin E,Rashka J,Paul J. Automated software testing:introduction,management,and performance[M]. 北京. 清华大学出版社,2003.

[7] Gross H G. Component-Based Software Testing with UML[M]. Berlin Heidelberg. Springer. 2005.

[8] Black R,Black R. Advanced Software Testing[M]. Dpunkt. Verlag GmbH,2015.

[9] Tian J. Software Quality Engineering:Testing,Quality Assurance,and Quantifiable Improvement [M]. Wiley-Interscience,2005.

[10] Hawkins C,Ross M,Staples G. Software Quality Management VI:Quality Improvement Issues [M]. New York. Springer-Verlag,Inc. 1998.

[11] Chemuturi M. Mastering Software Quality Assurance:Best Practices,Tools and Techniques for Software Developers[M]. J. Ross Publishing,Inc. 2010.

[12] Naik K,Tripathy P. Software Testing and Quality Assurance:Theory and Practice[M]. New Jersey. John Wiley & Sons,2008.

[13] Wieczorek M,Meyerhoff D. Software Quality:State of the Art in Management,Testing,and Tools [M]. 2001.

[14] Horch J W. Practical Guide to Software Quality Management[M]. London:Artech House,2005.

[15] 王建强,杨欣,张鼎周. 指挥信息系统软件测试模型构建与应用[J]. 指挥信息系统与技术,2013 ,4 (4):85-90.

[16] 李志伟. 军用软件开发工程化质量管理研究[J]. 制造业自动化,2011 ,33 (5):17-20.

[17] 杨丰. 软件工程理论与应用[M]. 北京:北京大学出版社,2010.

第5章 数据工程

数据是软件系统运行的主要依托,软件是管理和运用数据的重要手段,软件系统在运行过程中自动或经过人机交互产生新的数据,数据在软件系统运行过程中不断更新累积。

5.1 基本概念

5.1.1 数据、信息与知识

1. 数据

数据(Data)是对客观事物的性质、状态以及相互关系等进行记载的物理符号或物理符号的组合。符号可以是数字,也可以是文字、图形、声音、图像(静态和活动图像)等。数据是最原始的记录,未被加工解释,没有回答特定的问题;它反映了客观事物的某种运动状态,除此以外没有其他意义;数据之间没有建立相互联系,通常是分散和孤立的。数据是客观事物被大脑感知的最初印象,是客观事物与大脑最浅层次相互作用的结果。

国际标准化组织ISO对数据所下的定义是“数据是对事实、概念或指令的一种特殊表达形式,这种特殊表达形式可以用人工的方式或者用自动化的装置进行通信、翻译转换或者加工处理。”根据这个定义,就人类活动而言,常规意义下的数字、文字、图形、声音、图像等,经编码后都可被视为数据。

2. 信息

信息(Information)是对客观世界各种事物特征的反映。大脑对数据进行加工处理,使数据之间建立相互联系,形成回答了某一特定问题的文本,以及被解释为具有某些意义的数字、事实、图像等形式的信息。它包含了某种类型可能的因果关系的理解，回答“谁(Who)”“什么(What)”“哪里(Where)”和/或“何时(When)”等问题。

信息与数据是不可分离的。信息由与物理介质有关的数据表达，数据中所包含的意义就是信息。信息是对数据的解释、运用与解算，数据即使是经过处理以后的数据，只有经过解释才有意义，才成为信息；就本质而言，数据是客观对象的表示，而信息则是数据内涵的意义，只有数据对实体行为产生影响时才成为信息。数据是记录下来的某种可以识别的符号，具有多种多样的形式，也可以加以转换，但其中包含的信息内容不会改变，即不随载体的物理设备形式的改变而改变。信息可以离开信息系统而独立存在，也可以离开信息系统的各个组成和阶段而独立存在；而数据的格式往往与计算机系统有关，并随载荷它的物理设备的形式而改变。数据是原始事实，而信息是数据处理的结果。

3. 知识

知识(Knowledge)就是反映各种事物的信息进入人们大脑，对神经细胞产生作用后留下的痕迹。人们在头脑中将数据与信息、信息与信息在行动中的应用之间建立有意义的联系，体现了信息的本质、原则和经验。它是人所拥有的真理和信念、视角和概念、判断和预期、方法论和技能等；回答“怎样(How)”“为什么(Why)”等问题，能够积极地指导任务的执行和管理，进行决策和解决问题；它是这样一种模式，当它再次被描述或被发现时，通常要为它提供一种可预测的更高的层次。也就是说，当人们将知识与其他知识、信息、数据在行动中的应用之间建立起有意义的联系，就创造出新的更高层次的知识。

4. 数据、信息和知识的关系

数据、信息、知识之间的联系，前者是后面的基础与前提，而后者是前者的发展并对前者的获取具有一定的影响。数据、信息和知识之间的关系是一个逐步提炼的过程，通过对数据的认知和解读，数据可以转化为信息；通过对大量信息的体验和学习，并从中提取关于事物的正确理解和对现实世界的合理解释，信息可以转化为知识。相反当知识被语法、语义等结构描述后成为信息，信息被详细定义的数据结构规范后成为数据。数据、信息、知识之间的转换过程大致如下:数据—信息—知识—新数据—新信息—新知识。

5.1.2　数据与软件

1. 数据远比软件的历史悠久

按照存储介质(泛指信息的载体)来分,数据可分为非电子数据和电子数据。非电子数据可包含远古时代的记录和文字(著名的甲骨文、计数的绳结等),至少(在象形文字之前可能还有其他记录形式)可以说有了人类文字就开始了数据的历史。而软件的载体是计算机(1946 年,人类发明了第一台计算机),有了计算机才有软件的概念,软件的历史也就几十年而已。因此,数据的历史要比软件历史深远悠久。那些享誉全球的古老的图书馆,正在诉说着数据的历史……

这样的历史事实,反映在信息系统的建设发展中,其初始阶段首先是非电子数据的电子化工作。纵观各个国家数据电子化的发展历程,可见两个显著过程性特点:

(1) 将数据工作作为一项独立的工作。对于不同的业务或专业而言,其数据电子化的过程总是具有先后顺序、水平差异、部门专业分割等特点,使得数据电子化的过程中很少考虑数据共享的需求,其分类和编码等主要考虑的是本业务或本专业的特点,存储形式也随计算机硬件技术的发展而不断改进,并形成专职从事本行业的大批技术人员、硬件和软件,例如曾经很风行的打字工作、扫描仪、输入法技术、文字识别技术等。这些因工作关系而形成的天然关系,使得他们不断在这个领域发掘与自身相关的业务,并不由自主的增强其重要性,影响相关业务发展布局。这个特点使得数据工作往往具有独立性,并随信息化程度的不断提高,在事实上发展为相对独立的数据工程。新时代的数据工程还包含:遥感影像获取和识别、声音识别,数据安全技术,数字水印等,关于数据的法律也不断出现和完善。

(2) 电子化即为信息化。在很长时间内认为信息化就是电子化,这种工作模式和成果对信息系统的建设有着深远的影响。电子化等同信息化的观点,使人们忽视了电子数据在认知深度、广度、智能化等方面为人类提供帮助的可能性。

在信息化建设从初始阶段向较高阶段发展的过程中,人们逐渐认识到信息化可帮助人类提高工作效率,意识到把数据和软件分隔,再拼接在一起,是一件耗时的工作,一种低效的劳动,因此,进一步减少数据和软件间的距离,成为数据电子化新的发展方向。这个初步尝试就是:数据电子化的软件可以同时兼顾数据的应用,当然软件集成、功能模块化设计技术的发展是其强大的助手。

在这个尝试过程中,人们进一步发现,随着系统规模的扩大,软件粒度更加难区分,在软件使用过程产生的数据才是能符合用户需求的数据,这些数据类似于初期数据生产阶段生产的电子化数据,都是为本部门本业务专门设计和采集的,是天然的高质量数据。数据质量评价标准中的一条就是:

“数据能满足其既定的用途,它才有质量。如果不能满足既定的目标和用途,就谈不上质量。换句话说,数据的质量不仅取决于它本身,还取决于它的用途。”

——杰克·奥尔森,数据库专家,2003 年

有过输血经历的人可能都有经验,自身造血是最安全最有用的。

2. 数据和软件互相促进和发展

从信息系统角度看,一切功能都是围绕数据展开的,终极目的是获取信息。

“除了上帝,任何人都必须用数据说话。”

——爱德华·戴明(1900—1993),美国管理学家、统计学家

“数据不会被它所激发的思想和创新消耗,相反,它可以为创新提供无穷的燃料。一小片合适的信息,可以促使创新迈进一大步。一组数据,可能会得到数据收集人难以想象的应用,也可能会在另一个看起来毫不相关的领域得到应用,因为这些创新型的应用,数据的能量将层层放大。”

——《利用数据的力量服务科学和社会》联邦政府跨部门工作组给总统科学技术委员会报告,2009 年 1 月

随着大众创新的兴起,功能应用软件被大批量开发出来,数据也在应用的过程中不断增值,二者相互促进,不可分割。当然,这样的发展过程,决定了特定领域信息系统的数据既包括原始数据的生产,也包括本业务信息系统应用中

不断完善和生成的数据。

此外,软件程序的特点是经常更新而且以替代关系为主,而数据相对独立且以增量补充关系为主;数据和软件都强调复用,软件常强调在代码级别的复用,而数据本身就具有最大的复用性,并在复用中会产生新的信息,是一个不断减少不确定性的过程。

伴随解决问题的新技术的运用,数据工程的工作内容已经从传统的数据电子化,发展到包含数据建模、标准化、分类与编码、存储、备份、容灾、质量控制、质量评价、数据集成、目录服务、裁剪分发、查询、可视化、检索和以数据安全、数据融合、数据挖掘、机器学习为基础的高级数据分析等,将促进从数据到信息、从信息到知识、从知识到行动的加速转化,特别是高级分析技术的发展。

5.1.3 数据工程

数据工程是指与数据信息相关的内容、软件工具、标准规范及其相关保障机制的总称。数据内容包括各类数据、信息、知识等。软件工具指信息系统中与数据相关的功能集合,包括数据采集、存储、整编、加载、更新、交换、共享、挖掘、运用、管理等软件功能,例如关系型数据库 Oracle 就是一种管理存储数据的软件工具。标准规范指规范数据处理运用的相关规格要求,如数据结构模型、数据传输交换协议、数据访问接口等。保障机制指与数据活动相关管理制度,如更新要求,授权管理职责等。

数据是业务活动的反映,数据工程需要解决的两个最基本问题是:数据的有效管理、通过数据处理发挥价值。

5.2 数据管理

5.2.1 数据组织方法

1. 基本概念

数据组织是指为方便人们检索、获取数据,而依据一定的规范,将零散、无序的数据予以系统化、有序化的过程。数据组织属于数据管理的基本范畴，是数据开发利用的中心环节，是数据检索与咨询的基础，是开展数据服务、数据利用的有力保证。

从数据组织的范畴和技术特征上看，其发展可分为3个阶段，主要与早期数据管理、近代数据管理和现代数据管理相对应。如表5-1所列。

表5-1 数据组织的发展阶段

阶段	组织对象	技术特点	目标	组织形式
早期	图书、档案等	手工登载	以财产管理为主要目的	图书目录
近代	图书、档案等	机械化、半机械化手段	以查检为主要目标	文摘、索引、书目
现代	图书档案类数据，电子化数据，网络数据	信息技术和互联网技术	数据整序、科学分类、促进选择、优化利用为目标	电子书目及索引产品、信息目录、搜索引擎

早期数据管理中的数据组织只是对数据的记录和登载。这时的数据主要指图书、档案等信息。这种财产登记式的数据组织活动非常简单而不规范，手工方式和信息交流匮乏也决定了其发展的不成熟性。图书目录成为这一时期的代表成果。

近代数据管理中的数据组织加强了对数据外在特征和内容特征的描述和揭示。在这一时期，数据组织的变化特征可以概括为：主题揭示语言对分类揭示语言的冲击、文摘和索引型序化成果对书目型序化成果的冲击、机械化和半机械技术手段对手工技术手段的冲击。这些变化特征为数据组织由查检职能为主导向完整意义的组织职能发展奠定了坚实的基础。

现代数据管理中，由于以计算机、互联网为代表的现代信息技术的发展，不仅数据管理的对象与内涵得到很大扩展，而且其技术特征也被推上一个新的发展水平，使得数据组织能够在最完整的意义上实现数据整序、科学分流、促进选择、优化利用的组织职能。使用数据组织功能，用户不但可以知道有什么数据和怎么找到数据，还可知道什么数据适合自己，找到最需要的数据；不仅可以利用一种途径找到数据,还可以多途径、多角度地查检数据。

从上述数据组织的发展过程中可以看到,技术与应用的发展促使数据组织的内涵在过去一个多世纪里发生了巨大变化。

2. 数据组织的基本任务

经典的数据组织学认为,揭示和序化是数据组织的两个基本任务。

数据揭示实际上是对数据的内容特征和外在特征进行描述的过程。数据的外在特征就是指数据的物质载体所直接反映的特征,构成数据载体的外在的形式特征,如数据的载体形式、题名、出处、责任者等方面的特征。数据的内容特征就是数据所包含和承载的具体内容,如数据的知识范畴、主题内容、概念属性等。实现数据揭示的主要方法是对数据的外部特征和内容特征进行规范、准确的描述。

数据序化是对揭示数据给出信息标识(如分类号、主题词等),进行有规律的组织排列的过程,这项工作通常称为标引。例如,对文章《联邦数据库系统》进行著录和标引,首先分析出它的内容主题是“数据库”,作者张兵、张荣肖、潘玉平等,出自《计算机系统应用》杂志,其载体为文本形式,然后用《中国图书馆分类法》这种标引语言中的相应分类号(标识)“E279”表达其内容。目前数据序化的主要关注点是数据分类方法。

3. 数据组织的层次

从当前技术条件下的数据开发利用过程看,数据组织可进一步细化为三个层次,分别是局部数据组织、数据全局组织和数据重组,如图5-1所示。

(1)局部数据组织发生在各个数据生产系统或数据服务系统,由数据提供者主导,其目的是按照局部数据管理的需求,对有待发布的各类数据产品进行揭示和序化。典型的局部数据组织途径是以数据库或文件系统作为数据组织的主要形式,此外,各类内容管理系统已逐渐成为非结构化数据组织管理的重要手段,同时基于超文本技术、以网站形式组织起来的各类页面形式的资源也是局部数据组织的一种常见形式。

(2)数据全局组织是指由统一的数据管理机构主导,采用统一的数据组织策略对全网共享的数据进行揭示和序化的活动。从技术途径上看,数据全局组

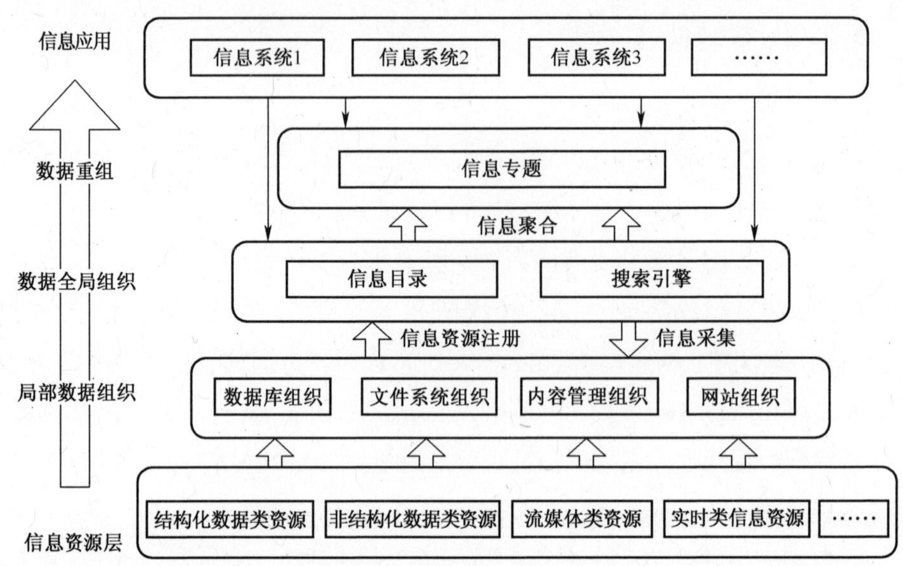

图 5-1　数据组织层次

织的形式可划分为信息目录和搜索引擎两大分支。信息目录是在全网建立统一的数据资源目录系统,对在网的各类数据进行登记和分类,依照数据的主题、类别等不同尺度为用户提供序化的数据资源列表及其他属性描述,并支持对数据的结构化搜索。一般由数据提供者主动向目录系统提交注册信息,并在此基础上形成信息目录,其优点是易于对数据进行规范、科学地管理,组织精度较高,不足是较多地依赖人工参与。搜索引擎是采用自动化的手段对全网数据资源进行探测和采集,并在自动摘要和标引的基础上建立基于关键字的索引,从而为用户提供基于关键字的搜索能力。搜索引擎的优点是自动化程度高,不足是数据组织的精度和完备程度受到其实现技术水平的影响。不管采用何种方式,数据全局组织都是数据组织中最为重要、难度最大的环节。

(3) 数据重组是在全局组织的成果的基础上,选择特定范围的数据资源,聚合不同来源的数据,依据特定场合或特定任务要求组织成为信息专题,提供有针对性的数据保障。该层次的数据组织一般由数据资源的统一组织管理机构或数据资源的应用部门根据决策者的需要实施,是知识生成的重要途径。

5.2.2　数据描述方法

1. 数据描述方法概述

在数据组织学领域里,数据描述是指根据信息组织和检索的需要,依据一定的规则和标准,对数据的主题内容、形式特征、物质形态等进行分析、选择和记录的活动。数据描述的结果是有关该数据的简要记录,称为数据记录,也称为该数据的元数据(MetaData)。元数据是分层次的,有的面向使用人员,有的面向软件开发人员,有的面向管理维护人员,其目的均是便于对相关数据的理解。数据描述记载了数据资源的外部特征和内在特征,例如资源的名称、责任者、内容摘要、物理形态等,不仅是对数据资源进行组织的依据,也是对数据进行检索的依据。因此,对数据资源进行标准化、规范化的描述十分重要。

数据描述的规范化主要包括以下两个方面:一是描述项目的规范,即规定可以作为信息对象标识的特征项目。一般应选取能够反映数据资源基本特点,具有组织价值和揭示价值的特征,使用户通过这些描述能够大致了解数据资源的基本情况。描述的特征项目应与数据组织和检索的具体应用场景特征相吻合,因此数据资源的描述有其特定的描述需求。二是描述文字的规范,即规定描述项目所使用的文字,以便以准确、统一的方式对特征进行记录和检索。

2. 目标和原则

数据描述的目标是采用规范的元数据,对数据资源的外部特征和内部特征进行规范、准确地描述,为基于网络组织数据资源提供依据,促进数据的有效共享和交换。数据描述应遵循以下原则:

(1) 模块化原则。由于应用需求的多样化和信息资源所属领域的多元化,往往需要多种元数据模型,为此需要将元数据划分为针对不同层次、功能或应用的逻辑模块,分别对信息资源的不同特征进行描述。每个模块可以作为独立的元数据,支持专门的应用功能;同时也可以按照应用需要,与其他元数据模块进行组合,增加元数据的可复用性。

(2) 一致性原则。随着数据共享应用的发展,目前已存在多种用于数据发现、资源描述、资源利用管理等目的的元数据标准,并积累了大量的元数据资源。元数据设计应与现有的国家标准、行业标准或者其他国际标准相一致,这样才能保障信息组织的一致性。

(3) 可扩展性原则。整个元数据体系和每个元数据模块都应该可以扩展,保留细化元数据元素的空间以适应未来需求的变化,并可通过复用、扩展、细化、修改等方式,根据应用领域需求灵活地构建和扩展已有的元数据。

(4) 稳定性原则。元数据标准的制定既要根据目前的需要,也要充分考虑将来的发展,避免过多的修改。通常在设计元数据时,将那些基本的、共同的、必需的内容定义为一个核心元素集,核心元素应能够支持应用需求,具有相对的稳定性。

3. 数据描述框架

数据资源元数据按作用可分为两个层次。第一个层次是对共享数据资源进行宏观描述,用于在全网范围内对数据资源进行编目和查找,对于不同类型、不同来源的数据,应在该层描述上取得一致。第二个层次用于详细描述数据资源的特征,用于共享过程中数据使用者详细了解数据资源的具体特征,该层次的描述随数据资源所属领域的不同应有所区别。

基于这一思路,数据资源元数据框架通常包含 3 个层次,由核心元数据、领域元数据和专用元数据构成。

(1) 核心元数据用来描述各类数据资源基础性的、公共的属性特征,例如数据资源的题名信息、摘要信息、权属信息等,是对数据资源进行管理和编目所需信息的核心集。为了保证在全域范围内能够对各类数据资源的特征进行一致的理解和管理,需要对核心元数据的构成、含义和表示方式进行规范。由于核心元数据选取数据资源的基础、公共特征进行描述,因此,核心元数据在构成上具有相对的稳定性。

(2) 领域元数据是针对各类业务领域范围内数据资源的共性特点和共享需求,进一步详细描述数据资源的领域共性特征,使得数据的管理者能够根据描述进行领域细分管理,使得数据的使用者能够更为准确地了解数据的情况。

领域元数据是在核心元数据的基础上根据一定规则扩展形成,通常由领域专家通过一定的程序制定,并以领域标准的形式进行规范和固化。例如,情报领域可根据本领域的信息资源特点以及情报处理与共享的需要,在核心元数据的基础之上,编制情报领域元数据,对情报信息的来源、主题、相关国家地区、采集时间、制作单位等情况进行更为细化地描述。

(3) 专用元数据是对数据资源特征的进一步细分描述,通常是针对领域内某种特定的数据类型而扩展的专用描述。例如,对于航天侦察影像情报可进一步描述其传感器类型、分辨率、地图投影等信息。

5.2.3　数据分类方法

数据分类体系是建立数据资源目录的重要基础。围绕着数据资源,建立一个多角度刻画数据资源的数据资源分类体系,可为数据资源的组织、管理和发现提供有效的依据。

1. 数据分类方法概述

从数据资源组织的发展阶段不难看出,数据经历了从早期的图书档案类资源到现代的图书档案类资源与电子化、网络化数据资源并存的发展历程,其分类方法也从传统的数据组织分类方法向网络数据分类方法不断发展演化。分类法和主题法是两类传统的数据分类方法。网络搜索引擎分类法等,是随着数据资源网络化、数字化的发展,特别是数据资源从数量到内容都产生了突破性的增长,面对海量无序、内容庞杂、种类繁多、形式多样、分布广泛、变化频繁、价值不一的网络数据资源管理应运而生的。

1) 传统分类法

分类法是以知识属性来描述和表达信息内容的一种数据处理方法。分类法是用分类号表达主题概念,依据知识分类将主题概念组织、排列成类目体系,主要以类目体系的自身结构显示概念之间的标引语言。

主题法是传统的数据组织使用的另一类主要方法。不同于分类法,主题法是以主题语言为基础描述和表达信息内容的一种数据处理方法。主题语言通常是按照数据的主题内容,从大量的自然语言常用词语中优选出来,并经过规范化处理后的词和词组的集合，借助主题语言，可对数据资源进行科学标引、概念描述与定位、分类等。其优点是以事物为中心集中信息，便于从事物出发的检索；特性检索功能较强；标识含义明确。主题法可进一步分为标题法、单元词法、叙词法和关键词法。

在网络环境下，多种检索途径的要求更加突出，单纯使用分类法或主题法组织知识都满足不了网络信息查询的需要，将分类法和主题法有机地结合起来，取长补短，互相补充，实现分类主题一体化已经成为当前网络数据组织方法发展的必然趋势。

2）网络搜索引擎分类法

网络搜索引擎是一种利用网络自动搜索技术，对各种网络数据进行收集和标引，建立网页数据库，并为检索者提供网络数据检索的工具。像图书馆目录能指引读者迅速找到所需图书一样，搜索引擎可以为用户在茫茫的网络信息海洋中导航。分类搜索引擎是现代网络环境的产物，是直接根据网络环境的特点和要求编制的。搜索引擎的分类体系主要是面向网络信息、计算机技术环境、用户群体特点而设计的。虽然分类搜索引擎具有易用性，但在有些网络信息分类系统中，由于设计者缺乏数据检索等方面的知识，类目设置的随意性大，分类体系中知识领域不全和知识体系不严密，类名概念不科学，类目关系缺乏规律性，有时甚至出现隶属关系混乱的情况。使用这种分类搜索引擎，网络数据资源实际上并未得到充分揭示和有效组织，随着网络数据资源的海量增长，搜索引擎组织信息的一些弊端已经暴露出来，检索速度逐步降低；另外，分类搜索引擎缺乏满足不同层次用户需求的多种检索途径，检索效果不尽如人意。

2. 数据分类目标和原则

将传统分类法用于网络数据组织是构建网络数据分类法的发展方向。数据资源网络的开放性，使检索工具的使用对象由原先的专业标引人员和检索人员，扩大到专业不同、层次不一的广大终端用户，要求网络数据资源分类法要有更强的易用性。而传统分类法存在的标引难度大、使用者智力负担过重等弊端，在网络信息组织中已经明显地暴露出来。另一方面，传统分类法更新慢、体系变更难度大、类目关系表达能力不足、类目名称专指性差、分类规则和技术不易掌握等,都阻碍了分类法在网络环境中的应用。因此,数据分类的目标是采用传统分类方法与网络分类方法相结合的方式,进一步深入研究分类主题一体化方法,建立更加完备、灵活、高效并且能够适应不同应用需求的分类体系,以便更好地组织和利用数据资源。

数据分类是一项最为复杂的工作,通常从数据资源目录建立的角度来说,信息资源的分类一般会重点考虑以下几个原则:

(1) 科学性原则。优先选择最能代表数据资源的本质属性或特征作为分类的基础和依据。并将选定的数据资源的属性或特征按一定排列顺序予以系统化,形成一个科学、合理的分类体系。

(2) 整体性原则。分类对象涉及的是数据资源整体,因此要站在全局的高度而不是从某个部门的角度来观察、识别分类对象,以系统整体最佳为准则,局部服从全局。

(3) 多维性原则。数据资源具有涉及面广、与各种信息系统密切相关、需要满足不同服务对象的特点,应从多角度综合整理和进行分类,并且在各种分类方式之间建立起内在的关联关系。

(4) 动态性原则。在保持各分类方法的系统性、稳定性的同时,应具有动态设置类目的功能,使分类体系具有较强的适用性。

(5) 实用性原则。在遵循科学性、整体性、多维性和动态性原则的基础上,应根据具体情况使类目的设置实用和可操作。类目的设置一般以分到二级类目为宜,至多不超过三级类目。因为超过三级类目后,从管理和元数据编目的角度,对数据资源分类的难度和工作量将会有很大的增加;同时,从使用者的角度,对数据资源的分类查找变得更加困难,这将偏离对数据资源进行分类的初衷,难以达到对数据资源快速查找定位的目的。

(6) 可扩展性原则。同一层次类目的设置,应留有足够的增加空间,以便在增加新的类目时,不打乱已建立的分类体系,以适应未来需求的变化。

(7) 兼容性原则。应与现有相关标准及正在实行的事实标准和规范协调一致,以利于分类体系的推广使用。

5.2.4 数据集成方法

1. 数据集成产生背景

随着信息技术的发展,各企业、业务部门建立了自身的信息系统,这些信息系统独立运行不会有数据集成的问题。但是,随着企业及部门之间业务协作日益迫切,就需要将这些"小"系统聚合成协作运行的"大"系统,这就需要将不同来源、格式、特点性质的数据在逻辑上或物理上有机地集中,从而为企业提供全面的数据共享,这就是数据集成要解决的问题。

2. 数据集成概述

数据集成是指技术人员通过一定的技术、方法,将分散在企业或组织之中的数据资源按照事先约定的规则进行抽取、清理、发布,使其成为整体的一系列操作的过程。数据集成要达到的目标包括:分布式透明性和异构数据源透明性。

这里所提到的透明性是指数据集成要做到屏蔽所有集成数据的物理设计模型,封装操作过程,对基于不同地点、不同操作系统、不同存储平台、不同数据结构的数据资源提供统一的数据访问接口,使用户能够以统一的逻辑设计结构像操作一个本地数据资源一样方便。

3. 数据集成面临的问题

数据集成是将互相关联的异构数据源集成到一起,使用户能够以透明的方式访问这些数据源并能够低代价、高效率地使用这些异构数据。如何对各种异构数据源中的数据进行有效的集成,为用户提供一个统一和透明的访问界面,同时还要保持局部系统的自治性是数据集成的主要内容。

1）异构性

异构性是指数据集成系统中数据源之间的差异程度。异构发生在不同的级别,最底层是操作系统、硬件等,各数据源有自己独立的运行环境,包括不同的硬件设备、操作系统和通信协议;其次是不同的编程语言和数据模型以及对不同概念的不同理解和描述。由于每个数据源都有自己描述数据的方式,所以每个数据源中对相似数据的描述可能不同,从而引起各种语义冲突。

2）透明性

透明性与系统解决异构性的程度相关，决定系统的功能和使用的方便性，包括平台透明性、系统透明性、数据源透明性等等。平台透明性是指隐藏了硬件平台、操作系统和通讯协议等各种数据源所基于的平台间的差异，对于用户来讲，每个数据源像运行在同一个硬件/软件平台上一样；系统透明性是指当数据源的数据模型、数据管理系统和语言间的差异被隐藏时，对用户来讲，每个数据源像是用同一个数据模型来描述的、由同一个数据管理系统来维护的；数据源透明性是指隐藏了数据源的描述信息，由系统解决诸如数据的存储位置、数据如何被查询等一系列问题，用户所见到的只是一个逻辑数据源。

3）自治性

自治性是指各数据源有自己的数据管理系统，采用本地策略对数据实施操作，每个局部数据管理系统具有对局部数据和局部处理的完全控制能力，成员系统决定其是否能够提供和提供多少自己的功能和资源与其他成员系统共享，用户和应用能够通过联合的系统访问数据，也可以通过本地的系统访问数据。主要有三类自治：设计自治，即数据源在数据模型、数据元素的命名、数据的语义介绍及约束等方面是独立的；通信自治，即数据源独立决定给集成系统中的其他组件提供什么信息和发什么请求；执行自治，即数据源独立执行和调度输入请求。

4）完整性

异构数据集成的目的是为用户和应用系统提供统一的访问支持。为了满足各种应用处理数据的条件，集成后的数据必须保证一定的完整性，包括数据完整性和约束完整性两方面：数据完整性是指数据的正确性、一致性和相关性；约束完整性中的约束是指数据与数据之间的关联关系，是唯一表征数据间逻辑的特征，保证约束完整性是良好的数据发布和交换的前提，可以方便数据处理过程，提高效率。

5）集成内容限定

多个数据源之间的数据集成，并不是要将所有的数据进行集成，因此如何定义要集成的范围和权限,构成了集成内容的限定问题。

早期的数据源主要是关系数据库,对关系数据库进行集成的典型方法有 Microsoft 的开放数据库连接 ODBC 方法和传统的模式集成方法。随着分布异构计算环境下互操作性的研究和 Intenet 的迅速发展,数据的存储超出了关系数据库的范畴,出现了各种各样的异构数据源,相应的产生了跨平台对多种类型的数据进行集成的要求。

常见的集成方法和系统有:Microsoft 的通用数据访问结构(Universal Data Access Architecture)、分布式组件对象模型 DCOM/CORBA、三层集成方案和基于视图的集成技术等,都可以对多种异构的数据进行集成,但存在许多不足之处,主要表现在四点:一是现有集成方法要求客户端和系统提供的服务本身之间必须进行紧密耦合,要求特定的语言形态、系统结构,因此造成相应的集成系统适应性差,数据源稍有变换,便造成集成程序失效;二是集成方法的易用性差,表现在集成规则的正则表达式和特殊的数据结构的表达复杂,使集成只能由一些非常熟悉系统的专业人士承担;三是数据集成的方法缺乏目的性,一般是为了集成而集成,没有与用户需求真正联系起来,使得集成系统不适合做后续的开发;四是随着信息源种类和形态的不断增长,系统的脆弱性问题变得比较突出。

4. 数据集成的原则

数据的异构性是进行数据集成的难点。异构数据的表示、存储、管理方式各不相同,如果为每一种形式的数据提供一种访问方法,对用户和应用程序来说都是不可接受的。用户需要的是一个统一和透明的数据访问接口,用户可以通过此数据访问接口进行数据查询和数据操作。数据集成时,必须遵循一定的原则,才能保证设计出来的数据集成系统高效和可靠。

(1) 自治性。尽量对各局部异构数据本身不做改动,使其仍保持自身的应用特性。局部数据的拥有者具有对数据自主管理的能力,以防止不同的用户访问数据时,产生数据安全问题。

(2) 简单、标准性。各数据源可采用不同的数据模式,即使是使用相同的数据模式如关系数据模式,因其所使用的数据库产品种类不同,使得数据访问操作所调用的访问接口也不同。所以,在异构数据集成时,根据数据源的应用特性,尽量减少重复性劳动,通过提供一个统一、标准、透明的数据访问接口,隐藏内部数据访问的复杂性和差异性,以满足用户的访问需求。

(3) 可扩展性。数据资源是分布存储、多样变化的。随着时间的推移,可能有新的数据源加入到集成系统中,也可能原有的数据源因意外情况退出此系统。因此,数据集成系统设计时,要具有一定的可扩展性,以打破数据存储的物理限制,自动适应数据动态变化的特点,实现数据的"即插即用"功能。

5. 数据集成方法

针对异构数据的特点,对异构数据源的集成可以通过转换和标准化来实现,数据集成技术经历了30多年的研究和发展,数据集成的范围和作用都在不断扩大,近20年来,国内外研究学者对异构数据集成进行了大量的研究,提出了许多数据集成体系结构和技术方案,各不相同,但就其基本方法来说,大体上可以归为3类:数据仓库法(the Data Warehouse Approach)、联邦数据库法(the Federated Database Approach)和虚拟视图法(the Virtual View Approach)。

1) 数据仓库法

数据仓库的概念由美国著名工程学家比尔·恩门(Bill Inmon)博士于20世纪90年代在《建立数据仓库》一书中提出:"数据仓库是一个面向主题的、集成的、稳定的、包含历史数据的数据集合,用于支持经营管理中的决策制定过程。"概括而言,数据仓库是以支持企业或组织决策分析处理为目的,具有面向主题、整合、稳定和有时限特征的数据集合。

数据仓库法也称为物化视图法,以传统的数据库技术作为存储数据和管理资源的基本手段,以统计分析技术作为分析数据和提取信息的有效方法,以人工智能技术作为挖掘知识和发现规律的科学途径,对数据在时间和空间上的广度都有了更高的要求。为支持决策,它将来自多个数据源的数据副本,按照一个集中、统一的视图要求进行预处理,转换成符合数据仓库的模式,并存入数据仓库中,同时提供对该数据仓库的查询机制。用户在对数据进行操作时,直接对数据仓库进行数据的查询等操作,由抽取转换加载(Extract-Transform-Load,ETL)工具定期从各个数据源中将数据进行直接过滤、提取、转换和存储到数据仓库中。数据仓库主要是针对企业某个应用领域提出的一种数据集成方法,这种方式的优点是既可用于数据集成,又可用于面向主题并为企业提供数据挖掘和决策支持的系统,由于查询只针对数据仓库进行,因此能保证查询性能的快速高效;缺点是数据仓库中的数据在存储之前要经过一定的筛选处理,而且数据仓库还需要定期进行更新,因此数据缺乏时效性,并且所有的数据都需要冗余,比较适用于简单系统。使用的技术主要涉及如何有效的加载数据,增量维护数据等。

数据仓库的出现并不是要取代数据库。目前,大部分数据仓库还是用 RDBMS 来管理的,数据库和数据仓库相辅相成、各有千秋。

(1) 数据库是面向事务的设计,数据仓库是面向主题的设计,是综合的、总结性的、结构化的数据,数据库中原有的分散的数据必须经过统一和综合后才能进入数据仓库。

(2) 通常情况下,数据库存储在线交易数据,数据仓库存储历史数据,是不同时间点的数据库快照集合以及基于这些快照进行统计、综合和重组而导出数据的集合,在一个较长的生存周期内不可更新。

(3) 数据库设计是尽量避免冗余,采用符合范式的规则来设计,而数据仓库在设计时有意引入冗余,采用反范式的方式来设计。

(4) 数据库是为捕获数据而设计,数据仓库是为分析数据而设计,它有两个基本的元素:事实表(fact table)和维表(dimension table),其中事实表存放业务本身产生的数据,维表存放分析事实表的角度,例如时间、地域、年龄等。

2) 联邦数据库法

联邦数据库系统最早源于 20 世纪 80 年代中期,是由参与联邦的半自治的数据库系统组成,目的是实现数据库系统间部分数据的共享,联邦中的每个数据库的操作是独立于其他数据库和联邦的,之所以叫做“半自治”是因为联邦中的所有数据库都添加了彼此访问的接口。同时,联邦数据库系统可以是集中式数据库系统或分布式数据库系统及其他联邦式系统。根据各成员系统耦合的紧密程度可以分成两类:松耦合联邦数据库和紧耦合联邦数据库系统。

松耦合联邦数据库系统最早提出时是作为一组松耦合部件(如对象、记录、类型)的联合,没有统一的模式,只提供了一些查询数据库的统一语言,这样使各数据库有更高的自治性。各成员数据库利用一些联邦信息可以在一个站点访问另一个站点的数据,这些信息中包含一些类似全局模式的信息,各站点只能看到与其有直接关联的数据库信息,而并非所有的全局信息,不提供全局查询语言,各站点需要建立自己的“联邦模式”,以和其他数据源进行交互。系统具有一定的分布性、异构性和自治性的特点。但是,当数据库的数目很多时,数据库之间的互操作以及解决数据库之间的语义异构问题就变得相当困难。

紧耦合联邦数据库系统具有一个或几个统一的模式,这些模式可以通过模式集成技术半自动组成,也可以通过用户手工构造。用户通过全局模式访问多个数据库中的数据,系统提供一种全局查询语言,全局用户使用全局查询语言对系统提出查询请求,并向用户返回查询结果。数据提取由系统负责,用户并不关心数据从哪个局部数据库获得,但是,要解决逻辑上的异构,需要领域专家决定模式间的对应关系,不容易完成对数据库的添加、删除等操作,所以紧耦合联邦数据库通常是静态的,系统扩展和维护起来比较困难。

许多与分布式数据库管理系统有关的操作也与联邦数据库系统的操作有关,下面 4 项任务是特别针对联邦数据库系统的。

(1) 查询表达式。在集中式和分布式数据库管理系统中使用的查询语言适用于紧耦合联邦数据库系统,大多数松耦合联邦数据库系统提供多数据库语言,允许用户从多个单元数据库系统中存取数据,其提供的功能在集中式或分布式的数据库管理系统的数据操纵语言中是没有的。

(2) 命令变换。命令变换处理器是将某种语言中的命令翻译成另外一种语言中的命令。

(3) 查询处理和优化。松耦合联邦数据库系统几乎不支持查询优化,紧耦合联邦数据库系统中可以实现广泛的查询优化,查询过程将对联邦模式的查询转换为在几种输出模式上的查询并执行。联邦数据库系统中的查询处理同分布式数据库管理系统中的查询处理方式相似。

(4) 全局事务管理。全局事务管理程序允许对多数据库一并修改的同时,负责维护数据库的一致性。

联邦数据库中实现互操作是将每个数据库模式分别和其他所有数据库模式进行映射,结构体系如图 5-2 所示。因此当数据库太多时,映射规则的任务变得异常庞大,因而,联邦数据库只适用于数据库数量不多的小范围内的数据集成,对于网络上越来越多的、不断动态变化的、半结构化的数据源,采用联邦数据库不是理想的解决方案。

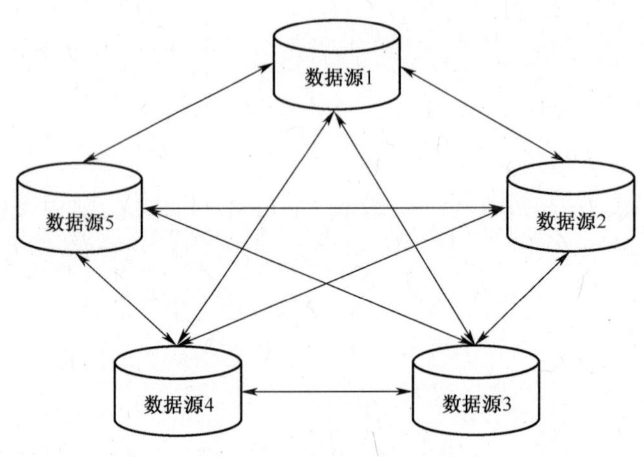

图 5-2　联邦数据库结构图

3) 虚拟视图法

虚拟视图法也称为中间件法,核心是提供用户一个全局模式将各数据源集合起来,数据仍保存在各独立的数据源中,一般由中介器(Mediator)和多个包装器(Wrapper)组成,如图 5-3 所示。

中介器(又称作集成器)的功能是接收用户发出的定义在全局模式上的查询请求并进行分析,分解为一系列子查询,并将它们转换为针对相应数据源的查询,以及查询结果的返回,最后对查询结果进行封装返回给用户。

包装器的功能是将各异构数据源的数据,按照全局模式转换成集成系统可以处理的某种结构化的数据,用户的查询在全局模式上进行,隐藏了各数据源的数据模式和实现的具体技术细节,数据源的数据经过包装后对中介器呈现公共数据模型所表达的对象,以便与其他数据源进行交互。

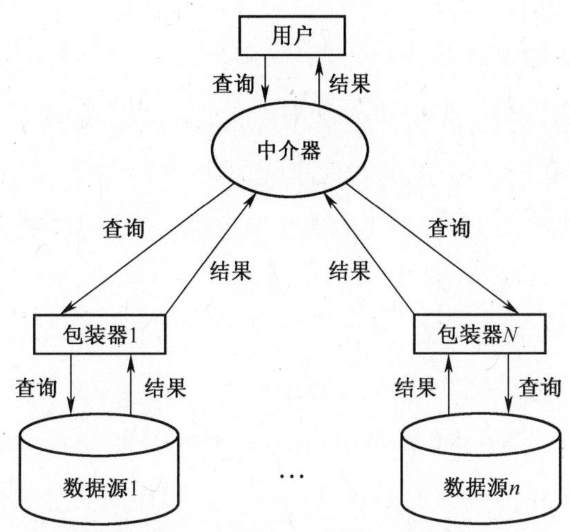

图 5-3　虚拟视图法数据集成结构

在这种方式下，数据存储位置保持不变，集成系统仅提供一个虚拟的集成视图以及对这个集成视图的查询处理机制，用户针对集成视图提出查询，集成系统将全局查询重写为对各异构数据源的查询，然后各数据源根据查询要求自行独立处理。这种方式不需要重复存储大量数据，数据更新及时，比较适合于高度自治、集成数量多且更新变化快的数据集成系统，是目前主要的研究方向。

虚拟视图法体系结构中使用的技术与传统的数据服务器中的技术有着很大的不同，前者采用的技术更多地涉及查询上的代数操作，后者采用的技术大部分集中在查询计算以及与存储有关的问题上（如数据的类聚、索引等）。

虚拟视图法集成机制涉及的主要技术有：

（1）数据源选择技术。数据源选择技术主要包括数据源描述和数据源选择两个方面，数据源描述是按一定的算法建立对各数据源的描述模型；数据源选择是在数据源描述模型的基础上，根据用户查询，按照一定的算法选出相关度高的数据源作为查询对象。

（2）数据抽取技术。数据抽取技术应用于数据集成系统的目的是将参与集成的半结构化、非结构化数据源中的数据转化为结构性更强、语义更清晰的格式，以提高查询速度。

目前,数据抽取技术已成为生成包装器的关键技术之一,广泛应用于面向Web的异构数据集成系统中。

(3) 查询处理技术。查询处理技术是虚拟法视图集成机制中最重要的技术之一,是对查询进行分析、重写和优化的技术。

用户对集成系统查询时,集成系统需要首先对用户查询进行语法分析和检验,确保查询符合系统全局模式的要求,主要由查询分析技术完成。

此后,集成系统再将经过分析的查询按一定的转换规则转换为面向不同数据源模式的多个查询,这个过程称为查询重写。

整个系统面对的是异构数据源,由于各个数据源有其自身的特点,这就要求集成系统根据各异构数据源的当前运行情况制定最优查询计划和查询分配方案,并据此对各数据源进行查询,这个过程称为查询优化。

(4) 结果集成技术。集成系统提供对各数据源的一站式访问,因而数据源访问完毕后需要用包装器对来自不同数据源的结果数据进行整合及集成,以统一的形式呈献给用户。

结果集成主要是对不同数据源的结果做并操作,并且重新计算结果的相关度。一般地说,对一个数据源进行查询会形成一个相应的查询子视图,结果集成的目的就是将这些子视图连接起来,形成一个完整的视图,提供给用户。

这种模式需要解决的关键问题是如何构建全局视图与局部视图之间的映射关系,使得用户感觉不到要查询的数据来自多个数据源,底层的数据源可以是数据库、Web数据源等。采用这种模式进行多数据源集成的著名系统有由Stanford大学研制开发的TSMMIS等。

4) 数据集成方法的选择

无论是采用数据仓库法、联邦数据库法还是虚拟视图法,数据集成系统都必须考虑到以下几个方面的问题:

(1) 数据模型。必须建立公共的数据模型,对来自各种异构数据源的数据进行表示,从而便于统一处理。

(2) 数据转换。将来自各种异构数据源的数据转换成集成系统能进一步处理的统一格式。

(3) 数据模式。用于解决结构冲突、语义冲突等问题。

虚拟视图法和联邦数据库法相比,有以下 3 点不同:①数据源在 Mediator/Wrapper 系统(使用虚拟视图法的数据集成系统)中是自治的,所以对数据源的访问通常是只读的,而联邦数据库法支持读写访问;②Mediator/Wrapper 系统可以集成非数据库数据源;③由于 Mediator/Wrapper 系统中的数据源是完全自治的,所以数据源在 Mediator/Wraper 系统中添加和删除都比较容易。

实际应用中,由于联邦数据库系统中数据在进行集成时,必须一个个添加访问的接口,所以需要编写大量的接口程序,实施起来不太方便,而且联邦数据库只支持结构化数据库数据源的集成,针对现在各种半结构化、非结构化数据的大量出现以及集成的需求,联邦数据库法已不再适用,目前多采用虚拟视图方式和数据仓库方式进行数据集成。

虚拟视图法和数据仓库法是适应不同的集成环境和查询要求的两种集成方式:数据仓库法中需要建立一个临时存储的仓库,在这个仓库中的数据都是经过条件过滤后预先存储进去的,与传统数据库不同的是数据仓库中主要存储的是历史的和汇总的数据,用于决策支持,主要供分析或执行等人员使用,由于在设计和维护数据仓库阶段要关注什么样的数据源应该被使用,什么样的全局视图应该被定义,以及数据仓库什么时间应该被更新等问题,当有新的数据源加入或者数据源本身发生变化时,修改的代价将会变得很高,为避免数据仓库中的数据与数据源中的数据出现不一致,通常不允许用户对数据仓库进行更新,数据仓库比较大的优势是数据信息的预处理和数据的迁移更新主要通过 ETL 工具,这种方法查询性能高;虚拟视图法通过定义全局模式进行数据查询,数据仍然保存在各局部数据源中,每次查询都要连接数据源,有时可能出现响应延时,因而性能上可能比数据仓库法差些,但是它能够集成那些只允许对数据进行有限访问的数据源,支持数据的实时视图,不需要保存数据,大大降低了实施成本,同时可以保证查询结果为最新的数据,查询结果都是由包装器对数据源进行,中间件只和包装器打交道,因此适合数据源的动态添加和删除,具有更强的适用性,因而更具有发展潜力。

总的来说,虚拟视图法适用于数据源数量很大,或者数据源更新频繁,并且不可预知用户需要查询什么信息的情况;数据仓库适用规模不很大但要求查询效率高,并且数据源数据更新不多的情况。

根据对以上3种集成方法的分析,综合考虑数据仓库法、联邦数据库法以及虚拟视图法的优缺点,一般都采用虚拟视图法进行相应的设计开发。虚拟视图法架构的系统安全性更好,灵活度更高,系统性能更稳定,对系统资源的要求也更低,能够从根本上解决其他两种方式在实际应用中的不足,有较高的实用价值。

5.2.5 数据存储方法

数据存储需要根据不同的应用环境,通过采取合理、安全和有效的方式将数据保存到物理介质上,并能保证对数据实施有效的访问。数据存储的主流技术有直接附加存储DAS、网络附加存储NAS和存储区域网络SAN 3种。这3种技术具有时间上的先后顺序,先有DAS,后有NAS,最后出现SAN。数据存储速度越来越快,所担负的成本越来越高。随着技术发展,DAS技术已经在实际解决方案中不再使用,更多的是在平衡预算与需求的基础上,综合采取NAS和SAN两种技术。

(1) DAS技术。DAS(Direct-Attached Storage)是指存储设备通常是通过小型计算机系统接口(Small Computer System Interface,SCSI)的电缆或者是光纤直接连到服务器上,I/O请求直接发送到存储设备。这种存储方式具有较好的可靠性、安装简单、价格便宜。因此,它主要适应于服务器分散部署的应用场合,诸如基于大型机的数据计算和存储应用。另一方面,由于DAS不具备任务存储的操作系统,其依赖于服务器的操作系统,因此大数据量操作时,诸如备份,会大量占用服务器CPU资源,进而影响正常的业务应用。由于DAS通过SCSI通道操作数据,随着数据量的增大、CPU计算能力的不断增强,SCSI通道速率将成为主要瓶颈。

(2) NAS技术。NAS (Network-Attached Storage)采用磁盘列阵直接和网络介质相连的机制来实现数据存储。通过网络上的IP地址,所有用户经集线器或路由器就能从存储数据的服务器上获取数据,不需要任何的中间介质。

它的主要特点是具有更快的响应速度和更高的数据宽带，部署简单，扩展性好、服务器成本低等。这些特点决定了它的适用领域主要包括文件共享、数据备份、容灾、媒体服务器等。由于本身的性能瓶颈，尤其是受宽带的限制以及不适用于数据库应用，这种存储方式并不是一种最理想的数据存储方式。

(3) SAN 技术。SAN (Storage Aea Network)是数据存储设备相互连接，通过高速网络连接到服务器而形成的存储网络。目前主流的 SAN 技术存在两种具体的实现方式：FC-SAN(Fiber Channel Storage Area Network)和 IP-SAN(Internet Protocol Storage Area Network)。FC-SAN 是一种基于光纤通道、独立于 LAN、以块状形式传输、由服务器和存储器设备组成的高速专用存储网络。FC-SAN 有如下优势：一是为用户提供服务不受宽带限制；二是理论上扩展不受限制，并且支持在线扩展，扩展的同时可靠性和安全性有很大的提升，可以实现远距离的备份和容灾；三是便于管理和维护，支持虚拟化。纵然 FC-SAN 拥有以上这些优点，但是需要有专门的光纤将盘阵与主机相连，使其不通用、互操作性差、价格昂贵。IP-SAN 是一种基于 iSCSI 协议的 SAN 存储方式。融合了网络和存储的技术特点，使得 IP-SAN 在可扩展性、灵活配置、易于使用和物理延伸距离远方面的优势更加明显。IP-SAN 是对 FC-SAN 有益的补充，可发挥远程存储的特长，占据 FC-SAN 无法涉足的领域，如数据灾难备份应用、远程数据复制、整合服务，以及新创建的、基于“存储设备可沿因特网自动移动”的新应用模式。

5.3 数据处理技术

数据处理技术主要包括数据采集技术、数据检索技术、数据挖掘技术及数据可视化技术等。

5.3.1 数据采集技术

数据采集是采集所需的信息，并转换成机器能够接收的形式。数据采集是数据实际积累和完善的过程，数据生产者借助仪器设备、辅助工具等对数据客体进行实验和观察后，获取数据。最普遍的数据采集方式是通过人工方法，将有用的信息按照特定要求进行录入和存储。当前大数据采集倍受关注。大数据采集是指通过传感器、RFID、社交网及移动互联网等方式获得的各种类型的结构化、半结构化及非结构化的数据。大数据采集架构一般分为大数据智能感知层和基础支撑层。

(1) 大数据智能感知层。主要包括数据传感体系、网络通信体系、传感适配体系、智能识别体系及软硬件资源接入系统，实现对结构化、半结构化、非结构化的海量数据的智能化识别、定位、跟踪、接入、传输、信号转换、监控、初步处理和管理等。着重需要攻克的是针对大数据源的智能识别、感知、适配、传输、接入等技术。

(2) 基础支撑层。提供计算存储资源、关系型数据库、列式数据库、中间件、大数据处理平台等软硬件基础支撑环境。

5.3.2 数据检索技术

数据检索(Data Retrieval)是指数据按一定的方式组织起来，并根据用户的需要，查找出相关信息的过程和技术。数据检索技术包括字段检索技术、全文检索技术、多媒体检索技术等。

(1) 字段检索技术。字段检索就是把检索对象按一定的标准，在不同字段中进行编目，并把不同字段作为检索依据，根据用户输入的条件，对指定字段进行过滤，将满足条件的数据记录返回给用户。

(2) 全文检索技术。全文检索是以文本数据为主要处理对象，提供根据数据资料的内容来实现的信息检索。它通过索引程序对原始文本中的每个词进行扫描，建立索引并指明其在文本中出现的位置和次数。用户在检索数据时，检索程序对索引文件进行查找，并把查询结果反馈给用户，这样就大大提高了检索的速度和效率。全文检索技术的核心就是将非结构化数据转化为结构化数据，其中，搜索引擎(Search Engine)是目前全文检索技术的典型应用形式。搜索引擎从实现技术上一般可以分为3类：目录型、通用型和元搜索引擎。目录型搜索引擎通过人工编辑的网站分类目录，提供导航和网站搜索；通用型搜索引擎通过抓取web网页,对抓取的网页数据处理、索引,为用户提供检索服务;元搜索引擎自身不维护数据,而对多个通用型搜索引擎的检索结果进行融合与重新排序,期望为用户提供更全和更好的检索服务。

(3) 多媒体检索技术。多媒体检索通过对多媒体的图像、声音和视频内容的分析,根据多媒体的内容和语义环境(如图像中的颜色、形状等,声音中的音调、音色等,视频中的镜头的运动、场景等),建立相应的检索库,并进行相应的检索。多媒体检索技术主要包括图像检索技术、视频检索技术和音频检索技术。多媒体检索技术是一种新的检索手段,其研究时间还比较短,同时互联网的发展使得数据检索的对象和范围更加复杂多样,为了使该检索技术应用领域更广泛,检索效率更高,该技术还需要解决与其他多种检索技术相互结合的问题。

5.3.3 数据挖掘技术

数据挖掘(Data Mining)主要是指从大量的、不完全的、模糊的、随机的数据中,提取隐含在其中的、具有重大潜在价值的数据信息的过程,是信息时代一种新的数据运用方式。通常,人们把原始数据看作是形成知识的源泉,就像采矿一样。原始数据可以是结构化的,如关系数据库中的数据,也可以是半结构化的,如文本、图形、图像数据,甚至是分布在网络上的异构型数据。发现的知识可以被用于信息管理、查询优化、决策支持、过程控制等,还可以用于数据自身的维护。知识发现是在数据中鉴别出有用数据的重要过程,该数据必须是新的、可能有用的、并且可以被最终用户理解的。数据挖掘是知识发现(Knowledge Discovery in Database,KDD)中的关键步骤,主要是根据知识发现的目标,选取相应的算法(包括选取合适的模型和参数),对数据进行分析,从而得到可能形成知识的模型。

通常,数据挖掘需要汇聚不同领域的研究者,尤其是数据库、人工智能、数理统计、可视化、并行计算等方面的学者和工程技术人员。主要数据挖掘方法包括概念描述、关联分析、分类、聚类、偏差检测和时序演变分析等。数据挖掘的任务是从数据中发现需要的数据，主要模式包括预测型和描述型两种。预测型模式可以根据数据项的值，精准确定对应的结果，并且所使用的数据都是可以明确知道结果的。例如，电信行业中预测客户流失情况，数据库中必须含有过去客户流失的历史数据信息。描述型模式是对数据中存在的规则做一种描述，或者依照数据的相似性把数据分组。描述型模式必须满足以下 3 个条件：①模式必须是强模式，例如，这种模式 90%的时间发生；②这个模式是用户感兴趣的；③这个模式是有用的。

1）数据挖掘任务

根据数据挖掘的目的不同，可将数据挖掘任务分为以下 6 种：

（1）总结规则挖掘。从指定（不同的角度或是不同的层面上）的数据集中挖掘出平均值、极小值、极大值、总和、百分比等。挖掘结果运用交叉表、特征规则、统计的曲线图等表示。

（2）关联规则挖掘。从指定的数据集中挖掘出满足一定条件的依赖性关系。关联规则如 $A1>A2$，支持度 $=S\%$，信赖度 $=C\%$，其中 S 和 C 是指指定的支持度和信赖度的门限值。关系规则挖掘可以在不同的抽象概念层面上进行。例如：$R1$（吃饭>保险，支持度=5%，信赖度=30%）与 $R2$（旅行>保险，支持度=25%，信赖度=90%）相比而言，$R2$ 在更高的抽象层面上更为客观，因而有较大的支持度和信赖度，更适合高层决策的需求。

（3）分类规则挖掘。在已知训练信息的特征和分类结果的基础上，为每一种类别找一个合理的描述或是模型，然后再用这些分类的描述或是模型来对未知的新数据进行分类。

（4）群集规则挖掘。群集规则挖掘又称为无监督式的分类，其目的在于实事求是地、客观地按被处理对象的特征分类，有相同特征的对象被归为一类。与分类规则挖掘的区别就在于分类是面向训练数据的，而群集是直接对数据进行处理。数据是依靠本身的相似性而群集在一起，其意义也是要靠事后的解释才能得知。

（5）预测分析。本质是在分类的基础上预测数据分类或发展的趋势。历史性数据是很好的分析数据来源，它们可以用来建立模型，以检查近年来观察值的变化。若运用最新数据作为输入值,就可以获得未来变化的预测值。

(6) 趋势分析。趋势分析又称为时间序列分析,是从相当长时间的发展中发现规律与趋势。

2) 数据挖掘的方法

数据挖掘的技术基础是人工智能,但它只是利用人工智能中一些已经成熟的算法和技术。数据挖掘主要是面向应用的,可对数据库中的数据进行微观、中观甚至宏观的统计、分析、综合和推理,用来指导实际问题的求解,从而发现不同事件之间的关联,利用已有的数据对未来的活动进行预测,将人们对数据的运用从低层次的末端查询操作,提高到为决策者提供支持上来。目前数据挖掘的方法主要有统计分析、决策树、人工神经网络、基因算法、粗糙集等。

(1) 统计分析。统计分析方法主要用于知识总结和关系型知识挖掘,对关系表中各属性进行统计分析,找到它们之间存在的关系。在关系表的属性之间一般存在函数关系(确定性关系)和相关性关系,但两者之间并没有一道不可逾越的鸿沟。由于测量误差等原因,确定性关系往往是通过相关性关系呈现出来的;当事务的内部规律被深刻了解时,相关性关系又可能转化为确定性关系。对此可以采用回归分析、相关分析、主成分分析等方法。

(2) 决策树。决策树可用于分类,利用信息论中的信息增益,寻找数据库中具有最大信息量的字节,建立决策树的一个结点;再根据字段的不同取值,建立树的分支,在每个分支子集中建立下层结点和分支,这样便生成一棵决策树;接下来对决策树进行修枝处理;最后将决策树转换为规则,运用这些规则,可以对新事例进行分类。典型的决策树方法有分类回归树(Classification and Regression Trees,CART)、ID3、C4.5、卡方自动归纳法(Chi-Squared Automatic Induction)、卡方自动互动侦测器(Chi-Squared Automatic Interaction Detector)等。决策树可应用在监督式数据挖掘上,尤其是数据分类,它们能够将数据分为独立的子群,而其中的子群都有自己的规律。

(3) 人工神经网络。人工神经网络用于分类、群集、特征挖掘、预测和模式识别等。人工神经网络仿真生物神经网络，本质是一个分散型的矩阵结构，通过对训练数据挖掘，逐步计算数据关系（即网络）连接的加权值。可以分为前馈式、反馈式和自组织型网络3种。在多数应用中可以从训练数据组中学习，并产生归类和预测的模型。

(4) 基因算法。基因算法用于分类、关系型规则挖掘等，又称遗传算法。它模仿人工选择培育良种的思路，从一个初始规则集合（知识基因）开始，逐代地通过交换对象成员（杂交、基因突变）产生群体（繁殖），评估并择优复制（物竞天择、适者生存），优胜劣汰，逐代积累计算，最终得到最优的知识集。

(5) 粗糙集。粗糙集用于数据简化、数据意义评估、对象相似性或共性分析、因果关系及范式挖掘等。粗糙集理论是由Z. Pawlak在20世纪80年代提出的，用于处理不确定性。其主要思路如下：把对象的属性分为条件属性和决策属性，按各个属性值相同情况划分成等价类。条件属性上的等价类E与决策属性上的等价类Y之间有三种情况：下近似，Y包含E；上近似，Y和E的交集并非空集合；无关，Y和E的交集为空集合。对下近似建立确定性规则，对上近似建立不确定性规则，而无关情况下不存在规则。

5.3.4 数据可视化技术

可视化是以视觉感受为前提的一种应用。视觉感受是运用视觉器官去辨别光的明暗强弱、颜色的组成，以及物体的大小远近、状貌变化，从而准确把握事物的特征，真实反映客观事物的过程。

引起视觉变化的基本图形、色彩因素称为视觉变量，也叫图形变量，常用来定性定量研究视觉感受性，分析可视化对象引起的视觉变化。地图可视化是可视化应用最为广泛的领域（业界公认70%以上的数据与空间位置有关，决定了地图的重要性），1967年，法国学者J·BERTIN提出了构成地图符号的6个视觉变量：形状、尺寸、色相、方向、亮度、密度，被认为是经典的视觉变量分类。如果将可视化应用领域扩展到更大的范围，则还应该包括时间和位置。各种视觉变量能引起视觉感受的多种效果，这些效果可以归纳为6种：整体感、等级感、数量感、质量感、动态感和立体感。

可视化是一种古老的思维和经验分享方式,也被证明是一种用于交流和学习新信息的有效方法。现在,数据可视化技术已发展成为关于数据视觉表现形式的一门综合性技术,可运用图形、图像处理、计算机视觉、用户界面、计算机图形学及图像处理技术等,将数据转换为图形或者图像,显示到屏幕等输出设备上并进行交互处理。除高度依赖上述相关技术外,广义的数据可视化技术还与数据挖掘、人机交互、大数据分析等技术密切相关。例如:数据挖掘为可视化提供更有价值的数据信息,数据可视化提供直观清晰有效的方式表达信息,对数据加以可视化解释,可以帮助人们洞察数据背后隐藏的潜在信息,提高数据挖掘的效率;实现数据与用户的可视化人机交互结合,可以方便用户控制数据;数据可视化的研究热潮其实是伴随着大数据时代的到来而兴起的,可视化分析是大数据分析不可或缺的一种重要手段和工具,只有在真正理解可视化基本概念后,才能更好研究并应用具体方法和原理,获得数据背后隐藏的价值。

1) 数据可视化的特点

实践表明,源于视觉功能在人类感觉中的重要地位,数据可视化具有 3 个显著的特点:快速、持久、展现大量数据的能力。

(1) 快速。人脑对视觉信息的处理速度远大于其他感知信息,使得可视化能够帮助人们更快的掌握数据,这是先天的优势。

(2) 持久。研究表明,80%的人能记住他们看到的信息,但只有 20%的人记得怎么读。可视化在信息传递中具有绝对的优势。

(3) 展现大量数据。好的可视化形式往往能够在有限的空间展现令人难以想象的信息量,具有强大的信息传递能力。“一张图抵一万个字”,这是人们对地图最常用的评价。

这些特点,决定了可视化的应用极为广泛,还可以从其他多个角度深入分析其特点。

从美学角度来看,它是信息和艺术的结合,在美观的基础上追求充实、新颖、高效,甚至引领潮流。充实,指对于任何可视化效果,不论美丽与否,都应提供适合应用场景的获取信息的途径,帮助人们便捷地增长知识,提供强大的信息传递能力。这是判断可视化成功与否的最重要的因素,也是可视化设计的主要驱动力。新颖,指可视效果能够提供崭新的视角观察数据,或者用一种风格激发读者的激情从而达到新的理解高度。高效,指在表达信息时,尽可能直截了当,而不要引入任何不必要的复杂性。

从信息学角度来看,它是编码系统,是认知过程的重要环节,它综合运用各种视觉变量和数据处理算法(例如各种制图综合算法),进行信息压缩、隐藏、增强、分类等,按需传递信息,甚至如同达芬奇的名画《蒙娜丽莎》一样,有神秘的编码信息,需要超强的能力才能发掘隐藏在后面的信息(与美学角度追求的高效并不矛盾)。例如,地图认知中,没有经验的读者是难以从等高线看出地形起伏的。

从显示输出设备的工作机理来看,任何可视化的东西,就是对屏幕像素点的一套着色方案,是个有规则的颜色游戏,因此,可视化又完全是颜色的艺术。

从可视化成果组成来看,文字、表格、图形、图像、动画、地图等,其实又是各种点、线、面、体等基本符号的组合,因此,数据可视化成果都可以看作是个符号系统。

2) 数据可视化的主要形式

数据可视化形式多种多样,互联网上每年都有年度最佳可视化效果图评比,优秀成果层出不穷,创意无限,但基本的可视化形式依然是文字、表格、图形、图像、动画、地图、立体视觉等。

形式服从内容,是可视化的根本原则,因此通常需要根据数据特点选择可视化形式。

依照 SHNEIDERMAN 分类,可视化数据分为一维数据、二维数据、三维数据、高维数据、时态数据、层级数据和网络数据,其中高维数据、时态数据、层级数据和网络数据是当前研究的热点。相对高维数据,低维数据的可视化更加简单、直接,将高维数据映射到低维空间,例如二、三维空间,是高维数据可视化的主要方法之一。

时态数据指具有时间属性的数据集。针对时态数据的可视化形式的特点是增加时间轴，可视化形式通常包括：线形图、动画、堆积图、时间线、地平线图等。

层级数据通常表示为节点链接图和树图，其中树图用一系列的嵌套环、块来展示数据层次。为了能展示更多的节点内容，还可采用基于"焦点+上下文技术"的交互式方法，例如"鱼眼"技术、几何变形、语义缩放、焦点聚类技术等。

网络数据表现更加自由，通常采用节点链接法、矩阵法等形式。

动画是另一种比较常见的可视化方式，以时间换空间，可在不同可视化图之间转换和跟踪，在有限的屏幕空间中展示更多的数据，增加用户在可视化系统中交互的反馈效果，增强显示效果。

虚拟现实显示是当前比较流行的可视化形式，它利用立体视觉将可视化的领域进一步扩展，在医疗、模拟操控、教学训练等领域创造了辉煌的成就。

各种可视化编程环境、可视化控件、立体眼镜等设备的研发，为创新可视化形式，提升可视化效果提供了无限可能。

3）数据可视化的过程

最佳可视化往往是由知识面宽广、多才多艺的个人独立构想和完成，或者是通过一个能够紧密协作的小团队合力完成。在这种小型、灵活的环境下，各种才能可以相互影响促进，进而创造出令人震撼的图像或交互产品，它所描述概念的方式比起一串数字让人感觉更贴切自然。为使信息有效传达，应以预期的可视化效果为驱动，兼顾美学与功能，直观的传达出关键的特征，通常从以下 4 个角度评价数据展现效果：

（1）直观化。将数据直观、形象地呈现出来。

（2）关联化。突出的呈现出数据之间的关联性。

（3）艺术性。使数据的呈现更具有艺术性、更加符合审美规则。

（4）交互性。实现用户与数据的交互，方便用户操控数据。

Ben Fry 在《Visualizing Data》中指出，创建信息可视化包括 7 个阶段：获取、解析、过滤、挖掘、展现、提炼和交互,但也强调这7个阶段并没有绝对的先后顺序。例如在数据获取和解析阶段,可能已经开始思考应该如何和它交互,而在对展现信息进行提炼的过程中,也可能会回想起在过滤阶段的某个处理步骤过滤掉的某些数据实际上是相关的等。

实践表明,可视化过程中的关键点主要有:

(1) 明确可视化目标。了解用户需求,明确预期的可视化效果,甚至使用视觉变量完成对效果的初步设计。

(2) 提炼支撑数据集。分析数据与可视化目标的支撑关系,提炼数据子集的观点,从原始数据集分割出与显示目标直接相关的数据集。通常有两种方法:直接转换方法和抽象转换法。前者适用于对简单的数据集进行处理,分割呈现给用户的可视化结果接近数据的原始特征;后者主要使用于对数据进行多环节、多层次的处理,特别是高维数据,着重强调数据的整体可读性,常需要牺牲个别数据特点来换取对整体数据集的理解,得到的数据比原始数据较为抽象。

(3) 精巧设计布局。综合各种支撑条件,权衡软硬件条件、设备性能、交互需求、用户理解习惯,精确布局界面元素,实现预期可视化效果。

4) 数据可视化面临的挑战

伴随着大数据时代的到来,数据可视化与大规模、高维度、非结构化数据的联系更加紧密,其发展日益受到重视,可视化技术也日益成熟,然而,可视化仍然面临很多问题,例如:

(1) 视觉噪声。在数据集中,大多数据具有极强的相关性,难以将其分离作为独立的对象显示,确认可视数据集的工作量很大。

(2) 信息丢失。减少可视数据集是常用的降低视觉噪声的方法,但通常都会导致信息丢失。

(3) 高速图像变换。用户虽然能够观察数据,却不能对数据强度变换做出反应,对于动态变化过程中的目标监测依然是难点。

(4) 高性能要求。动态可视化对性能要求比较高,高性能显示是新的研究热点。例如大型监控项目中,受限于当前设备的尺寸及分辨率,以万每秒量级为单位的动态目标更新,对当前的显示水平提出了挑战。

目前,高清晰显示、大屏幕显示、高可扩展数据投影、维度降解等技术都试着从不同角度解决这些难题。

5.4　指挥控制系统数据集成与共享

5.4.1　技术背景

信息时代作战节奏显著加快,战场情况瞬息万变,及时、准确、全面、不间断地掌握战场情况变化成为夺取战争胜利必不可少的必要条件。这一背景要求军事信息系统能通过采集、传输、综合等一系列信息处理手段,把各类信息分发给需要的指挥机构和作战单元,直观生动地展现在指挥员面前,或直接用于控制作战单元。

联合作战应当根据作战需要按照便于统一指挥、层次简明、高效稳定、利于协同的原则,进行战役编成和兵力编组,并建立指挥体系。这种灵活建立指挥体系的方式要求数据能按指挥体系和作战任务的要求灵活组织,数据集成的需求越来越迫切。

采用数据工程的相关技术,可针对性解决不同业务部门、不同层级指挥控制系统数据标准不一、壁垒普遍存在等问题。纵观世界各国指挥控制系统发展,普遍做法是在数据标准化基础上,建立联通各类系统的共享数据环境,通过数据的动态调度,达到战场态势共同理解的目的。美军指挥控制信息系统数据集成的发展过程,包含独立应用、公共操作环境、数据共享环境、网络中心战和联合信息环境5个阶段。

1）独立应用阶段

早期美军的DoD应用都有自己的数据,而且应用程序很少访问其他部门或系统的数据,数据与程序捆绑在一起,数据的定义、格式以及操作规则都完全由使用它们的应用程序来解释,共享数据几乎是不可能的。

客观地说,直到20世纪90年代,美国的国防信息基础设施(DII)还只是许多系统的简单堆砌,DoD 各个机构在建立应用系统时,更多的是考虑自己对数据的需求,而很少关心是否能够满足其他机构的需求。系统间进行数据交换时,往往需要很多专用的、点对点的接口程序,而且多数是通过格式化消息或文件传递来实现的,造成整个基础设施的结构不灵活、可伸缩性差,每次改进或扩展都需要花费几个月时间和数百万美元的代价。

2) 公共操作环境阶段

公共操作环境(COE)是一个不断发展的理论体系和软件基础设施,它最初的目标只是特定应用系统的集成。随着计算机应用范围的不断扩大,系统之间的互操作和数据共享需求日益迫切。

为了解决 DISA(国防信息系统局)GCCS(全球指挥控制系统)与相关应用系统之间的互连、互通和互操作,DoD 于 1994 年率先实现了 GCCS COE(公共操作环境)V1.0,通过共性支撑应用和基础服务软件的重用,初步实现了 DISA GCCS、GCCS-A(陆军全球指挥控制系统)、GCCS-M(海军全球指挥控制系统)和空军作战系统的集成。

此时,随着数据库管理系统的不断成熟,应用系统的程序和数据已经分离。应用系统不仅能够访问自己的数据,还能够通过 COE 提供的数据访问服务查询和操纵其他应用系统的数据,但是,不同的数据库/数据文件之间是彼此孤立的,无法形成统一的数据视图。

3) 数据共享环境阶段

由于 DoD 各机构都掌握并维护着与自己承担的任务相关的数据,除了部分专用数据以外,有很多数据是需要与其他机构共享的,所以必须建立相应的软件基础设施,以满足各种可能的数据共享需求。正是这些数据共享的需求催生了一种崭新的数据管理和数据共享机制。为此,COE 中首次提出了数据共享环境(SHAred Data Engineering,SHADE)计划。SHADE 首先将各使命应用的需求汇总,通过分析去掉冗余数据集,以提高公共数据的一致性和质量,然后再将这些数据以所有应用程序都认可的形式存入数据库,实现数据与应用程序的独立性。SHADE 还提供公共数据的一致性表示,软件开发者可以容易地使用这些数据,并与其专用数据结合。

在该阶段,美军依据 DoD 数据标准研制了联合公共数据库(JCDB),它在美军各级作战信息系统中有着相当重要的地位。JCDB 是多个数据库的公共部分,它的原型是美国陆军公共数据库(ACDB),而 ACDB 的基础是 C2CDM 模型。后来又集成了国防情报局(DIA)军事情报数据库(MIDB)中关于敌军的信息,以及海、空军数据库中有关联合作战的部分。美陆军作战指挥系统(ABCS)包含的陆军机动控制系统(MCS)、陆军战术指挥控制系统(ATCCS)、21 世纪部队旅及旅以下战斗指挥系统(FBCB2)等子系统,就是基于 JCDB 构建的,能够实现联合作战中的数据共享。

4) 网络中心战(全球信息栅格 GIG)阶段

2003 年,美国国防部负责体系结构和互操作性的负责人约翰奥斯特霍尔给出了全球信息栅格的最新系统参考模型,这个参考模型体现了国防部在信息时代向以网络为中心转型的思想。它突出了全球信息栅格提供服务的思想,它以数据为中心,并将数据划分为企业数据、专业团体数据和专有数据三大类,可供全球信息栅格的用户主动提拉数据。

美军通过 GIG 开发了许多面向特定战场应用的信息系统,形成了 2000 多个数据中心,但是其安全性、硬件和软件许可、管理标准等各不相同,加之这些资产归属于不同军兵种,其实际集成化程度并不高,特别是军种之间的互联互通也很困难,严重地降低了信息共享效率。此外,高昂成本难以适应快速的技术变化,造成了大量不必要的开支。

在以网络为中心的参考模型中,信息的管理主要是强调对“信息内容”的管理。在这一核心理念的引导下,伴随着互联网技术的迅速发展,美军提出了联合信息环境(Joint Information Enviroment,JIE)的新理念,推动基于网络的数据服务能力的建立。

5) 联合信息环境(JIE)阶段

联合信息环境是美军国防部首席信息官整合军事网络,创建联合、跨部门、跨政府、多国家信息共享环境的整体解决方案。

2011 年 9 月,美国国防部长签署了《国防部信息技术企业战略和路线图》,指出全球信息栅格 2.0 提出了一个统一的、安全的信息环境的愿景,需要通过联合信息环境来实现。这是美国国防部首次提出“联合信息环境”的概念。2012 年 8 月 6 日,美军参谋长联席会议正式批准了联合信息环境,将其定义为一种安全的联合的信息环境,由共享的信息基础设施,企业服务和单一安全体系结构(Single Security Architecture,SSA)等组成。2013 年 1 月 22 日,美军参谋长联席会议签发了《联合信息环境白皮书》,其中将联合信息环境视为美国 2020 联合部队实现全球一体化作战并为任务指挥赋能的根本要素,指出联合信息环境应具有如下能力特征:

(1) 实现从网络中心向数据中心解决方案的转变;

(2) 快速实现一体化云服务的交付和使用;

(3) 相互依存的信息环境,提供实时网络态势感知;

(4) 安全、弹性和固化的框架;

(5) 通用标准和操作战术、技术和规程;

(6) 升级改进动态识别和登录管理工具。

联合信息环境不是一个具体的项目,美军国防部将按照统一指挥计划,通过可执行的标准、规范、规程等一系列标准框架和体系结构,利用已有的项目、倡议、技术更新计划、采购流程、资金,将相关基础设施部署和迁移到联合信息环境的标准上,进行运行和管理。它描绘了一幅美军未来信息环境发展的蓝图,联合信息环境将为联合部队和非国防部任务的合作伙伴在全谱的作战行动中,提供一个统一的、安全的、可靠的、实时的、有效的和灵活的指挥、控制、通信及计算的企业信息环境,用户能够通过任意指定的设备,在任意时刻任意地点对所需信息进行访问,提升任务的效果。

联合信息环境根据核心数据中心(CDC)和企业运行中心(EOC)而建设,将联合网络中心的作战环境与重要的网络增强能力和信息支援资源连接起来。这些核心数据中心(CDC)将代替军兵种数据库,通过安全、互操作通用架构互联,实现授权用户在需要时共享、获取和连接信息,建立可信空间,实现有效作战。联合信息环境构想如图 5-4 所示,具体运行效果目标见表 5-2。

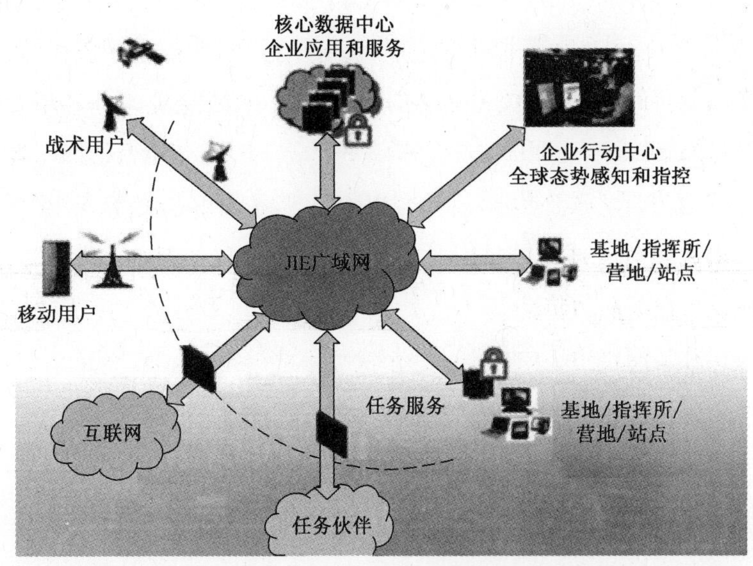

图 5-4　美军拟构建的联合信息环境 JIE 的示意图

表 5-2　联合信息环境 JIE 运行效果目标

序号	效果目标	
1	为指挥官优化效能	JIE 支持联合部队指挥官(JFC)的网络行动规划
2		在紧急情况下,行动所需的企业服务和服务专用应用程序确保可用
3		联合部队指挥官(JFC)与任务和联盟伙伴具备安全、可靠的通信
4		保证指挥官:
5		➢ 能够实现预期的作战效果;
6		➢ 能够使用需要的信息和服务;
7		➢ 能够在降级的 JIE 中开展行动
8	对国防部 GIG 行动和防御性网络行动的指挥控制进行优化	指挥官和支持性企业作战中心通过指导响应行动和紧急规划,对恶意网络行动进行防护
9		将复杂程度和冲突降至最低,同时保持行动的连续性和可理解性,保证任务的成功
10		形成任务关键性决策,形成有效响应,适应方向变化,但不会偏离最初的任务方向

(续)

序号	效果目标	
11	提供 JIE 行动状态和网络安全状态的态势感知	单一安全架构传感器状态在全球企业作战中心(GEOC)和企业作战中心(EOC)是可见的
12		企业作战中心(EOC)能够检测并管理 JIE 配置变化,保证系统的健康和完整性。这些行为包括:
13		➢ 企业服务管理;
14		➢ 网络管理;
15		➢ 卫星通信管理;
16		➢ 电磁频谱管理
17		在 GEOC 和 EOC 中可以看到构成 JIE 的网络、系统、应用程序、企业服务中的所有运行情况数据
18		从基地、指挥所、营地和站点(B/P/C/S)向 GEOC 和 EOC 自动报告国防部信息网络配置和脆弱性状态
19	优化国防部信息网络的安全性/网络可防御性	通过单一安全架构(SSA)对 JIE 进行保护
20		EOC 可以有效地
21		➢ 通过对国防部和美国网络司令部(USCYBERCOM)策略和预先行动路径的自动化管理,实现国防部网络的的被动防御;
22		➢ 通过单一安全架构(SSA)激活规则集,抗击网络攻击,实现网络实施的网络防御;
23		➢ 自动识别脆弱系统、查明配置、确定不当配置和无补丁系统中的运行风险;
24		➢ 迅速对网络进行重新配置,阻止高级持久网络威胁,确保任务的完整性和连续性

通过数据中心的整合优化,提供“信息内容”是其已采取的最重要举措。目前美国国防部数据中心、网络和系统的部署,互操作能力有限,网络安全存在隐患,同时产生了大量不必要的费用。为了解决上述问题,美军自 2010 年以来,大力开展数据中心整合,以提升国防部范围的效率。联合信息环境将在核心数

据中心和企业运行中心之上建设,这些中心将把联合部队指挥官的联合网络中心里的作战环境,链接到至关重要的网络支援能力和信息支持资源。2012 年 9 月,美国国防部发布了《美国国防部核心数据中心参考体系结构》1.0 版,用于指导国防部及下属各部门、各军种和各业务局实施数据中心的整合优化工作。到 2018 年,国防部计算和数据存储设施的目标状态可以分为 4 类:核心数据中心、军事设施处理节点、专用处理节点和战术/移动处理节点。按照联合信息环境的构想,目前所有的数据中心,要么关闭,要么转换为上述 4 种类型中的一种。核心数据中心将从现有的部门级数据中心中选取。企业运行中心是国防部信息网络以及防御性网络运行的单一接入点和主要执行者,提供的服务包括:向核心数据中心提供支持;在其他中心失效时承担转移来的运行任务;为整个国防部的所有服务提供计算机网络防御能力。企业运行中心最终将在单一站点向作战指挥官们提供关于其责任区鲁棒的、可靠的国防部信息网络全球运行及防御,网络运行态势感知能力,这将提高安全性、运行灵活性以及响应能力。2013 年 7 月 31 日,美国国防部对外宣布在德国斯图加特建立第一个区域企业运行中心,联合信息环境增量已具备初始作战能力。2013 年 9 月,在欧洲建立了第一个核心数据中心。

美军提出的联合信息环境主要特点:①囊括所有美国国防部的网络;②采用单一安全体系结构,增强网络的安全性;③尽可能减少网络硬件、软件和人力,节省国防部信息技术资源成本;④允许国防部及其任务合作伙伴范围的用户从全球任何位置、任意时刻接入网络;⑤基于云的应用和服务;⑥以网络为中心向以数据为中心迁移;⑦可移动性。

5.4.2 典型方案

解决"信息孤岛",打通各业务系统之间的"数据壁垒",建立从数据采集、更新一直到数据集成、共享、访问和管理的一整套数据集成与共享解决方案是指挥控制系统要解决的重点问题。

方案通常涉及分布式多数据库和数据仓库等多种高复杂度的技术。主要难点为数据源的异构性,即在数据源操作平台、数据模式和语义 3 个层次的差异;数据源的自治性,即数据源服务于全局的同时,本身同时服务于各自领域的应用、带有各自应用领域的特征,接受各自的管理系统的管理。目前解决上述问题的技术主要是分布式多数据库技术和数据仓库技术。分布式多数据库技术强调利用全局视图的技术,重点解决分布式情况下自治数据库之间的统一数据查询与管理问题;数据仓库技术强调利用数据清洗和数据挖掘等技术,通过模式映射和语义映射以及相关转换方法,重点解决数据源之间数据模式异构和语义异构问题。但是两个技术方法存在接口复杂度高、实现成本高、实施人员技术能力要求高等缺陷,无法同时使用以满足军队内各军兵种、各业务部门以及指挥体制中上下指挥机构之间数据集成和共享方面的建设与使用要求。

图 5-5 所示为典型的采用多数据库与数据仓库相关技术,基于公共数据表示的数据集成与共享方法。该方法建立了以联合共享数据库为核心的数据集成与共享框架,通过信息系统数据源的集成、建立领域间的公共数据表示、分布式数据源之间的数据共享,实现了指挥控制系统"纵向贯通、横向互联"要求。

基于公共数据表示的数据集成与共享机制与方法,由基于数据构件的数据集成策略、基于公共表示的数据共享实现策略和集成化的多元数据集成与共享手段等方面组成。各个业务部门和领域,依据统一的数据集成、共享、访问、安全以及管理的方法、规则和手段,为不同结构的数据提供数据转换服务,从而提高系统之间的数据互操作能力。

(1) 信息系统数据源的集成。采用基于构件的集成方法,设计数据集成的流程,研制满足指挥控制信息系统需要的数据构件,发布构件集成标准,提供数据构件化开发的策略,为各个业务部门和各军兵种的数据按照构件标准进行封装提供支持,实现数据的按需组装和灵活重构。

(2) 建立领域间的公共数据表示。提供数据建模和模型抽取规则,建立满足需要的共享数据模型,通过定义源数据模型、语义映射关系和数据元素映射关系,明确领域间数据公共表示,完成针对数据模式异构和语义异构的统一描述。

(3) 分布式数据源之间的数据共享。通过建立元数据库,存储领域间的数据公共表示信息,包括共享数据模型、源数据模型、语义映射关系和数据元素映

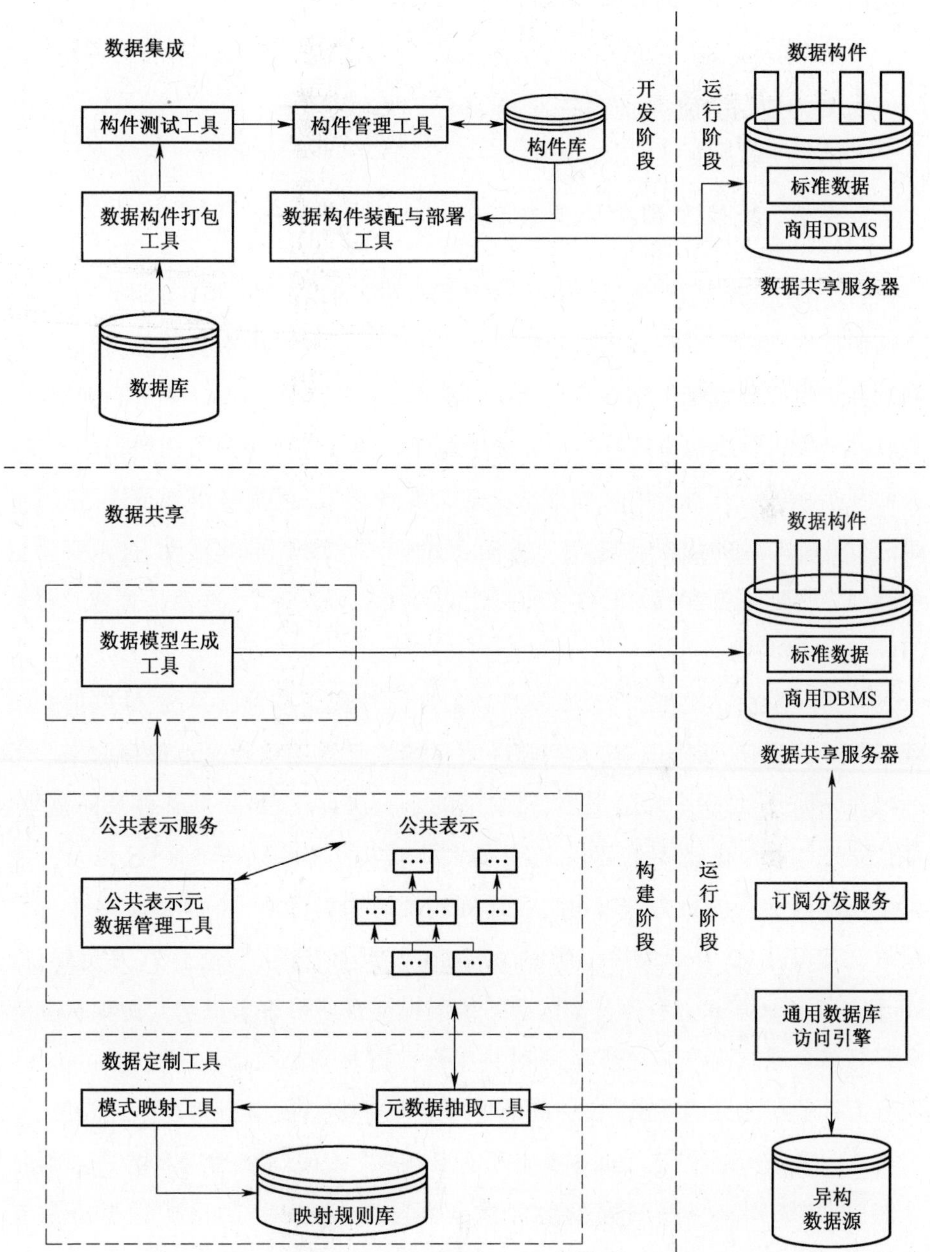

图 5-5　基于公共数据表示的数据集成与共享机制与方法

射关系；建立数据源间基于公共表示的数据订阅分发机制，提供指挥控制系统数据同步和信息共享的方法、规则和运行环境。

5.5 大数据与软件工程

5.5.1 软件工程中的大数据

自1968年的“软件危机”以来，大规模软件工程经常被类比为困住恐龙的史前焦油坑，其复杂性一直难以控制。软件开发是知识密集型活动，个体差异和社会化生产环境是影响效率的重要因素，但这些因素都难以度量和理解，导致软件开发过程难以有效控制。度量难的问题的首要原因是可用数据不多，一方面在实际项目开发中度量和评估并非首要任务，从而很难得到重视，也就很难进行有针对性的数据收集；另一方面，即使开展了数据收集活动，被观察者也可能因为察觉到观察行为的存在而改变其真实的开发行为，这就是著名的霍桑(Hawthorne)现象。

因为开发活动需要，近年来软件项目广泛使用版本控制系统、缺陷追踪系统、邮件列表和论坛等工具，大型软件工程的数字轨迹被普遍地保存起来。每一次代码提交、每一个缺陷报告、对缺陷的每一次评论、每一个邮件及回复等，都被完整地保存在软件仓库中，记录了软件开发过程和代码的演变，以及开发者个体及其交互的行为。以可自由访问的开源项目为例，仅Chrome一个开源项目就有超过70万个的缺陷数据，Apache开源社区拥有超过60万封邮件，Mozilla在Mercurial上有超过2亿条的代码提交日志。许多成功开源项目拥有众多分布全球的用户和贡献者，其软件工程数据时刻都在增长，例如Chrome每天有上百个新的缺陷提出，Apache平均每天有1000多封新邮件产生，Mozilla每天有2万多条新的提交。Internet上所有开源项目的版本控制系统数据总量估计在70TB级别。当然如同其他大数据面临的问题一样，这些数据分散在Internet上的众多地方，加之类型多、变化性大，每分每秒都在不断地产生和消失，采集、存储和整理是首要面对的问题。

因为软件工程大数据的现实存在，一种新的研究途径随之出现——如同人类考古学，人类祖先有意或无意留下的痕迹为考古学家提供了研究古代文化历史的可能，项目过程数据留下了软件的开发历史轨迹，使得人们能够从中挖掘有价值的内容——称之为软件的数字考古。Empirical Software Engineering、Mining Software Repositories、Business Intelligence 等都是学术界和产业界的一些尝试，采用数据驱动的方法来理解软件如何生产，并利用这些数据度量程序员效率、计算成本、预测软件质量等，成功地改善了许多实践操作和业务决策。值得一提的是，这些数据是因为程序员和项目开发自身需要而自然积累下来的，并非为了度量或评估而刻意填写或保存的，这使得霍桑现象不再是问题。

然而，如果只针对单个或若干个项目进行研究，研究结果的适用性相当有限。众多的软件仓库将贡献数量庞大的项目样本，大样本将带来惊人的洞察力，激励着人们用全新的观念审视大数据时代的软件工程：构建软件工程大数据池，更准确地计算成本，更精细地认识和改进过程，探讨以前无法度量的程序员的个体差异性和社会化生产的可知可控等难题。并且，软件开发模式在不断演化，但是却从来不曾有机会纵横捭阖地比较各种项目的微过程，从广阔的时间维度上理解软件及软件开发的演化，获得对软件开发理论和方法的崭新认识。软件工程大数据为此创造了条件。

软件工程大数据是由众多软件开发过程中的工具自然产生和记录的软件演化和参与者活动的日志，分散在互联网的软件仓库、软件公司以及个体的各种环境中，软件项目样本多、日志数据种类和格式多（结构化的和非结构化的），总体规模巨大，且时刻变化。基于大数据的软件工程研究是在获取和组织软件过程数据的基础上，采用新的视角和分析方法，一方面重新审视软件工程的基本问题，突破原有的认知瓶颈，另一方面探讨新的历史条件下新的开发模式，探寻新的软件过程规律，从而丰富人们对软件和软件开发复杂性的认识，建立新的软件理论和方法。

5.5.2　大数据助力软件工程

软件工程的一个核心理念是通过规范开发过程提高开发效率和软件质量。然而，现实的过程模型一般是粗粒度的，例如迭代模型、极限编程等，在指导项目实践中非常依赖于实践者个体,某个项目的成功模式常常难以复制到其他项目中。因此,能否找到并量化可复制的细粒度的项目最佳实践,是软件工程研究的一个很重要问题。这种最佳实践称为微模式(Micro-Pattern 或 Micro-Practice),是项目在完成各项特定任务(例如解决 bug、提交代码、沟通需求、指导新手等)时所采用的方式方法或活动流程。既然软件仓库记录了软件开发和维护的大量行为,就为理解和挖掘这种微模式提供了基础,尤其为判定结果的普适性提供了机会。例如,针对信息需求,华盛顿大学的 Ko 等识别出程序员从其合作者处最频繁搜寻的两类信息是:“我的合作者在干什么”、“在什么情况下这个失效会发生”。如果能够自动挖掘并可视化这两类信息并提供推荐,将对开发有很大帮助。有许多研究聚焦于理解缺陷报告的最佳实践,例如探究开源项目中的缺陷分类活动,寻找重复的缺陷报告,或者寻找最适合解决某个缺陷报告的人员,或者预测哪个缺陷会被修复,或者哪个代码片段将发生问题等。

软件代码的创建、修改、分支、复用等事件构成了其演化历史。面向专利开源化中的所有开源项目,建立了一个统一的模型来表示代码演化过程:采用基于多种特征的方法来进行代码的复用判定,并且为了分析数亿个文件的版本迭代和复用关系,利用 MapReduce 技术来控制复杂度,取得了良好的效果。以这个统一模型为基础,设计了一个代码演化追踪工具,该工具能够追踪每一个源文件的版本迭代历史,能够建立不同开源工程间代码复用关系,能够获取代码在每一个演化关键点的组织结构。该工具提供了代码演化相关的统一视图,使得对代码演化过程中的各种事件的检索抽象成了在该视图上的遍历等操作。

5.5.3 基于大数据平台的软件开发

1. 大数据与大数据平台

现代战争是体系之间的全面对抗,对手之间的博弈已经不在“视距”范围,各类武器装备必须在情报信息的引导下才能充分发挥作战效能,大数据就扮演着提供情报信息的重要作用。随着侦察卫星、飞机、地面传感器等信息获取手段的丰富,从地面、海上、空中、空间多个维度、多个视角获取数据成为可能,作战、业务信息系统的运行也无时无刻不产生着大量数据，这些数据聚合起来构成了巨大的数据流，通过对这些海量数据的筛选、分析与挖掘，能够形成战场态势全景，为指挥员进行军事决策提供可靠的情报支撑。

传统的数据采集来源单一，且存储、管理和分析的数据量也相对较小，大多采用关系型数据库和并行数据仓库即可处理。大数据环境下，数据来源非常丰富且数据类型多样，存储和分析挖掘的数据量庞大，对数据展现的要求较高，并且很看重数据处理的高效性和可用性，需要通过并行计算来提升数据处理的速度。而传统的并行数据库技术追求高度一致性和容错性，根据 CAP（一致性、可用性和分区容错性）理论，难以保证其可用性和扩展性。同时，传统的数据处理方法是以处理器为中心，而大数据环境下，需要采取以数据为中心的模式，减少数据移动带来的开销。因此，传统的数据处理方法，已经不能适应大数据的需求。

大数据平台是一个集数据接入、数据处理、数据存储、查询检索、分析挖掘、数据展现、应用接口等为一体的数据共享交换平台，它为指挥员利用大数据进行决策提供处理手段和方法。从数据的生命周期来看，大数据从数据源经过分析挖掘到最终产生价值需要经过数据准备、存储与管理、计算处理、数据分析和知识展现 5 个环节，大数据平台的分层架构如图 5-6 所示。

大数据的计算模式主要分为批量计算（Batch Computing）、流式计算（Stream Computing）、交互计算（Interactive Computing）等。其中，流式计算和批量计算是两种主要的大数据计算模式，分别适用于不同的大数据应用场景。对于先存储后计算，实时性要求不高，同时数据的准确性、全面性更为重要的应用场景，批量计算模式更合适；对于无需先存储，可以直接进行数据计算，实时性要求很严格，但数据的精确度要求稍微宽松的应用场景，流式计算具有明显优势。

如图 5-7 所示，批量计算首先进行数据的存储，然后再对存储的静态数据进行集中计算。Hadoop 是典型的大数据批量计算架构，由 HDFS 分布式文件系统负责静态数据的存储，并通过 MapReduce 将计算逻辑分配到各数据节点进行数据计算和价值发现。

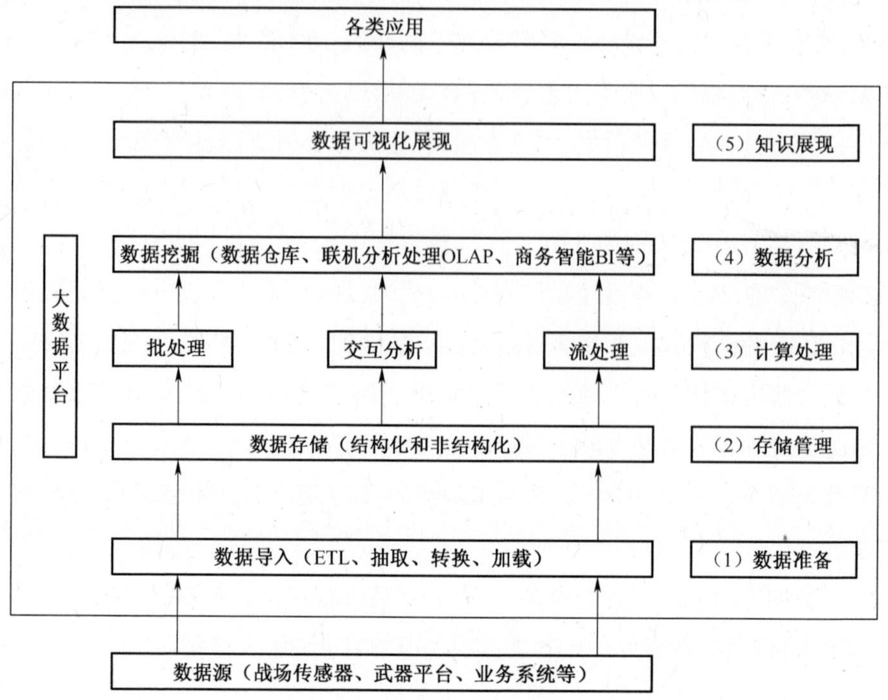

图 5-6 大数据平台分层架构

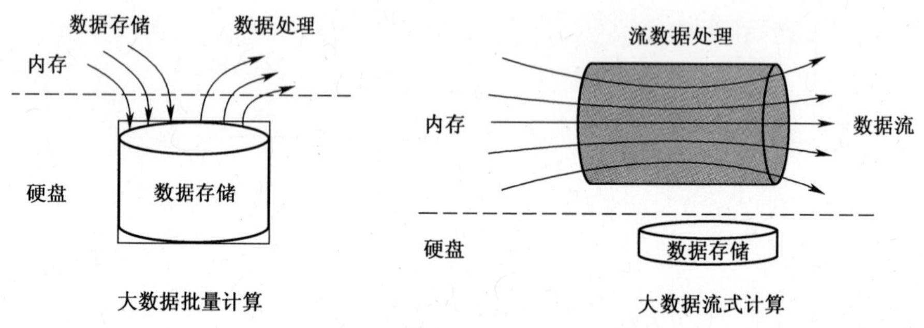

图 5-7 大数据的批量计算与流式计算

在流式计算中，无法确定数据的到来时刻和到来顺序，也无法将全部数据存储起来。因此，不再进行流式数据的存储，而是当流动的数据到来后在内存中直接进行数据的实时计算。如 Twitter 的 Storm、Yahoo 的 S4 就是典型的流式数据计算架构,数据在任务拓扑中被计算,并输出有价值的信息。

目前,关于大数据批量计算相关技术的研究相对成熟,形成了以 Google 的 MapReduce 编程模型、开源的 Hadoop 计算系统为代表的高效、稳定的批量计算系统,是当前构建大数据平台的主流技术,也是当前指挥控制领域使用的主要技术。

2. 大数据平台工具集

Google 在 2003 年研发了 Google 的文件系统 GFS, 2004 年提出了 MapReduce 编程模型,由此开始了大数据研究。2006 年提出的 Hadoop 是 Google 大数据架构的开源实现,包括 HDFS 和 MapReduce. Hadoop,它已经成为构建大数据平台的重要架构。EMC、IBM、Oracle 等跨国 IT 公司都发布了大数据战略和产品,并以 HDFS 和 MapReduce 为基础建立了很多项目,形成了 Hadoop 生态系统。

开源的 Hadoop 工具集,如图 5-8 所示,能够为上层的软件应用构建一个可靠、高效、可扩展、能够分布式处理大规模海量数据的底层框架。

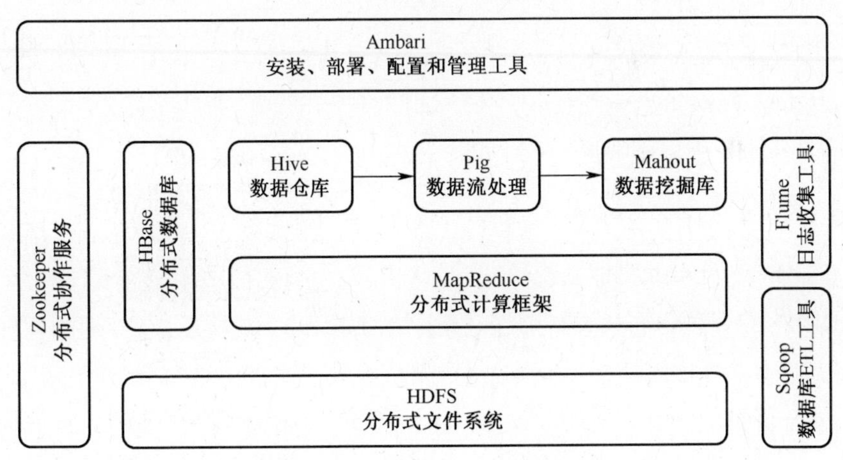

图 5-8 大数据平台软件工具集

1) MapReduce 分布式计算框架

MapReduce 将传统的查询、分解及数据分析等处理任务分配到不同的处理节点,通过并行技术提高了数据的处理速度。MapReduce 的设计初衷是通过大量廉价服务器实现大数据并行处理，对数据一致性要求不高，其突出优势是具有扩展性和可用性，特别适用于海量的结构化、半结构化及非结构化数据的混合处理。MapReduce 是一套软件框架，执行流程如图 5-9 所示，包括 Map 和 Reduce 两个阶段，可以进行海量数据分割、任务分解与结果汇总，从而完成海量数据的并行处理。Map 即分解，负责将海量数据集切分为若干独立的数据块，分给多台处理器进行并行处理；Reduce 即合并，把各台处理器处理后的结果进行汇总操作以得到最终结果。

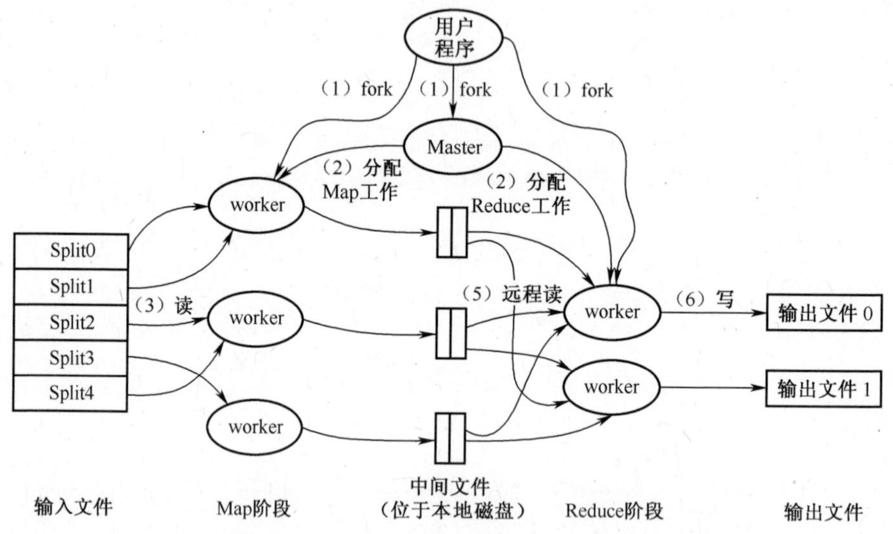

图 5-9　MapReduce 操作执行流程图

2）HDFS 分布式文件系统

HDFS 是一种分布式文件系统，体系结构如图 5-10 所示，其管理的物理存储资源不全部直接连接在本地节点上，而是通过计算机网络与节点相连。用户可以通过目录路径对文件执行创建、读取、更新、删除等操作。HDFS 集群拥有一个 NameNode 结点和若干 DataNode 结点。NameNode 管理文件系统的元数据，DataNode 存储实际的数据。客户端通过与 NameNode 和 DataNodes 的交互来访问文件系统。

HDFS 采用 Master/Slave 架构，客户端首先访问 NameNode 来获取文件的元

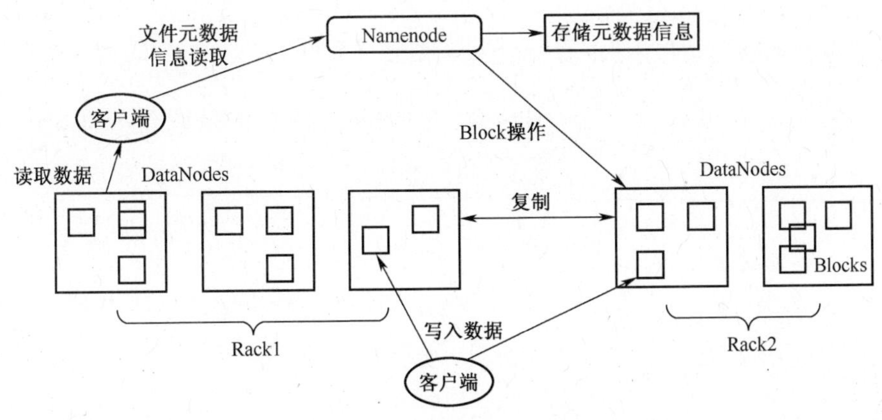

图 5-10　HDFS 体系结构图

数据,然后通过与 DataNode 的交互完成对文件的输入/输出操作。NameNode 节点作为 Master 服务器,扮演中心服务器的角色,用来处理来自客户端的文件访问请求,管理文件系统的命名空间操作,负责数据块到数据节点之间的映射。DataNode 节点作为 Slave 服务器,响应客户端的读写请求,管理挂载在节点上的存储设备。大文件的存储会被分割为多个 Block 进行存储。块的大小默认为 64MB,每一个 Block 会在多个 DataNode 上存储多份副本,默认为 3 份。

HDFS 的优点体现在以下 3 个方面:

(1) 高容错性。HDFS 设计初衷就是使 Hadoop 能够在通用硬件上运行,通用硬件意味着大型集群中出现节点故障情况的概率非常高。HDFS 通过维护多个工作数据副本以保证在出现故障时可以对失效的节点重新进行分布处理,通过数据校验功能、后台的连续自检数据一致性功能等多种容错措施来保证数据的高可用。

(2) 高吞吐量访问。HDFS 的另一个设计目标是支持大文件存储,为此它采用了"一次写入,多次读取"这种简单的数据一致性模型。一个数据集一旦由数据源生成,就会被复制分发到不同的存储节点中,当用户访问时将位置最近和访问量最小的服务器提供给用户,多复本存储使得文件块在不同的服务器上都有备份,不再是单数据访问,提高了数据访问速度和效率。另外 HDFS 可以并行从服务器集群中读写,增加了文件读写的访问带宽。

（3）高可扩充性。因为 HDFS 的 Block 信息存放到 Namenode 上，文件的 Block 分布到 DataNode 上，当扩充的时候，仅仅添加 DataNode 数量，系统可以在不停止服务的情况下进行扩充，不需要人工干预。

3）HBase 列式内存数据库

HBase 是一个分布式的、面向列的开源数据库。不同于一般的关系数据库，HBase 采用基于列而非行的模式，非常适合于非结构化数据的存储。实际上，HBase 是 Google Bigtable 的开源实现，类似 Google Bigtable 利用 GFS 作为其文件存储系统，HBase 利用 Hadoop HDFS 作为其文件存储系统，Hbase 内部管理的文件全部存储在 HDFS 中；Google 运行 MapReduce 来处理 Bigtable 中的海量数据，HBase 同样利用 Hadoop MapReduce 来处理 HBase 中的海量数据；Google Bigtable 利用 Chubby 作为协同服务，HBase 利用 Zookeeper 作为对应。此外，Pig 和 Hive 还为 HBase 提供了高层语言支持，使得在 HBase 上进行数据统计处理变得非常简单。Sqoop 则为 HBase 提供了方便的 RDBMS 数据导入功能，使得传统数据库数据向 HBase 中迁移变得非常方便。

在 HBase 中，Key-Value 是最小的存储单元。在这个存储单元中，每一个 Key-Value 对应一个列。Value 对应于一个列的列值。在 HBase 中 Key-Value 都是以 Byte 数组的形式存储的。Key-value 分布式存储系统查询速度快、存放数据量大、支持高并发，非常适合通过主键进行查询。

4）其他工具

Hive 是为提供简单的数据操作而设计的分布式数据仓库，使用类似 SQL 语法的 HiveQL 语言进行数据查询。Pig 是大数据流处理系统。建立于 Hadoop 之上，为并行计算环境提供了一套数据工作流语言和执行框架。Mahout 是基于 HadoopMapReduce 的大规模数据挖掘与机器学习算法库。Sqoop 是数据导入工具，可以将一个关系型数据库中的数据导入 Hadoop 的 HDFS 中，也可以将 HDFS 的数据导入关系型数据库中。Flume 是一个可用的、可靠的、分布式的海量日志采集、聚合和传输系统。Ambari 是一种基于 Web 的工具，用来创建、管理、监控 Hadoop 集群。Zookeeper 则用来对分布式集群中的节点进行管理。

实际上，大数据的基本处理流程与传统数据处理流程并无太大差异，主要区别在于:由于大数据要处理大量非结构化的数据,所以在各个处理环节中都可以采用 MapReduce 等方式进行并行处理。大数据的精髓在于我们在分析信息时实现了三个转变:一是可以分析更多的数据,有时候甚至可以处理和某个特别现象相关的所有数据,而不再依赖随机采样;二是研究数据如此之多,以至于不再热衷于追求精确度;三是不再热衷于寻找因果关系。大数据的这些特征改变了理解和使用作战信息的方法,为进行战场决策提供了更多的机遇与挑战。

3. 基于大数据平台的指挥控制软件开发

随着 GPS 设备、RFID 传感器、卫星和无线通信等技术的快速发展,全球各国指挥控制系统中出现了大量的移动目标,对这些移动目标进行有效管理、分类存储与挖掘分析,是各国军事指挥控制系统都要解决的问题。这些海量移动目标具有典型的大数据特征:数据量大、更新快、格式复杂、价值密度低。本节以移动目标数据存储、处理、分析为例,说明如何运用大数据技术进行海量数据存储和分析功能的开发。

图 5-11 为基于大数据平台的态势数据分析系统框架。根据指挥控制信息系统中数据特点,综合利用传统关系型数据库、NoSQL 数据库以及分布式文件系统,形成统一的“大数据存储资源池”,采用“分而治之、差异处理、统一服务”的策略,统一接入部队行动数据,陆上、海上、空中等移动目标数据,敌情动态数据等海量数据,综合运用不同数据处理技术,确保系统后台数据运行稳定高效。采用统一封装主题服务方式屏蔽不同数据处理系统和格式差异,采用主题服务提供负载均衡集群处理能力,满足大并发数据访问请求;通过关系型数据库提供的集群(Oracle RAC)能力,解决数据量增长引发的数据库处理效率下降问题。采用成熟的软硬件一体的大数据解决方案,优化 HBase(列式 NoSQL 数据库)查询处理模式;采用 Spark 内存处理技术,满足海量实时海空情、情报动态及态势处理数据的实时批量插入和查询;优化分布式文件系统(HDFS)中的小文件块处理技术,满足海量地理影像数据文件的存储、调取和查询;通过大数据处理节点软件和后台 NAS 存储阵列硬件的综合优化,提升整个系统的 I/O 处理能力,满足大数据处理所需的大吞吐量要求。框架可集成应用并行计算框架、流

处理框架和机器学习算法库。并行计算框架中的批处理框架可采用 Spark 和 MapReduce 等并行计算框架技术实现;内存计算框架可采用 Impala,将数据加载到内存中,提升数据处理效率。流处理框架可采用 Storm 和 Spark streaming 等技术工具,配合 Kafka 等分布式消息队列,处理大量的实时数据。机器学习算法库可集成开源的主流分析计算模型,包括 Hadoop 环境中的 Mahout、Spark 框架中的 MLlib、Google 的深度学习工具 TensorFlow 以及 R 语言自带算法包。

图 5-11 以移动目标轨迹数据挖掘为例,运用关系数据库、Nosql 数据库、分布式文件系统以及 Spark 等数据处理技术,调用贝叶斯分类/聚类、神经网络等典型数据挖掘算法,分析预测移动目标的活动特点和规律,分为 4 个层次:数据层、业务逻辑层、用户层以及应用层。

(1) 数据层。在数据层收集移动目标的轨迹数据并存储在相应数据库中。主要工作包括移动目标轨迹数据的采集、清洗以及不同轨迹数据的集成。由于移动目标轨迹数据来源于多个不同采集设备,数据不准确、不一致现象非常普遍,直接对这些数据进行操作不利于算法的稳定运行,充分的预处理能够增强分析效果。这些预处理包括轨迹数据的过滤、数据加载以及轨迹数据的重构。数据层数据主要以 HBASE 数据库方式存储在 HDFS 分布式文件系统当中,能够根据数据量和计算量的大小动态调整系统节点数量。

(2) 业务逻辑层。在业务逻辑层,主要以移动目标轨迹数据为基础进行移动目标活动规律的挖掘,并对挖掘结果进行深入的分析,包括移动目标的轨迹数据挖掘以及移动目标的活动模式挖掘。具体分为四个层次:属性相关分析、轨迹分析、区域分析、模式发现。属性相关分析通过采用属性统计分析方法对移动目标进行数据分析,可以发现更易理解的信息;轨迹分析借助属性知识库,结合移动目标特点以及运动环境,在大规模轨迹数据中挖掘潜在的、直观上较难发现的信息;活动区域分析,采用数据统计方法,分析不同移动目标的历史活动区域;模式发现是通过对移动目标轨迹数据的聚类分析,发现移动对象相同的运动模式或对象相似的运动特征,用于对轨迹和产生轨迹的移动对象进行分类预测。

(3) 用户层。主要包括用户的输入交互以及移动目标的数据挖掘结果的

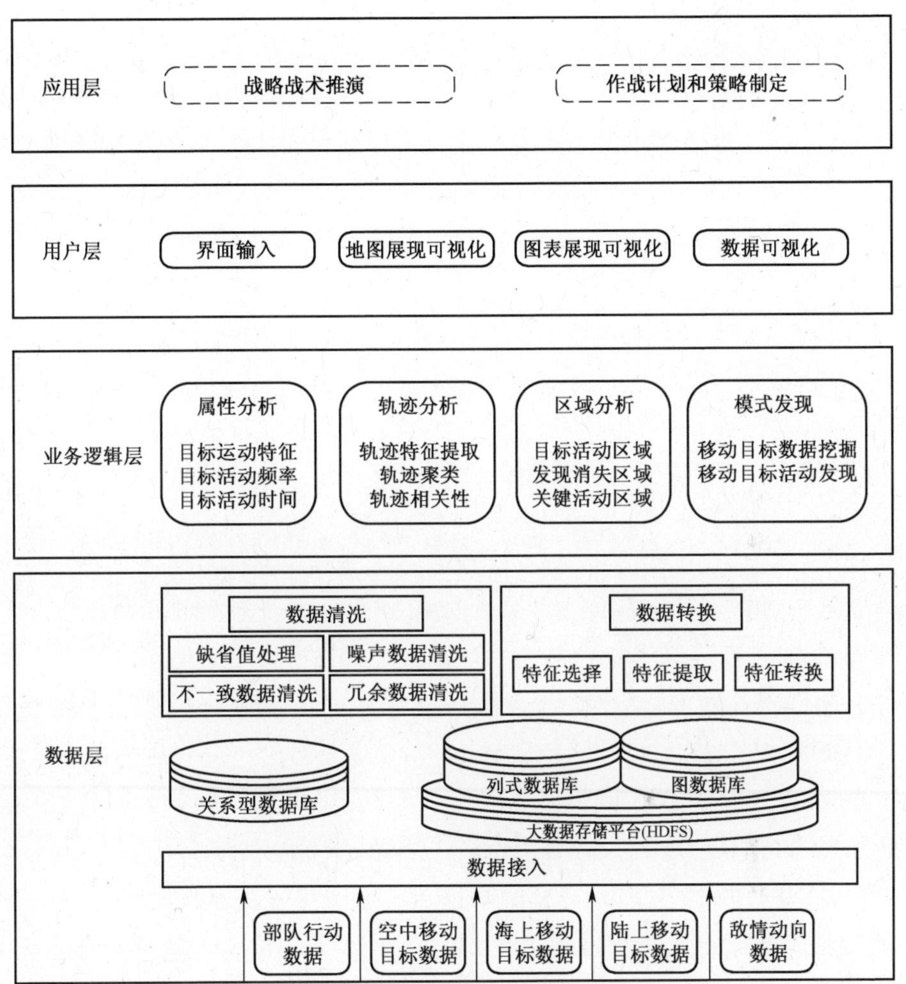

图 5-11　态势数据分析系统框架

可视化展示两方面功能。其中,用户的输入交互主要包括:参数设置、数据输入、挖掘命令输入以及参数的调整等。移动目标挖掘结果的展示主要包括:轨迹再现、挖掘结果的展示、相关数据的统计图表展示等。通过对分析结果进行可视化的展示,使用人员可以很容易地读懂挖掘结果,并可以根据挖掘结果对相关参数进一步调整。

(4) 应用层。应用层是整个移动目标轨迹数据挖掘系统的应用终端,主要以指挥控制软件中的移动目标轨迹数据作为研究对象,应用移动目标的数据挖掘方法,结合目标活动的时间空间信息,将轨迹数据的挖掘结果进行相关应用,例如进行战略战术推演、作战计划和策略制定等。

参考文献

[1] 曹树金,罗春荣. 信息组织的分类法和主题法[M]. 北京:北京图书馆出版社,2002.

[2] 储节旺,等. 信息资源组织学[M]. 北京:北京大学出版社,2007.

[3] 军事主题词表办公室. 军事信息资源分类法[M]. 北京:军事科学出版社,2005.

[4] 徐丽丽. 基于 Web 的异构数据集成方法研究[D]. 武汉理工大学,2009.

[5] 景娅萍. 基于 Web 异构数据源的整合与集成[J]. 贵州教育学院学报,2004.

[6] 吕行. 基于 XML 的异构数据源集成系统研究与应用[D]. 河海大学,2004.

[7] 孙焕良,李彤,等. 基于 XML 技术的数据仓库多维数据模型[J]. 小型微型计算机系统,2002.

[8] 张兵,张荣肖,潘玉平. 联邦数据库系统[J]. 计算机系统应用,1995.

[9] 安娜. 基于 XML 的异构数据集成技术的应用研究[D]. 西北工业大学,2007.

[10] 周明辉,郭长国,基于大数据的软件工程新思维[J]. 中国计算机学会通讯,2014,10(3).

[11] 戴建伟,吴照林,朱明东,等. 数据工程理论与技术[M]. 北京:国防工业出版社,2010.

[12] Brooks F. The Mythical Man-Month:Essays on Software Engineering(Anniversary Edition). Addison Wesley, Reading, MA, 1995.

[13] P Robillard. The role of knowledge in software development. Communications of the ACM, 1999, 42(1): 87-92.

[14] B Curtis. Substantiating programmer variability. In Proceedings of the IEEE 69, July 1981.

[15] M Blumberg, C D Pringle. The missing opportunity in organizational research: Some implications for a theory of work performance. The Academy of Management Review, 1982, 7(4):

560-569.

[16] H M Parsons. What Happened at Hawthorne? Science,1974,183(4128): 922-932.

[17] V R Basili,D M Weiss. A methodology for collecting valid software engineering data. IEEE Transactions on Software Engineering, 1984, 10(6):728-737.

[18] John P A Ioannidis. Why most published research findings are false. PLoS Med,2005,2(8):e124.

[19] Meiyappan Nagappan, Thomas Zimmermann,Christian Bird. Diversity in software engineering research. In Proceedings of the 2013 9th Joint Meeting on Foundations of Software Engineering (ESEC/FSE 2013). ACM, New York, NY, USA,2013.

[20] Foyzur Rahman, Daryl Posnett, Israel Herraiz, Premkumar Devanbu. Sample size vs. bias in defect prediction. In Proceedings of the 2013 9th Joint Meeting on Foundations of Software Engineering (ESEC/FSE 2013). ACM, New York, NY, USA,2013.

[21] A Mockus. Amassing and indexing a large sample of version control systems: towards the census of public source code history. In 6th IEEE Working Conference on Mining Software Repositories,2009.

[22] B Curtis. Fifteen years of psycho-logy in software engineering: Individual differences & cognitive science. In ICSE'84, 1984, 97-106.

[23] Minghui Zhou. Looking for Micro-process in Large-scale Data. The 2nd international workshop on Evidential assessment of software technologies (EAST '12), 2012/9/22,39-42.

[24] Julie Steele,Noah Iliinsky. 数据可视化之美[M]. 祝洪凯,李妹芳,译. 北京:机械工业出版社,2011.

[25] 武方. 地图设计与编绘[M]. 中国人民解放军测绘学院,1995.

[26] 计宏亮,徐山峰,赵楠. 美军联合信息环境计划[J]. 指挥控制与仿真,2016,38(1).

[27] 张睿,李新明. 美军联合信息环境建设发展研究[J]. 装备学院学报,2016,27(6).

第6章 配置管理

软件配置管理(Software Configuration Management, SCM)的概念最早来源于美国空军。为了规范设备的设计与制造,美国空军于1962年制定并发布了第一个配置管理的标准——AFSCM375-1,CM During the Development & Acquisition Phases。20世纪六七十年代,加州大学的Leon Presser教授在其论文“Change and Configuration Control”中正式提出了控制变更和配置的概念,并于1975年成立公司研发了最早的配置管理工具(Change and Configuration Control, CCC)。随着软件开发规模的逐渐增大,越来越多的公司和团队意识到了软件配置管理的重要性,各种配置管理工具也纷纷涌现,其作为一个新型的软件开发团队管理手段,在软件工程领域逐渐得到了重视,是企业软件工程化水平的重要体现,在大型软件开发项目中尤为重要。

6.1 认识配置管理

6.1.1 基本概念

1. 配置项

配置项(Software Configuration Item,SCI)是计算机配置项的简称,泛指组成软件系统的各组成部分,可以是物理的也可以是逻辑上的划分。例如:软件产品包括的程序模块,每个程序模块及其相关文档和支撑数据等就可被称为一个配置项。受控软件经常被划分为多个配置项,是进行软件配置管理的基本单位,这类划分是进行软件配置管理的基础和前提。通常也可分为三大类:一类是属于产品组成部分,例如需求文档、设计文档、源代码、目标代码、可执行代码、测试用例等；另一类是在管理过程中产生的文档，例如各种合同、计划、报告等；相关产品，包括软件工具、库内的可重用软件、外购软件及用户提供的软件等。每个配置项的主要属性有：名称、标识符号、状态、版本、作者、日期等。在具体实施软件配置管理时，应根据软件结构、配置管理工具的能力和管理是否方便三方面因素确定软件配置项的"粒度"。

由于软件配置项随软件生命周期产生而产生，在生命周期内不断被修改，因此，保持软件配置项的正确性和完整性是极其复杂和重要的工作。

2. 基线

基线(Baseline)是对配置项组合的一个逻辑称谓，指一个或一组配置项在其生存周期的某一时间，被正式标明、固定并经正式批准的版本，是一个相对稳定的逻辑实体，其组成部分不能被任何人随意修改。基线形成后，可作为进一步开发和修改的基准和出发点，配置管理机构应通知其他相关机构，获取软件的里程碑版本。

在配置管理中常见以下3种基线：分配基线、功能基线和产品基线。

1）分配基线(Allocated Baseline)

分配基线指在软件需求分析阶段结束时，经过正式评审和批准的软件需求规格说明。分配基线是最初批准的分配配置标识。

2）功能基线(Functional Baseline)

功能基线指在系统分析与软件定义阶段结束时，在经过正式评审和批准的系统设计规格说明书中对软件系统的规格说明；或是指在经过项目委托单位和项目承办单位双方签字同意的协议书或合同中，所规定的对软件系统的规格说明；或是由下级申请并经上级同意或直接由上级下达的项目任务书中所规定的对开发软件系统的规格说明。功能基线是最初批准的功能配置标识。

3）产品基线(Product Baseline)

产品基线指在软件组装与系统测试阶段结束时，经过正式评审和批准的有关软件产品的全部配置项的规格说明。产品基线是最初批准的产品配置标识。

3. 配置库

配置库(Configuration Repository)是对计算机中所有配置项及其相关信息

存储的统一逻辑称谓。根据采用的配置管理工具实现方式差异,实体的形式可能是简单的文件或文件夹组合,也可能是数据库文件,可能是集中式的,也可能是分布式的。当然,实体形式的不同,会导致对配置库管理权限的控制粒度、层级、方法不同。

按照配置库中配置项在软件寿命周期中的状态阶段和管理机构差异,在逻辑上又被分为开发库、受控库和产品库,即通常的“三库”。

(1) 开发库通常在软件开发组内建立,用来存放编写好的文档以及经过单元测试、集成测试的程序,由软件开发人员自行管理维护。开发库的内容可供软件开发人员进行需求分析、设计、实现和测试使用。经过测试、评审和批准后,应适时将相应内容转入受控库。

(2) 受控库存放所有已成为基线的软件配置项,通常由专职配置管理员管控。对受控库中各个基线的更改,应履行严格的审批手续。一般来说,确认测试和系统联试的程序应由受控库提供,待发布的软件产品由受控库通过测试后应转入产品库。当软件开发采用敏捷开发方式时,其迭代快、上线快、升级快,伴随式的软件测试通常难以准确界定集成测试、确认测试和系统测试的区别,有时也在开发库、传统受控库的基础上扩展“测试库”,以更加有利于实现软件从开发库进入受控库的控制。

(3) 产品库通常指经过集成测试或确认测试后,产生的系统级基线版本,需要按照系统基线进行管理。对于复杂系统来说,任何配置项的更改,均需进行对系统影响性的测试验证,确保整体系统的一致性和有效性。

4. 配置管理

配置管理即软件配置项管理,又称软件形态管理,是一种采用技术手段和行政手段,对软件项目全生命周期所有配置项的变更进行管理,以求最大限度地降低软件项目过程中配置项变更引发的错误,避免软件开发者之间的混乱,特别是有效解决团队开发中存在的多重维护问题、同时修改问题、丢失版本或不知版本问题的方法。

1) 基本目标和原则

配置管理的基本目标包括:

（1）软件配置管理的各项工作是有计划进行的。

（2）被选择的目标产品得到识别、控制并且可以被相关人员获取。

（3）已识别出的项目产品的更改得到控制。

（4）使相关组织和个人及时了解软件基准的状态和内容。

2）主要活动

软件配置管理的活动主要包括配置标识、配置控制、配置状态记录和报告、配置审核（配置评价）、软件发行管理和交付等5个方面。

（1）配置标识。识别和唯一软件项目中的配置项，并对其特性进行记录的过程，是软件配置管理的核心和基础，是实施软件配置管理的关键。

（2）配置控制。是对配置项提出的更改进行评估、决策（批准或拒绝）、实施和跟踪的过程，包括对配置库的访问控制、版本控制和更改控制。

（3）配置状态记录和报告。规定如何收集、处理和报告配置项的状态信息，及时记载更改活动，说明要定期提供的报告及其分发方法。

（4）配置审核（配置评价）。是对软件进行验证的一种方法，其目的是检查软件产品和过程是否符合过程管理的相关标准、规格说明和规程。配置审核的对象既可以是软件产品，也可以是软件过程；既可以是全部软件产品或过程，也可以是部分软件产品或过程。

（5）软件发行管理和交付。通常包括存储、复制和交付等步骤。

3）实施原则

通常完成整个项目的研发计划制订后，就应该成立配置控制委员会，开展软件配置管理的活动，制定软件配置管理计划，以便软件配置管理的具体活动能够及时有效的进行，避免造成项目开发后期状况的混乱。除此之外，为实现基本目标，在项目配置管理中还需要贯彻以下原则：

（1）制订项目组认可的可行的配置管理计划和工作流程；

（2）有专人负责督促项目相关人员使用和遵循制订的配置管理工作流程；

（3）相关人员得到软件配置管理方面的培训；

（4）有专门的配置管理工具；

(5) 软件配置管理工作应该有足够的人力资源。

4) 角色及职责

实践表明,对于任何一个管理流程来说,保证该流程正常运转的前提条件就是要有明确的角色、职责和权限的定义,组织内的所有人员按照不同角色的要求、根据系统赋予的权限来执行相应的动作。常见的软件配置管理过程中,主要涉及以下5类角色:

(1) 项目经理(Project Manager,PM)。项目经理是整个软件研发活动的负责人,他根据软件配置控制委员会的建议批准配置管理的各项活动并控制它们的进程。其具体职责包括:

① 制定和修改项目的组织结构和配置管理策略;

② 批准、发布配置管理计划;

③ 决定项目起始基线和开发里程碑;

④ 接受并审阅配置控制委员会的报告。

(2) 配置控制委员会(Configuration Control Board,CCB)。负责指导和控制配置管理的各项具体活动的进行,为项目经理的决策提供建议。其具体职责包括:

① 定制开发子系统;

② 定制访问控制;

③ 制定常用策略;

④ 建立、更改基线的设置,审核变更申请;

⑤ 根据配置管理员的报告决定相应的对策。

(3) 配置管理员(Configuration Management Officer,CMO)。根据配置管理计划执行各项管理任务,定期向 CCB 提交报告,并列席 CCB 的例会。其具体职责包括:

① 软件配置管理工具的日常管理与维护;

② 提交配置管理计划;

③ 各配置项的管理与维护;

④ 执行版本控制和变更控制方案;

⑤ 完成配置审计并提交报告；

⑥ 对开发人员进行相关的培训；

⑦ 识别软件开发过程中存在的问题并拟制解决方案。

(4) 系统集成人员(System Integration Officer,SIO)。系统集成员负责生成和管理项目的内部和外部发布版本,其具体职责包括：

① 集成修改；

② 构建系统；

③ 完成对版本的日常维护；

④ 建立外部发布版本。

(5) 开发人员(Developer,DEV)。开发人员的职责就是根据组织内确定的软件配置管理计划和相关规定,按照软件配置管理工具的使用模型来完成开发任务。

5) 基本流程

在这个软件配置管理过程中,常见的基本流程为：

(1) 配置控制委员会设定研发活动的初始基线；

(2) 配置管理员根据软件配置管理规划设立配置库和工作空间,为执行软件配置管理计划做好准备；

(3) 开发人员按照统一的软件配置管理策略,根据获得的授权的资源进行项目的研发工作；

(4) 系统集成人员按照项目的进度集成组内开发人员的工作成果,并构建系统,推进版本的演进；

(5) 配置控制委员会根据项目的进展情况,审核各种变更请求,并适时的划定新的基线,保证开发和维护工作有序的进行。

在整个软件生命周期内,基本流程将循环往复,直到项目的结束。当然,在该过程之外,还涉及其他一些相关的活动和操作流程,按角色分工不同主要包括：

(1) 各开发人员按照项目经理发布的开发策略或模型进行工作；

(2) 系统集成人员负责将各分项目的工作成果归并至集成分支,供测试或发布；

(3) 系统集成人员可向配置控制委员会提出设立基线的要求，经批准后由配置管理员执行；

(4) 配置管理员定期向项目经理和配置控制委员会提交审计报告，并在配置控制委员会例会中报告项目在软件过程中可能存在的问题和改进方案；

(5) 在基线生效后，一切对基线和基线之前的开发成果的变更必须经配置控制委员会的批准；

(6) 配置控制委员会定期举行例会，根据成员所掌握的情况、配置管理员的报告和开发人员的请求，对配置管理计划作出修改，并向项目经理负责。

由上述定义可见，配置管理其实是一种被广为接受的软件质量管理思想而已，配置项、基线和配置库的划分只是践行这种管理思想的一种可行的具体管理方法，如果把配置项看做对项目资源的纵向划分，则基线和配置库可以认为是基于时间的横向切片，特别是配置库可以看做是基线的组合，不同项目的配置管理区别主要是配置项的粒度、数目、具体内容的差异以及采用的具体配置管理工具。

6.1.2 配置管理工具

采用纯人工方式进行配置管理工作不仅效率低下，质量也难以控制。目前，国内外相继推出了相似的配置管理工具，主流的配置管理工具如国外的VSS、CVS、SubVersion、ClearCase 等，国内的如青鸟配置管理信息系统等。

1. VSS

VSS 是微软开发的一种配置管理工具，提供了完善的版本和配置管理功能，以及安全保护和跟踪检查功能。用户可以根据需要随时快速有效地共享管理各种项目文件，如文本文件、图像文件、声音文件等。文件一旦被添加进VSS，可以采用 version、用户及时间戳或标签三种方式标识配置项，记录每次改动。用户可以恢复文件的早期版本，项目组的其他成员也可以看到有关文档的最新版本，并对它们进行修改，VSS 也同样会将新的改动记录下来。

VSS 可以同 Visual Basic、Visual C++、Visual J++、Visual InterDev、Visual Fox-

Pro 开发环境以及 Microsoft Office 应用程序集成在一起,提供了方便易用、面向项目的版本控制功能。

1) VSS 项目

项目(Project)是指用户存储在 VSS 数据库中的所有文件(File)的集合。用户可以在项目之间或项目内部实现文件的添加(Add)、删除(Delete)、编辑(Edit)、共享(Share)。一个“项目”在很大程度上类似于一个普通系统的文件夹,不同的是它能更好地支持文件合并(Merge)、跟踪(Archive)和版本控制(Version Control)功能。

文件保存在 VSS 数据库中的项目里。用户无须管理存储在 VSS 中的文件正本,除非要检查或与其他复制件进行比较。

VSS 为每一位用户提供了一份备份文件放入工作文件夹(Working Folder),供用户对文件进行查看与编辑。当然,即使没有工作文件夹也可以查看文件,但要想真正实现对文档的处理,必须建立工作文件夹。

2) 控制功能

VSS 能够保存文件的多个版本,包括文件版本之间每一处微小的变动。版本控制有以下 4 方面的功能:

(1) 组内合作。在默认情况下,一般一个文件在某一时间只允许一个用户对其进行修改,这样可以防止文件意外被其他用户改动或者覆盖。管理员可以改动这种默认设置,允许文件多层签出。这种设置也能防止过多的、不必要的改动。

(2) 版本追踪。VSS 能够对源代码和其他文件进行存储和早期版本的追踪,提供重建文件早期版本的能力。

(3) 跨平台开发。在多平台开发的情况下,版本追踪用于维护核心代码。

(4) 代码的再使用。追踪程序基准使得代码可重用。

3) 拆分共享

在 VSS 中可以实现一个文件被多个项目共享。在一个项目中对文件的改动可以自动反映到其他共享的项目中,这有助于实现代码重用。在 File 菜单的 Properties 中,点击 Link,可以查看某一文件的共享情况。

共享文件就是在多个项目间建立文件的连接。拆分文件就是在项目之间建立不同的文件路径。

拆分(Branch)是将文件从原来共享的项目中分离出来的过程。它使得VSS可以实现从不同的路径追踪文件。

拆分文件就断开了共享连接,使得本项目中的文件与其他原来共享的项目无关。对此文件的修改将不会再反映到其他项目上,即拆分前两个文件有着共同的历史记录,从实现拆分开始,历史记录将被VSS分别追踪。

拆分文件之后,Link按钮将不再显示已断开的连接,可以用Path(File菜单中的Properties项)按钮浏览拆分的历史记录。

4) 文件夹

VSS是存储和管理文件的工具,但是编辑和编译文件必须在VSS指定文件夹中进行。这个文件夹叫工作文件夹,它可以是现存的文件夹,也可以是VSS新建的文件夹。VSS浏览器在文件列表上方显示了文件的工作文件夹的路径。

在VSS系统中,工作文件夹才是真正用于处理文档的地方。当要编辑或修改某个文档时,必须对文档实施Check Out操作,VSS将该文档从项目中拷贝出来,放入工作文件夹。当修改完毕并Check In文件之后,VSS又将文件重新拷贝到数据库中以记录对其的修改。一旦将文件Check Out,VSS就可以在本地机上创建并管理工作文件夹。

2. CVS

CVS(Concurrent Version System)是国际上成熟流行的开源代码版本控制软件,CVS支持主流的操作系统,如Windows、Unix、Linux等。

CVS可以维护任意文档的开发和使用,例如共享文件的编辑修改,而不仅仅局限于程序设计。CVS维护的文件类型可以是文本类型也可以是二进制类型。CVS用Copy-Modify-Merge(复制、修改、合并)变化表支持对文件的同时访问和修改,自动分配唯一的Revision(即配置项的版本)来标识配置项,无需用户关心更改的细节。它明确地将源文件的存储和用户的工作空间独立开来,并使其并行操作。CVS基于客户端/服务器的行为使其可容纳多个用户。这一特性使得CVS成为位于不同地点的人同时处理文件(特别是程序的源代码)时的首选。

CVS 通过在服务器上建立源代码库,以存放不同项目的源程序,由源代码库管理员统一管理这些源程序。每个用户在使用源代码库之前,首先要把源代码库里的项目文件下载到本地,然后用户可以在本地任意修改,最后用 CVS 命令进行提交,由 CVS 源代码库统一管理修改。这样,既避免了冲突,又可以做到跟踪文件变化等。

CVS 不能代替开发者之间的交流。在单个文件内遇到冲突时,大多数开发者不费多大力气就能解决它们。但更常见的“冲突(Conflict)”,是那些难度较大、不在开发者之间进行交流就没法解决的问题。当在一个文件内或多个文件中同时发生变化时,CVS 并不知道何时它们会在逻辑上发生冲突。因此,这是必须通过开发者之间的交流才能解决的问题。

CVS 的权限管理有两种策略。一种是基于系统文件权限的系统用户管理,这种策略适合多个在 UNIX/Linux 平台上使用系统账号的开发人员;另一种是基于 CVSROOT/passwd 的虚拟用户管理,这种策略适合多个在 Windows 平台上的开发人员将帐号映射成系统帐号使用。

3. SubVersion

SubVersion 是一个通用开源系统,简称 SVN,可以管理任何类型的文件,支持分布式协同使用。通过 TortoiseCVS 开源客户端,用户可以将文件及版本信息保存在中央版本库中。

SVN 服务器有两种运行方式:独立服务器和借助 apache 运行。两种方式各有利弊,用户可以自行选择。SVN 存储版本数据也有两种方式:BDB(事务安全型表类型)和 FSFS(不需要数据库的存储系统)。因为 BDB 方式在服务器中断时,有可能锁住数据,所以 FSFS 方式更安全一点。

SVN 集中管理的核心是服务器,所有开发者在开始新一天的工作之前必须从服务器获取代码,然后开发,最后解决冲突并提交。所有的版本信息都放在服务器上。如果脱离了服务器,开发者基本上可以说是无法工作的。

CVS 和 SVN 都远比 VSS 强大得多。CVS 几乎代表了代码控制系统的所有功能项,尽管有时它的实现并不很方便。SVN 修正并添加了一些 CVS 并不拥有的功能。SVN 并不是 CVS 的替代品,而是不同的系统。表 6-1 比较了 SVN 和 CVS 的差别。

表 6-1 SVN 和 CVS 的差别

	SVN	CVS
存储类型格式	基于关系数据库(BerkleyDB)或一系列二进制文件(FS_FS),可以解决并行读写、事务管理等复杂问题,数据存储不像文件那么透明	基于版本控制系统(Reversion Control System,RCS)文件实现,每个 CVS 文件都是普通的文件,加上一些额外信息,存储在本地,可手工修改 RCS,但复杂的数据管理能力,如检索等没有关系型数据库来的方便
速度	依托网络传输少量信息,并且支持离线模式,SVN 比 CVS 快	CVS 比较慢
元数据	允许一个文件有任意多的可命名属性,功能完全	只允许存储文件
文件类型	关心所有的文件类型,不需要手工操作	支持文本型文件,很难支持二进制等类型的文件
回滚	不允许递交后回滚	允许任意的回滚
事务	SVN 支持"零或一"事务原则,这是 SVN 的一大优势	不支持"零或一"事务原则

4. ClearCase

ClearCase 是 IBM 提供的跨平台软件配置管理工具,它用资源重用的方法帮助开发团队使所有的软件建立在更加可靠的基础上。ClearCase 提供比较全面的配置管理功能,主要包括版本控制、工作空间管理、过程控制和管理,支持远程分布式协同工作,可以与 Windows 资源管理器集成使用,并且还可以与很多开发工具集成在一起使用。

1) 版本控制

ClearCase 自动追踪每一个文件和目录的变更情况,通过分支和归并功能支持并行开发。在软件开发环境中,ClearCase 可以对每一种对象类型(包括源代码、二进制文件、目录内容、可执行文件、文档、测试包、编译器、库文件等)实现版本控制。因而,ClearCase 提供的能力远远超出资源控制,并且可以帮助团队在开发软件时为每一种信息类型建立一个安全可靠的版本历史记录。

2）工作空间管理

ClearCase 给每一位开发者提供了一致的、灵活的可重用的工作空间域（有时也称为“Sandboxes”）。ClearCase 采用 View 技术，可以选择所指定任务的每一个文件或目录的适当版本，并呈现出来。View 可以让开发者在资源代码共享和私有代码独立的不断变更中达到平衡，从而使工作更有效。

3）过程管理

ClearCase 可自动产生软件系统文档信息清单，而且可以完整、可靠地重建环境。ClearCase 也可以通过共享二进制文件和并发执行多个脚本的方式支持有效的软件构造。

4）过程控制

ClearCase 对过程控制提供权限控制管理能力，通过日志监控软件修改的过程。

ClearCase 支持不同规模的开发组织进行更加有效的开发和维护，有助于增强团队竞争力、增加收益、降低成本，其优势体现在如下方面。

（1）增加团队效率。支持并行开发，包括图形比较和归并、标签等。

（2）具备过程节点重建支持能力维护和提高对客户的支持。可快速准确地重建先前版本，支持需求和技术路线的调整。

（3）快速准确的产品发布。能够保证产品的准确性，并能够对软件的每一个元件进行版本控制。

（4）减少错误发生。事件发生后，可对每一个元件的变更进行追踪。

（5）项目协同开发与版本管理。通过对文件添加标签注释，建立协同开发中软件和代码的版本关联。

（6）提高产品质量。通过灵活的进程控制和图形接口定制，保证软件开发过程中的一致性。

（7）支持分布式组织模式。C/S 结构支持多点复制和及时的对象版本更新。

（8）增加了软件的安全性和保护性。采用分布式的存储结构，所有的软件资源会随时更新,在硬盘或网络出现错误时,存储的版本信息会立刻恢复。

5. 青鸟配置管理系统

青鸟配置管理系统是北京大学开发的拥有自主产权的软件配置管理系统工具,它在经典的配置管理系统之上,实现了开发库、受控库以及产品库的物理分离,而不是通过标签的形式在同一个配置库中标示开发过程中的中间产品或最终产品。根据用户的需要,它可以设置若干个开发库、受控库以及产品库,使不同部门的人员面对不同的配置库工作,多级库之间提供了灵活、方便易用的管理机制。该系统具有多库分布多级部署支持、软件配置管理全过程支持、团队并行开发支持、多级资源管理构建、异地开发支持和丰富的统计查询等 6 大类配置管理基本功能。

1) 多库分布多级部署支持

青鸟配置管理系统支持多库物理分离,分布式部署。可以设置多级别的若干个开发库、受控库以及产品库,并可以灵活部署到不同的物理地点,使不同部门的人员面对不同的配置库工作,库与库之间通过变更控制系统控制基线逐级提交。采用多控制级别的好处是:

(1) 能够满足在项目生命周期中不同时间需要不同控制级别的需求;

(2) 能够满足对于不同的系统类型需要的不同控制级别的需求;

(3) 能够满足对配置项的保密性和专有性需求,可定义不同的控制级别。

2) 软件配置管理全过程支持

青鸟配置管理系统支持软件生命周期中各种过程管理,通过对过程的申请、审批、验证等活动来控制基线的提升和基线变更活动;包括基线审批、变更控制、产品发布等控制过程,以保证软件产品的正确性和一致性;通过正确并及时记录各配置项的各种历史状态,保证相关人员了解追溯配置项的历史和当前状态,避免软件版本的混乱;不仅局限于控制源代码的版本,还可以控制整个软件生命周期中所有程序、文档、数据的版本;能跟踪每个文件和目录的变更及状态,保持程序、文档和数据的完整性和可追溯性,并附带相关的注释,使得相关人员可以快速地识别、重建和退回到任何以前的软件版本上。

3）团队并行开发支持

青鸟配置管理系统具有灵活的资源分支合并机制，支持多级项目并行开发，针对每个发布分别建立相应的分支，分支之间具备相对的独立性，在需要的时候，分支之间可以进行合并，从而实现后期开发功能的合并。

4）多级资源管理构建

青鸟配置管理系统支持多级项目和子项目的层次管理，利于系统的任务分解；支持多级配置和子配置的构造管理便于灵活构造目标系统，使构建和发布管理变得简单高效，结构清晰。

5）异地开发支持

随着软件复杂性和开发规模等不断增加，地理上分布的多个软件开发团队之间进行协作变得越来越普遍，这些软件开发团队可能分布在一个国家的不同城市，也可能分布在同一个城市的不同办公地点。青鸟配置管理系统提供两种方式的异地开发支持，一种是直连网络同步，即配置库有固定的 IP 地址，客户端通过 IP 直接与配置库进行连接，另一种是在异地开发的每个地点存有版本库的副本，日常开发针对本地版本库进行，本地版本库和配置库之间提供一种同步机制，来保证本地版本库和配置库的一致性和完整性。

6）丰富的统计查询功能

统计审计用于确保项目组成员的所有配置管理活动，遵循已批准的软件配置管理方针和规程，查询统计检入/检出的频度、配置项进度和状态、基线状态、变更次数等。通过统计审计，可帮助管理层监控、跟踪、分析项目开发过程和结果，并对发生的问题迅速做出反应。青鸟配置管理系统提供的统计查询功能主要包括：配置项查询、配置活动查询、配置状态（当前状态和历史状态）统计、配置关系统计、变更次数统计、变更状态统计、变更活动查询和变更控制统计等。

6.2　指挥控制软件配置管理

6.2.1　配置管理特点

指挥控制软件的规模日趋庞大，通常一个项目中的若干个子项目需要若干个承研单位承担完成,为确保在软件全生命周期软件产品的一致性,配置管理尤为重要。指挥控制软件的配置管理需与本领域的管理制度相适应,也应与指挥控制软件的高演化性、高体系性等相适应,因此指挥控制软件的配置管理具有一般软件普适的配置管理的方法,但也有其鲜明的领域特征。

(1) 制度性。指挥控制软件配置管理管理内容、管理方式、管理环节与指挥控制领域相关管理制度要求密切相关,配置管理设计需与这些制度相一致,诸如立项方式、分布式线上线下联合过程控制、验收确认版本方式、出库入库要求等。

(2) 持久性。指挥控制软件功能与领域需求密切相关,但领域基本特征的相对稳定性,使得很多软件会长久使用,且多版本同时在线,要求配置管理持续保留其特征变化过程,提高软件的可管控能力。

(3) 分散性。指挥控制软件具有体系性特征,规模大、范围广,开发管理往往需要多个单位或机构组织,因此配置管理模式也大多采取分散式管理模式。

(4) 一致性。指挥控制软件的成体系运行特征,要求分散式管理的软件,在上线时必须能够互联互通互操作,因此需要在软件状态的一致性上进行管理。

此外,除满足经典配置管理的基本需求外,通常还需要从产品角度与使用场景密切结合进行版本管理,以提高软件实用性。

6.2.2 基线划分

按照一般的软件工程要求,基线通常包括分配基线、功能基线、定版基线等,但在具体细分和定义的时候,还需要考虑指挥控制软件需求复杂、研制团队规模庞大、用户众多、使用场景多变、依赖环境复杂等特征。例如,其中定版基线又具体包括文档、软件、源码、数据支持、测试用例、基础环境等。

6.2.3 跨部门的管理控制

指挥控制软件的领域特征决定了其涉及的需求和专业复杂,软件开发团队通常规模比较大,很难统一管理,这也对软件的配置管理提出了较大的挑战,对技术和管理水平要求都较高。通常按照统一要求,每个参与研制的单位应建立相应的配置管理机构,明确具体的配置管理角色和职责,负责本单位的软件配置管理,同时也承担对外的协调沟通工作。

指挥控制软件的研制单位,一般由技术负责机构和多个软件承研单位组成。相应地,该项目软件配置管理机构也应由技术负责机构和承研单位的配置管理机构构成。技术负责机构配置管理机构(以下简称总体管理机构)制订该项目的配置管理总体计划,并将该计划分发至各个下级承研单位的配置管理机构。承研单位配置管理机构(以下简称承研管理机构)根据配置管理总体计划,以及项目和承研人员的实际情况,制定各自的配置管理子计划。一般情况,子计划的基线时间应早于总计划中的基线时间点,并将配置计划报告总体管理机构。

总体管理机构和承研管理机构均应建立各自的“三库”,并进行适时维护。各单位可自行维护本项目的“开发库”,但进入定版基线后,各承研管理机构应与总体管理机构协商,将该项目的全部或部分的基线成果出库,并进入至总体管理机构维护的“受控库”之中。通常,由于指挥控制软件的体系性影响关系的存在,各项目的“产品库”不是系统级的,各项目的“受控库”通常不能直接入总体的“受控库”,而是应将其“产品库”提交至总体的“受控库”,经过集成验证测试后,才能进入系统的“产品库”。各部门间的“三库”出入库关系如图 6-1 所示。

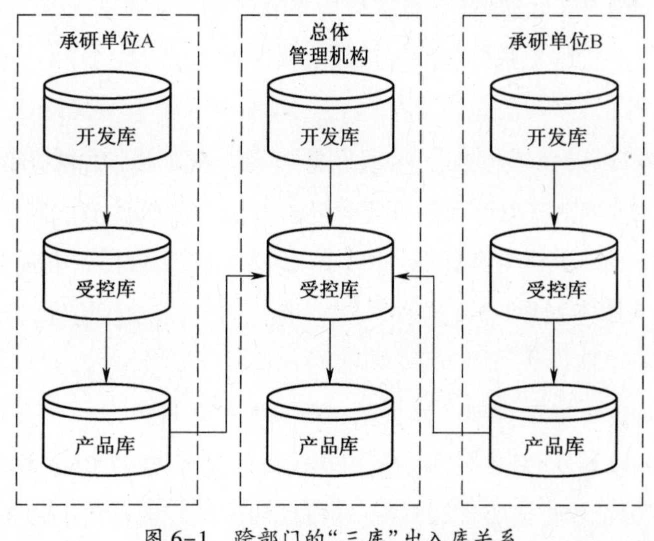

图 6-1　跨部门的“三库”出入库关系

6.2.4 版本管理

相对传统配置管理主要从项目角度进行全程管理,版本管理面向用户,基于使用场景对软件产品进行统一管理。源于指挥控制信息系统高体系性的要求,指挥控制软件产品通常需要与其他软件配合使用,统一管理,以保证整个系统的正常运行。为了保证软件版本的一致性和可管理性,通常设置软件版本标识,格式为 VA. B. C. D,其中:

V 是英文版本(Version)的首字母,A. B. C. D 为软件版本号,一般为两位阿拉伯数字,D 可能需要三位,具体含义如下:

A:主发行号,其变化表示软件的体制特征的根本性变化,通常由指挥控制软件的总体管理机构确定;

B:次发行号,其变化表示软件在体制特征稳定的情况下,功能或能力产生较大变化,通常由指挥控制软件的总体管理机构确定;

C:第三位发行号,其变化表示对软件做了优化、改错或功能增强,由指挥控制软件的承研方提出申请,由指挥控制软件的总体管理机构确定;

D:第四位发行号,其变化表示对软件做了微小的调整,由指挥控制软件的承研方确定。

在实施过程中,角色不同,对软件版本管理的粒度和侧重点也各不相同。各承研单位版本管理主要控制各配置项的版本变化,各分(子)系统版本管理主要控制各基线配置项的一致性和完整性。系统版本管理不仅重点关注各基线配置项的一致性、完整性和可追溯性,更重要的是通过版本管理,确保快速形成成体系的系统能力。在管理各承研单位和各分(子)系统产品的同时,还要对各配套系统的配置项进行版本管理,针对不同的使用场景进行版本管理。

1. 分散式版本管理

当参研单位地理位置不同,使用的配置管理工具各异时,在总体单位和各参研单位分别构建配置管理存储库。指挥控制软件的分散式版本管理的配置库结构如图 6-2 所示,各参研单位按照基线要求按时向总体单位逐级提交各配置项版本,以保证软件完整性、新鲜性和可控性。

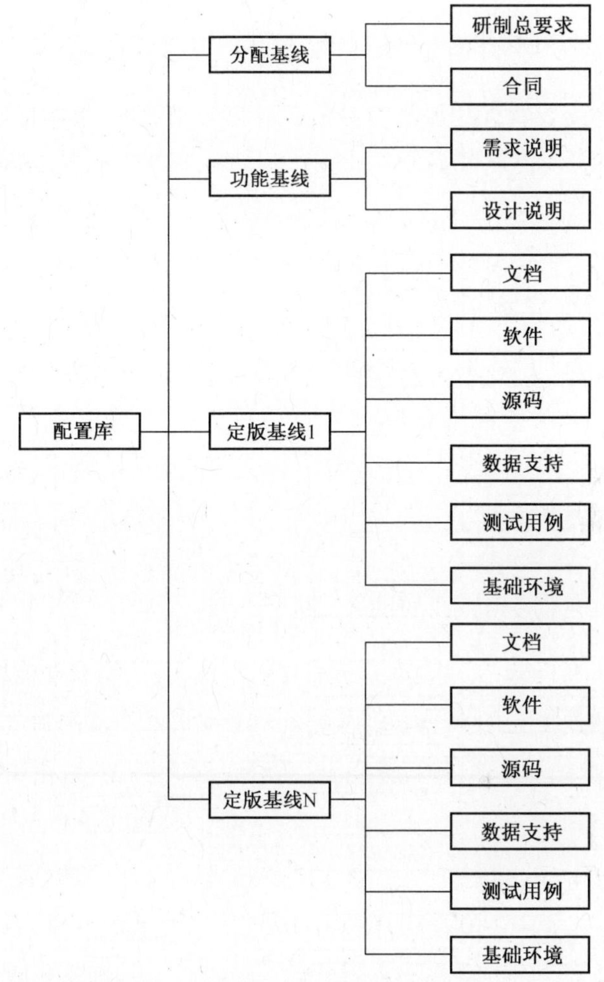

图 6-2　配置库结构示例

2. 集中式版本管理

集中式版本管理是指挥控制软件配置管理的一个理想方式和未来的发展方向，即使用统一的配置管理环境和配置管理工具，采用集中存储的模式，遵循配置控制和配置审核等规范要求，按照基线对全系统定版软件进行统一的管理。

指挥控制软件的集中式版本管理通常以目录树的形式对各配置库产品进

行管理,第一层按照制订配置管理计划时指定的基线进行组织,第二层由系统、各分(子)系统和各软件的配置项组成。总体管理机构在定版基线后,为保证指挥控制系统的顺畅运行,还需对基础环境(如:操作系统、数据库、办公软件等)以及数据支持环境等进行统一管理。集中式版本管理如图 6-3 所示,其中Ⓐ表示包含文档、软件、源码、数据支持、基础环境;Ⓑ表示包含软件和用户类文档。

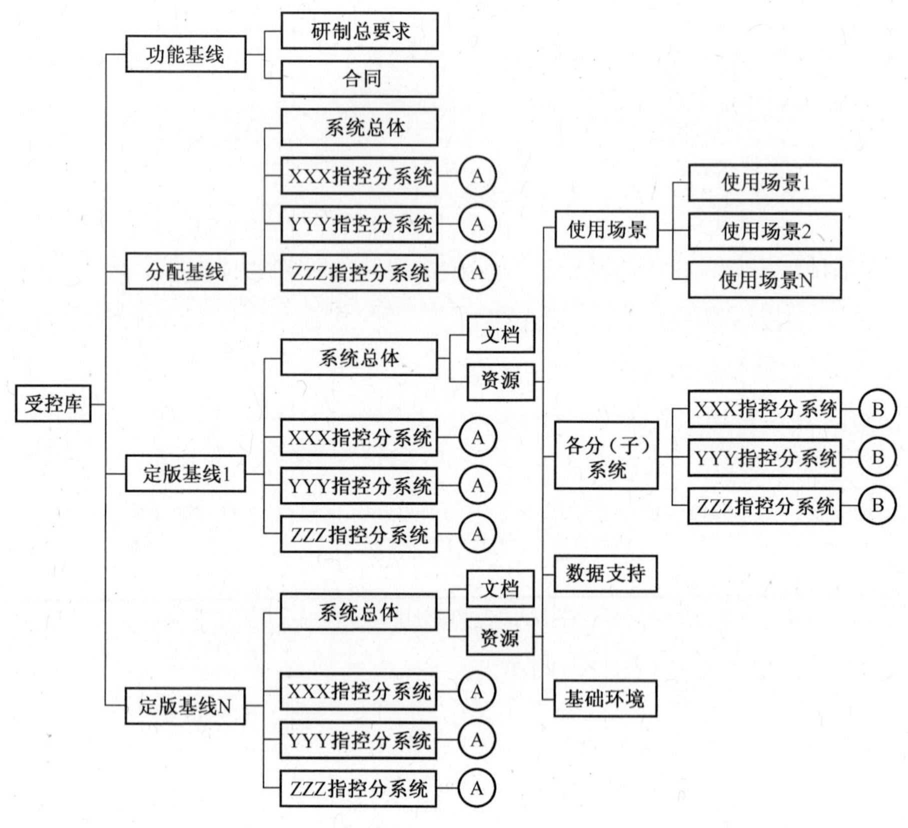

图 6-3　集中式版本管理

指挥控制软件集中式版本管理模式也适用于交付部队使用后,产品在线保障单位对软件的保鲜管理。

3. 在线软件版本管理

在线软件版本管理,一般适合对软件产品库的管理,类似于互联网上的软件商店。软件在线版本管理集中存储了软件资源及其版本说明,记录了软件版本的历史和变更的原因，产品可通过网络注册发布，也可通过人工上载的方式发布。

用户可通过登录在线软件版本管理软件，下载软件产品，提交产品使用需求和问题报告等，也可通过在线交互方式获得咨询、培训等服务。在线软件版本管理一般可以提供以下服务。

1）在线安装升级

本模式涉及软件资源使用者和软件资源管理者两类用户。资源管理者负责维护软件资源库和软件资源知识，并给软件资源使用者授权；软件资源使用者检索和下载使用软件资源和软件资源知识。

该模式可以分为资源编目分类、上传软件资源、维护资源知识、制作软件资源和编配、检索下载软件资源和知识等步骤，其执行流程如图 6-4 所示。

图中：①软件资源管理者在系统中维护管理单位与人员的信息，创建单位和登录用户，填写相关信息；②资源编目分类，创建不同类型的分类信息；③按编目分类导入管理软件资源版本；④为软件资源使用者授权下载软件权限；⑤制作软件资源和编配包，给用户授予下载软件的权限；⑥管理者还可负责管理软件知识，将软件使用中常见的问题和处理方法集中编目，以方便用户正确高效使用软件；⑦软件资源使用者登录软件资源管理系统，查看有权使用的软件资源，根据关键字或者分类查看所需信息；⑧选择下载软件资源；⑨编配下载的软件，更新本地软件；⑩查看相关软件知识。

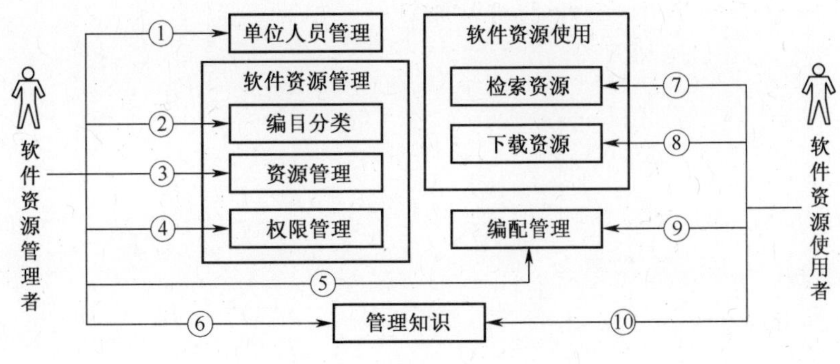

图 6-4　在线安装升级模式

2）在线支持

在线的提问—解答维护模式,可支持软件资源使用者与软件资源管理者在网上完成提问与解答,快速解决使用中出现的疑难故障。

软件资源使用者发现知识库无法解答的问题后,可在线提出问题,软件资源管理者收到使用者提出的问题,可归类咨询技术支持人员,实现网上解答。

在线提问—解答模式执行流程如图 6-5 所示。图中:①软件资源管理者指定哪些技术人员具有回答用户问题的权限;②维护问题分类;③得到授权的软件资源支持人员设置关注的问题分类,已关注的问题分类会高亮显示;④⑤软件资源使用者可以按分类查看历史提问及解答内容和解答时间,并填写新的问题;⑥⑦⑧软件资源支持人员收到通知,查看并解答问题,软件资源使用者查看自己提出问题的解答。

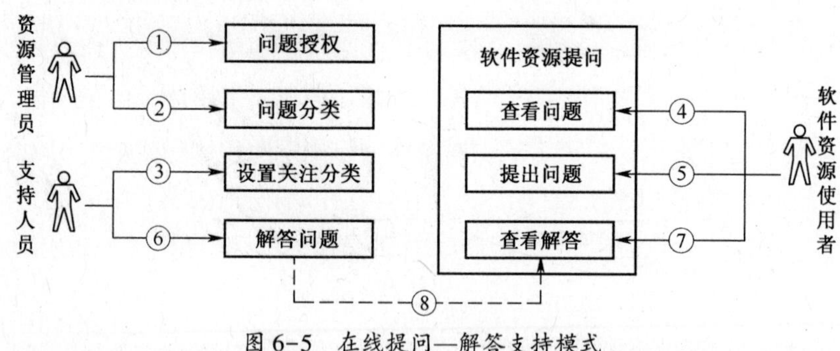

图 6-5　在线提问—解答支持模式

在线解答的问题,在得到可行性确认后,可由管理人员将解决方法归入知识库,供所有用户使用,提升软件保障能力。

参考文献

[1] 董越. 未雨绸缪理解软件配置管理[M]. 北京:电子工业出版社,2008.

[2] 徐晓春,李高健. 软件配置管理[M]. 北京:清华大学出版社,2002.
[3] 王勇,张发勇,周顺平. CMM软件配置管理的理论与实践[J]. 计算机工程与应用,2004,(23).
[4] 姜平利,傅育熙. 软件配置管理及其实现[J]. 计算机工程,2004,(B12).
[5] 任继平,刘文红,崔宗学,朱国庆. 软件配置管理工具(SCMT)的设计理念[J]. 计算机工程与应用,2003,(24).
[6] 聂华北,张艺超. 软件配置管理工具综述[J]. 计算机系统应用,2008,(7).
[7] 周鑫,李德治. SCMT软件配置管理工具的设计与实现[J]. 飞行器测控学报,1999,(1).
[8] 杨瑞虹,刘旺开,霍振宇. 软件配置管理中的版本控制工具[J]. 计算机时代,2005,(2).
[9] 韩万江. 软件项目管理案例教程[M]. 北京:机械工业出版社,2005.
[10] 王珊,萨师煊. 数据库系统概论[M]. 北京:高等教育出版杜,2006.
[11] 邝孔武,王晓敏. 信息系统分析与设计[M]. 北京:清华大学出版社,2006.
[12] Ioseph Raynus. CMM软件过程改进指南[M]. 邱仲潘,译. 北京:电子工业出版社,2002.
[13] 雷剑文,陈振冲,李明树. CMM软件过程的管理与改进[M]. 北京:清华大学出版社,2002.
[14] Neil S Potter, Mary E Sakry. 软件过程改进简明实践[M]. 尤克滨,译. 北京:机械工业出版牡,2003.
[15] Sami Zahran. 软件过程改进[M]. 陈新,罗劲枫,译. 北京:机械工业出版社,2002.
[16] 郑人杰,王纬,王万像,蔡愉祖. 基于软件能力成熟度模型(CMM)的软件过程改进方法与实施[M]. 北京:清华大学出版杜,2003.
[17] Rim Caputo. CMM实施与软件过程改进[M]. 于宏光,译. 北京:机械工业出版杜,2003.
[18] Anne Mette Jonassen Hass. 配置管理原理与实践[M]. 北京:清华大学出版社,2003.
[19] 徐晓春,李高健. 软件配里管理[M]. 北京:清华大学出版社,2002.
[20] 任继平,朱国庆,邢伟,崔宗学,刘文红. 软件配置管理解决方案[J]. 计算机应用研究,2003,(5).
[21] 箫子居. 青鸟软件配置管理信息系统JBCMIS[EB/OL]. http://www.uml.org.cn/pzgl/20081048.sap.

第7章 组织运用

组织运用是指在模拟或真实环境下，发挥指挥控制软件的能力，辅助用户完成业务活动的过程，是最终体现指挥控制软件能力的重要环节。

本阶段的工作，应由用户主导，特别是由对指挥控制系统作用有深刻认识，能够适时合理地发挥指挥控制信息系统长处的人员来具体负责实施。

7.1 基本要求

指挥控制系统的组织运用是决定其能否充分发挥最终效能的重要环节。虽然软件产品的性能指标固然重要，但如果使用人员无法正确组织运用，没有实现人与系统的有机结合，也无法充分发挥效能，不能担负任务。

在指挥控制系统组织运用活动中，必须特别注意把握和落实以下几个方面的要求。

1. 要以用户活动为依据

指挥控制系统的组织运用是一种领域性强、业务特征明显的活动，要求在信息处理、信息综合、信息控制等各方面的组织运用中，必须以用户的指挥活动需求为依据，发挥用户的主体作用，以确保指挥顺畅为出发点与落脚点。

2. 要以辅助提高指挥控制能力为核心

指挥控制信息系统作为指挥活动的工具，如果不能发挥有益的效果，不能获得相对于对手的信息优势，则是在浪费时间，在添乱。因此，需要以辅助提高指挥控制能力为核心，依托信息系统既有产品，综合运用各种管理控制手段，遵循能力生成机制，优化信息获取处理利用的全流程，为获取决策指挥优势提供所需的信息支持。

3. 要以一体化组织运用为核心

指挥控制系统的组织运用不仅要求相关支援系统综合一体，而且要覆盖、联通各级指挥机构和力量，与兵力、火力及其他支援系统统一谋划、统一计划、统一行动，以提高指挥的水平和整体效能。

4. 要建立健全运行管理制度

指挥控制信息系统组织运用技术性强，信息量大，必须建立健全系统运行管理的各项规章制度，才能约束系统用户的行为，保证指挥控制系统有序运行。在有关规章制度中，要明确各类用户和技术保障人员在指挥控制系统组织运用中的具体职责与相互关系，规范在系统建立、使用、安全防护、技术保障等方面的有关规定与要求。特别是要把经过重大任务实践，验证确实有效的运用模式固化下来，使系统的组织开设、运行维护管理有章可循、有据可依，实现规范化使用。

7.2　基本流程

实践表明，制订组织运用方案时，除针对性研究具体业务活动的个性化特点外，还需要考虑以下 5 方面信息系统建设的规律，以便更好地发挥指挥控制信息系统的作用。

(1) 对于定制的信息系统，相对于软件规划或设计之初，市场化的硬件由于发展乃至更新换代，将会在同样经费下提供更好的硬件条件，因此，需要考虑如何发挥富裕的硬件资源，尽可能提升系统整体效能。

(2) 系统使用初期会发现很多与设计和实验室运行不同的内容，需要记录大量的问题，这些是维护保障的基本素材和依据。

(3) 正式运行时，软件会与真实的数据搭配使用，与大量的真实系统进行互联互通，在开发、测试和试验阶段，虽然也会接触到部分模拟数据，但是数据的规模和完备性与真实数据还是存在差异，可能需要适当调整软件配置，以适应这种变化。

(4) 非免配置软件需要进行大量的配置关系设置，最终需经技术人员和使用人员共同确认。

（5）尽管进行了可行性分析评估，也采取了能够采取的一切措施来确保软件能力与需求的高度一致性，实际的软件能力可能与用户的能力需求依然存在差异，况且需求也会随着使用不断调整深化，需要用户和技术人员共同确定可行的解决措施。

结合以上规律可见，组织运用是一项复杂的业务工作，涉及组织运用时机、运行周期、场地环境、软件、硬件、数据、用户、保障人员、支援系统等多方面因素，为确保工作周密计划，通常需要根据业务活动需求制定详细的部署方案，明确关键环节的要求，基本的部署流程如图 7-1 所示，主要包括确定业务活动能

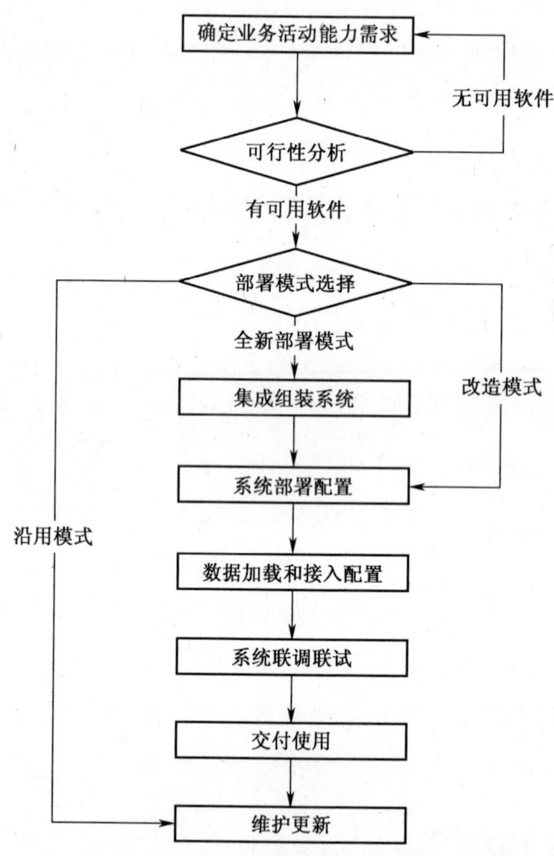

图 7-1　指挥控制信息系统组织运用流程示意图

力需求、可行性分析、部署模式选择、集成组装系统、系统部署配置、数据加载和接入配置、系统联调联试、交付使用和维护更新等。

7.2.1 确定业务活动能力需求

用户依据任务要求,提出明确具体的业务活动方案,明确对信息系统的能力需求,通常包含具体使用场景、可用资源、使用周期、使用规模、信息类型、机构相互关系等指标要求,作为指导开展组织运用活动的根本依据。

一般地,指挥控制信息系统的使用包括三种典型模式:日常模式、训练研究模式、行动模式。

(1) 日常模式。通常以日常常态的指挥控制活动为主要流程,诸如值班模式,通常处理业务较为规范,业务相对稳定,可采取明确的流程规范方式,制定系统组织运用方案,且应提出常态持续运行的可靠性、持久性要求。

(2) 训练研究模式。通常以开设式运用模式为主,需明确活动本身的组织架构、相互关系、涉及的主要业务,以及数据和信息的需求等,还需明确与常态在线系统之间的关系,当与日常系统一体运行时,应充分考虑实时情况与构设情况的差异性要求等。

(3) 行动模式。即进入冲突状态,这种运用模式通常是从常态模式转换进入的,应提出明确的指挥控制架构、转换要求、数据要求、联通要求以及其他对抗冲突条件下的备用需求等。

7.2.2 可行性分析

根据业务活动的能力需求,进行业务能力需求与软件产品支撑能力的匹配,特别是直面用户的应用功能层软件,检查是否有可用的软件产品,若有则开始制定部署方案,否则需要解决软件有无问题或与用户折衷能力需求,取得用户认可。

7.2.3 部署模式选择

制订部署方案,首先需要从多个角度分析业务能力需求和部署工作的特点，确定部署模式。

业务能力需求通常具有如下特点：持续性，有长远的业务发展计划，需要进行长期运行，不间断保障，周期较长；临机性，在现有系统运行中，需要对其功能、信息关系、规模等调整，此类需求类似于维护性需求；突发性，需求可能因应对突发新情况提出，要求快速部署信息系统，形成可用能力。

从组织运用的时机来看，又可分为两种情况：交付用户前的部署安装；用户使用中的临机调整。从是否具有已部署展开的可用系统角度来看，通常有三类部署模式选择：第一类模式是已有常态稳定运行的系统直接使用即可，可用于满足持续性较长的业务能力需求；第二类是需要对已部署系统进行功能、信息关系、规模调整或者部分软件更新，才能满足需求，可用于满足临机性较强的业务需求；第三类是没有已部署系统，需全新部署。如果从需要长期保留系统的角度来看，全新部署的成果可作为第一和第二类模式的输入。因此，全新部署模式是组织运用的基本模式，其流程从集成组装系统开始，到维护更新结束，持续进行。

7.2.4 集成组装系统

从 1.3.2 节指挥控制软件组成及分类可见，集成组装系统就是以业务能力需求为依据，选定能够支撑能力需求的功能层软件，选择使该软件正常运行需要的服务支撑层、基础平台层以及相关的应用功能层具体软件，确保其满足使用和安装运行要求。软件配套的安装使用文档通常会标明这些具体需求。

大型的指挥控制信息系统通常会在信息系统研制时制定系列集成规范，并提供配套的将多个软件打包为更大粒度软件的系统组装工具，便于完成系统后续安装。集成规范约束单个软件的运行状态，以确保软件之间能够互连互通共享资源，能够被集成；系统组装工具提供自动化检测和封装功能，检测待测软件是否具有可集成性，并将符合规范要求的相关软件组装为一个更大的软件包，便于后续安装实施。

在系统组装时，需要注意的关键问题是，要尽可能地明确用户需求和软件功能的结合点，确保支撑需求的软件是最小集合，即是满足用户需求的最小功能配置(Minimum Version Practicable,MVP)。

从广义指挥控制信息系统角度来看,准备工作还包括软件运行所需的各式计算机、通信网络以及电源、运载平台等。

7.2.5　系统部署配置

系统部署配置是指将软件安装在计算机上并配置验证的过程,也称为系统开设或展开。系统开设类似于在计算机上安装应用软件;系统展开类似于新购笔记本电脑的展机,拥有对操作系统的控制权后,后者将成为新的部署配置方式。

指挥控制信息系统开设按照先后顺序通常包含基础环境安装、指挥控制软件安装与配置和功能检查 3 个阶段。基础环境安装主要指操作系统、数据存储与管理系统等基础工具类软件的安装;指挥控制软件安装与配置主要包括服务支撑层和功能层软件的安装配置;功能检查是对系统的全面检查确认。

1. 基础环境安装

指挥控制信息系统的安装已经从单机安装扩展到网络环境安装,甚至一些大型系统必须在全网域内进行安装部署,需要根据其组成的运行架构模式来确定基础环境。单机系统只需配置终端软件环境,B/S、C/S 架构系统则需要配置客户机、服务器以及相关数据库等软硬件环境。根据系统架构对网络环境进行设置,通常包括以下内容。

(1) 确定未来预案部署环境下的硬件数量,主要指服务器、客户机数量。

(2) 配置机器硬件,包括 CPU、内存、硬盘、网卡等要符合最低配置要求,并将作为预案部署前,对现场情况进行匹配性验证的依据。

(3) 配置每台机器应该安装的操作系统,包括类型和版本号,为每台机器装好操作系统等基础软件。

2. 指挥控制软件安装与配置

指挥控制软件安装与配置是指挥控制信息系统开设的重要环节,需要系统组装工具和网络化软件安装管理工具的支撑,通常包括预案制作和部署安装两个步骤。

1）预案制作

为实现网络环境快速、自动化开设，减轻部署人员、管理人员的工作量，在网络环境开设之前，可利用系统组装工具，按部署需要，选取所需的软件资源，设置各软件的环境要求、依赖关系、安装机位，自动生成各软件的安装流程，并设置各机位所能访问的权限等，生成安装预案，支持在网络条件下的大规模软件部署实施。利用系统组装工具进行预案制作的应用示意如图 7-2 所示。

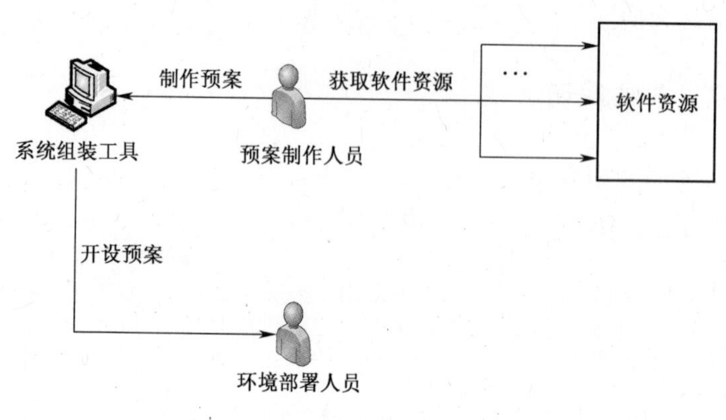

图 7-2　预案制作流程

2）部署安装

在网络化软件安装管理工具的支持下，实现软件的大规模快速部署和自动配置，主要流程包括：

（1）网络环境的部署人员进行网络环境开设，并设置网络环境下各机器的 IP。

（2）部署人员建立网络环境下的服务器、客户机与预案中机器的映射关系。

（3）部署人员使用工具设置机构、机位，以及每个客户机的用户、访问权限。

（4）通过工具加载预案中需安装的各软件的配置信息。

（5）部署人员使用工具向各机器分发各自需安装的软件，并向各机器发送安装、配置命令。

（6）每台机器接收命令并执行，完成安装部署。

7.2.6 数据加载和接入配置

软件系统安装完毕后,通常还需要加载真实的业务数据等,包含静态数据的加载和动态数据的加载。其中静态数据的加载相对简单,只需替代软件产品自带的试验数据即可,动态数据通常要配置连接关系,确认权限等环节,以便实现可控的信息交换。

7.2.7 系统联调联试

系统安装部署和数据加载完成之后,可进行由用户参加的联调联试,根据其业务流程进行操作,检查验证系统功能,包括权限检查、业务功能检查、性能指标验证等。

7.2.8 交付使用

完成上述工作后,信息系统将完成主要的开设工作,可交付用户使用,进入较长期的稳定运行阶段,后续主要是常规的维护更新工作。

7.2.9 维护更新

软件维护更新指在软件产品发布后,因修正错误、提升性能等进行的软件修改,目的是通过满足用户对已开发产品的性能与运行环境不断提高的要求,进而延长软件寿命。

软件维护更新是软件生存周期的最后一个阶段,也是持续时间最长、代价最大的一个阶段。软件的可理解性、可测试性和可维修性是决定软件可维护性的基本因素。文档是影响软件可维护性的决定因素。文档分为用户文档和系统文档,它们都必须和程序代码同时维护更新才有真正的价值。

指挥控制软件的维护更新具有如下5方面的特点。

(1) 可维护性是基础。指挥控制软件的高可用性要求其必须具备较高的可维护性。软件维护的具体工作主要是解决问题,但是避免问题和查找问题的原因更重要,这主要依赖于软件自身具有的容错能力和日志服务能力,以便为运维人员有效排除故障,并且找到解决方案,避免此类问题再发生提供有效支撑,这是运维的基本职责。此外,由于构件间存在相互依赖关系,所以,若有工具能检测与当前构件有依赖关系的构件,也能够为快速定位故障提供帮助。

(2) 维护文档应有针对性。高质量的维护文档应在经验的基础上具备较强的针对性。指挥控制软件的开发周期通常较长,整个过程比较复杂,设计决策较多,依赖常规的经验难以有效维护软件故障。维护文档应当记录软件研制全生命周期里的各种设计决策分歧、开发试验中常见故障的处置方法,特别是在开发中曾经最耗时、但看起来已完美解决的问题。墨菲定律(Murphy's Law)揭示这种问题故障一定会发生,而且一旦发生,将非常棘手。此时,若有高质量的维护文档,将提供针对性的解决方案,提高信息系统的可用性。因此,该阶段的另一项关键工作就是详实记录运用中的用户反馈、问题现象、故障处理,完成经验总结,建立适应本系统的软件运行规则和保障机制,并具备较强的实操性。

(3) 不宕机维护需求高。指挥控制软件担负特殊使命,如果一出现故障就简单地关闭或重启软件系统的话,有可能会带来不能接受的延迟、高昂的代价或不可承受的风险。所以出于提供高可用性和安全等方面的考虑,不能停止这些关键系统去修改或变动运行中的部件或子系统,它们必须在运行期间进行动态的维护配置和更新。当然,这需要软件在设计的时候就要考虑不宕机维护的能力。

(4) 考虑智能化程度不断提高时的软件优化。当软件进入稳定运行阶段后,软件将积累大量的业务数据,为机器学习等软件功能提供大量的学习样本,辅助决策等作用将逐渐显现,其智能化程度将不断提高。此外,依据记录的大量配置调整数据,通过智能化学习,能够对系统的运行模式进行监控,能够自动定位故障启动备份设备等,提高整个信息系统的可靠性。

(5) 安全防护需求需要特别重视。指挥控制信息系统在作战中的作用,使其面临着多方面的安全挑战,需要有可靠的安全防护保证。除结合指挥场地部署特点,提供各种工程防护、警戒防卫、伪装隐蔽、频谱管控等硬毁伤防护措施外,还需要根据指挥控制信息系统的配置情况,完善相关的硬件、软件、网络、数据库的安全防护技术手段。

通过提供运行维护和更新功能,以及对用户的培训等,信息系统的实际效能将逐渐发挥出来,并进入稳步运行阶段。当然,软件维护还包括系统关闭退出等活动。此外,当出现极端情形时,需要按照预案或者与使用人员沟通,适时决断,对系统进行降级运行部署,确保核心功能正常运转。若能够及时有效记录这些运维管理数据,并对其进行提取、分析和挖掘等处理,甚至可发现对软件开发者有用的信息和知识,将对提高软件工程质量和效率具有重要意义和作用。

完整的组织运用流程还包含对用户使用反馈意见的收集、对系统能力的评估等活动,总结运用中存在的经验教训和有益做法,为下一次的组织运用提供指导,编制预案,不断提高指挥控制信息系统组织运用的质量和效益,特别是在重大活动中,基于系统运行数据的复盘操作和评估被认为是总结活动的重要内容之一。

参考文献

[1] 戴浩．指挥控制系统建设中的创新文化[C]//《2012 军事电子信息学术会议论文集》编委会．2012 军事电子信息学术会议论文集．北京:兵器工业出版社,2012.

[2] 黄国勇,等．指挥控制系统[M]．北京:解放军出版社,2014.

[3] 程启月．联合作战指挥信息系统组织运用基本问题研究[M]．北京:国防大学出版社,2016.

[4] 曹雷,等．指挥信息系统[M]．北京:国防工业出版社,2011.

[5] 赵桂夫,程新．准确理解把握指挥信息系统的组织运用[J]．指挥学报,2012,(12).

[6] 王鹏,张永亮,高崇祥．加强部队指挥信息系统作战运用应实现“四个转变”[J]．指挥学报,2012,(8).

[7] 邵振峪,陈刚,蔡小波．按照“能打仗、打胜仗”核心要求科学推进指挥信息系统组织运

用[J]. 军队指挥自动化,2015,(4).

[8] 刘小午. 深化指挥信息系统组织运用促进体系作战能力整体跃升[J]. 国防大学学报(军队指挥研究),2013,(5).

[9] 翟松. 从“建、管、用、训”入手提升指挥信息系统作战使用效能[J]. 国防大学学报(军队指挥研究),2012,(11).

[10] 冯立新,周德旺,王克锋. 基于信息系统的体系作战指挥能力的内涵与构成[J]. 国防大学学报(军队指挥研究),2010,(10).

[11] 张海青,黄河. 指挥自动化系统组织运用问题浅探[J]. 国防大学学报(作战指挥与司令部建设研究),2004,(11).

[12] 郑春喜,爨春铭,李璞. 加强指挥信息系统规范化运行应从四方面下功夫[J]. 通信战士,2012,1.

[13] 张永亮,董强,许正忠,等. 指挥信息系统实战化运用应关注的几个问题[J]. 解放军理工大学学报(军事科学版),2014,10.

[14] 王鹏,张永亮,高崇祥. 加强部队指挥信息系统作战运用应实现“四个转变”[J],指挥学报,2012,(8).

[15] 张进,张全. 联合作战指挥信息系统组织运用新探[J]. 数字国防,2012,6.

[16] 何宇,苏辉,聂炜玮. 指挥信息系统的组织运用[J]. 指挥信息系统与技术,2011,12.

[17] 任连生. 基于信息系统的体系作战能力概论[M]. 北京:军事科学出版社,2009.

第8章 软件定价与知识产权

软件定价和知识产权是指挥控制软件工程领域近年来的研究热点,理想的软件定价应基于知识产权。

8.1 软件定价

软件的研制过程是人的创造过程,凝聚在软件中的核心内容是知识产权和研发团队的智慧,软件定价应围绕这个核心,但目前缺乏对知识产权和创意成果的明确定价方法。因此,从严格意义上讲,软件是很难定价的。

现阶段的软件定价,只是对定制软件的定价研究,不考虑知识产权的定价。

8.1.1 软件定价特点

从软件的研制过程和价值载体属性来看,定价定的是产品价格,体现的是产品价值,其形成具有如下特点:

(1) 智力成本为主。美国信息领域著名专家 G. M. Weinberg 早在 1988 年就曾指出"软件编程是人类有史以来最难的智力工作"。因此,软件研制和维护升级活动主要为智力密集型劳动,对其他自然资源的依赖性较低,研制成本以人力成本为主,实物性生产资料(如房租、水电、计算机等)支出相对较少,而人力成本又呈现脑力劳动费用高、体力劳动费用低的特点。

(2) 高风险高利润。形态的抽象性、逻辑的复杂性和环境的依赖性,造成软件研制工作面临难以正确预见结果、测试试验难以完备、用户在研制阶段难以体验等巨大风险。而研产同一性更使得风险无法挽救,一旦发生业务需求改变、技术路线选择错误、研制管理不到位等问题,就容易导致软件研制失败,占投资主要部分的智力成本难以收回,而软件研制的失败也就标志着项目的彻底失败。因此,软件研制需要较高的利润回报才能激励企业积极参与。

(3) 交付成本低廉。由于软件载体(如光盘、硬盘)普遍轻小,甚至可以通过网络直接交付,因此,单次交付工作简便快捷,其成本低廉,可忽略不计。

(4) 服务定价为主。软件的网络化、服务化和虚拟化趋势,使多用户可以跨时空分布并行共享使用其提供的服务,“不为所有,但为所用”的使用理念深入人心,软件越来越难以按物理件数均摊成本和计算价格,按照软件提供的服务价值(如服务内容、服务质量、重要程度等)和授权使用数量计算其价格成为了新趋势。

(5) 维护支出巨大。除了常规运维支出(如维护人员工资、水电费、耗材费等)外,受软件持续更新贯穿软件使用全程影响,软件维护费用较高,受人的主观因素影响很大。据统计,商业软件维护费一般占软件生命周期费的50%~75%,软件纠错性、适应性、完善性维护费分别占软件维护费的17%、18%和60%,另有5%属于其他费用。目前,美军指挥控制软件维护支出已经数倍于立项研制费用,成为其采购管理重点考虑的因素。

8.1.2 通用商用软件定价方法

虽然指挥控制系统主要是由定制软件构成,但是通用商用软件也是必要的组成部分,在采购管理中也需要考虑其价格,研究其定价也对定制软件定价有实际的借鉴作用。

对于商用软件厂商来说,用最少的代码,挣更多的钱,这是软件厂商的根本信条,任何与此有偏差的技术和制度,软件厂商是从来不会考虑的。这导致商用软件行业通常采用随行就市的定价策略,并且根据具体的定价因素形成了4种定价理论。

(1) 垄断价格论。由于软件的生产具有唯一性、独创性及非重复性,并存在知识产权保护的法律,价格的高低取决于厂商的垄断性(知识产权方面)、需方的需求程度和支付能力等因素。

(2) 价值价格论。软件设计与实现需方需求的物化,形成其价值,个别劳动时间决定其价值量,价值决定价格。

(3) 效用价格论。软件的设计是为了解决需方在操作过程中存在的问题,而需方使用时所能产生的实际效用,成为软件价格形成的依据。

(4) 供求价格论。软件价格的决定因素是其供求关系,供小于求,则价格高,反之则价格低。软件产品的厂商与需方在软件市场上的供应与需求的变化,决定软件的价格。

8.1.3 定制商用软件定价方法

定制商用软件指由需方全资或部分投资,针对需方特定需求,委托软件厂商开发的软件,政府部门业务软件通常多为定制商业软件。

对于定制商用软件的价格管理,目前国内外主要有3种方法。

1. 市场定价法

主要是通过市场竞争的方式形成软件产品价格。

2. 成本估算法

主要是通过专家判断、功能点判定、工作量测算和参数估算等方法,测算软件开发和维护的成本费用,并通过商务谈判确定软件价格。这种方法主要用于定制软件开发和维护的价格管理与经费保障,并且形成了工作人均成本费率、人工成本含量和社会劳动生产率3个基本概念,作为计算工作量的基本依据。

(1) 工作人均成本费率。工作人均成本费率是指承研承制单位开展工作总成本的人员均摊。在软件承研承制单位中,这些费用主要包括直接工资福利、管理费用、财务费用、会议费用、差旅费用、固定资产使用费用、材料费用(如购买打印纸、光盘等损耗品的费用)等。当前,国家没有发布明确的地区行业工作人均成本费率标准。行业通行惯例是以人力资源和社会保障部最新发布的地区行业平均工资为基准,根据人工成本含量估算地区行业工作人均成本费率。

(2) 人工成本含量。人工成本含量是指人工成本占总成本的比例。据2013年3月16日中央电视台《焦点访谈》节目报道,国家统计局统计2011年我国平均人工成本含量为 11%，远低于西方发达国家 50%的现状。2013 年 4 月 10 日，成都高新移动互联网协会发布的《成都移动互联网行业人力资源报告》称，半数受调查软件企业的人工成本含量为 50%~70%，20%企业的人工成本含量超过 70%，规模小于 30 人企业的人工成本含量往往高达 80%以上。从以上数据可以看出，我国工业人工成本含量整体偏低，高新技术行业的人工成本含量与西方发达国家的人工成本含量相近。

(3) 社会劳动生产率。社会劳动生产率是指软件行业完成单位工作量所必须的平均劳动时间。软件行业社会劳动生产率标准已经由工信部在 SJ/T11463-2013《软件研发成本度量规范》和《软件研发成本度量规范应用指南—预算场景》中发布。其中，10%的企业可以在 1.79 人时内完成 1 个功能点，25%的企业可以在 3.58 人时内完成 1 个功能点，50%的企业可以在 7.17 人时内完成 1 个功能点，75%的企业可以在 12.99 人时内完成 1 个功能点，90%的企业可以在 17.81 人时内完成 1 个功能点。

3. 购买服务法

随着“软件即服务”的理念逐渐被人们接受，软件供应商逐步以服务化的方式提供软件，用户逐步以购买服务的方式实现软件功能、性能和维护。这种方法主要应用于定制软件的维护经费保障。目前，美军主要采取与专业维护机构或软件供应商签订定制期限软件维护合同的方式，进行定制软件的维护工作。合同金额一般按用户的服务响应级别要求，根据软件开发费用的比例每年进行确定。

8.2 指挥控制软件定价

主要指由军方投资，特别是对研制过程能实施有效管控的软件的定价。由于指挥控制软件并不是能在市场上交易的普通产品，因此，决定其定价的主要因素不包括市场供求关系，而主要是其所能发挥的能力作用，通常情况下这种能力作用与科研、维护工作量成正比。

因此，可以借鉴通用商用软件定价的价值价格论、定制商用软件的成本估算法和购买服务法，使用工作量作为指挥控制软件定价的基础。当然，因为有需方投资,对厂商的研制过程有一定的管控能力,可在过程中通过多种方式衡量和确认工作量,使得这种方法更加具有科学性。

指挥控制软件定价管理是指在领域相关管理制度下,通过制定定价政策,颁布定价管理法规,建立定价管理体制,健全定价管理规章制度,对指挥控制软件全寿命各阶段价格的制定、调整和执行进行有效的组织领导、协调和监督。

根据指挥控制软件全寿命各阶段工作性质的不同,可以将指挥控制软件定价工作分为四大阶段:规划阶段、研制定价阶段、维护定价阶段和退役定价阶段,并可按工作类型分别定价。受软件工程设计开发模式的影响,某些情况下,研制阶段定价工作和维护阶段定价工作在时间流程上不是串行关系,而是并行关系。规划阶段和退役定价阶段采用的定价方法也是研制阶段和维护阶段的定价方法,因此重点是研制阶段和维护阶段的定价方法。

8.2.1　指挥控制软件研制阶段定价方法

指挥控制软件研制阶段定价的范围主要包括指挥控制软件论证、开发、测评和试验试用。由于工信部发布的社会劳动生产率主要是开发生产率,因此,研制阶段可以准确定价的是开发费。研制阶段定价过程可以先确定开发费,其他费用以此为基准估算。

1. 开发费定价方法

根据软件调整功能点规模、地区软件行业社会劳动生产率和地区软件行业工作人均成本费率,可以计算开发费价格。其中,调整功能点规模可用 IFPUG 或 NESMA 等国际标准计算。

2. 论证费定价方法

目前,指挥控制软件论证工作计费没有标准,其内容相当于美军的需求分析、高层设计和相关管理工作。根据美军对投入使用的指挥控制软件工作量的统计分析,可知需求分析、高层设计和相关管理工作量与开发工作量之比为22.86%~68.18%,均值为45.71%。根据领域实际和适度从紧的原则,可以根据历史项目经费使用分布情况,基于开发费,适当调整论证费比例系数,以计算论证费。

3. 测评费定价方法

由于没有行业统一标准，软件测评经费占软件研制经费的比例也各不相同。不同单位、不同的项目软件测评经费所占的比例不同。根据美军对投入使用的指挥控制软件工作量的统计分析，测评（包括第三方测评和部队试验）和相关管理工作量与开发工作量之比为 24.29%~66.12%，均值为 43.76%。根据领域实际情况，可以根据历史项目经费使用分布情况，基于开发费，适当调整测评类型和技术难度系数，以计算测评费。

技术难度系数可根据测试工作是否需要编程实现、是否使用特殊的测试工具以及验证难度确定。

4. 试验费定价方法

指挥控制软件试验费可以基于历史项目经费使用分布情况，基于开发费，适当调整试验系数，以计算试验费。

8.2.2 指挥控制软件维护阶段定价方法

指挥控制软件维护阶段定价管理范围界定在指挥控制软件交付试用期结束后至退役报废期间所进行的纠错性、适应性、完善性、预防性等维护保障工作，主要包括保障性维护费定价和升级性维护费定价。

1. 保障性维护费定价方法

保障性维护费指保障单位为保证指挥控制软件正常运行提供技术支持和故障修复等所需的费用，主要包括故障修复费、技术服务费和培训费等。按照现有行业惯例，保障性维护服务定价方式主要包括成本定价方式和包干定价方式两种。在充分竞争的市场环境下，成本定价方式有利于降低需方成本，提高经费效能，而包干定价方式可以杜绝“多维修多收益”的问题，满足经费计划要求。为了结合上述两种定价方式的优点，可以按年计算保障性维护费。年保障性维护费可以根据开发实际工作量和维护成本支出计算。在不升级的情况下，系统维护工作应逐步趋于稳定，因此维护成本应随着使用年限逐步减少收敛。

考虑到国家未给出地区软件行业维护人员成本标准，且目前指挥控制软件维护人员多为开发人员，因此，现阶段可将开发人均成本费率作为维护人均成本费率。年维护工作量指维护单位完成的年度指挥控制软件保障性维护任务，单位为人月。为促进维护工作质量，防止维护经费超标，保障性维护费具体比例上限可根据指挥控制软件保障性维护费统计年化数据确定，超出部分由维护单位承担。

2. 升级性维护费定价方法

升级性维护费指交付后功能性和性能性改进完善所需的论证、开发、测评和试验费用。由上述定义可知，升级性维护费性质与研制费相同，因此，具体定价方法参考指挥控制软件研制阶段定价方法相关内容。升级性维护费具体比例上限可根据军队指挥控制软件升级性维护费统计年化数据确定。

8.2.3　指挥控制软件定价管理过程

目前，关于指挥控制软件定价管理过程并没有统一的概念。但从对指挥控制软件定价应如何合理控制的角度来看，指挥控制软件定价管理过程的核心内容应该是全过程定价的关键控制点及其控制方法。从指挥控制软件全寿命角度，定价管理是从立项论证阶段开始到软件退役为止的全过程定价控制，包括投资估算、研制概/预算、研制合同定价、研制变更控制、研制结/决算、维护概/预算、维护合同定价、维护变更控制、维护服务结/决算、退役概/预算、退役合同定价、退役变更控制和退役服务结/决算等 13 个阶段，也可以简单地划分为 4 个阶段：规划估算管理、研制定价管理、维护定价管理和退役定价管理，基本过程如图 8-1 所示。

（1）规划估算管理。主要在规划建设项目时综合考虑各种动态的变化因素，如市场价格的波动、研发和维护中的风险等不可预见的费用，为规划的项目制定全生命周期成本最优目标。

（2）研制定价管理。主要管理指挥控制软件研制费用。基于指挥控制软件研制阶段定价方法，在项目研制立项论证时，首先需要根据项目的需求估算工作量，其次依据工作量和劳动成本概算研制经费，最后依据研制经费概算确定研制预算；在研制招标时，根据研制预算和承研承制单位竞标情况，确定中标单位的研制合同定价；在指挥控制软件研制时，需要根据研制过程中的具体情

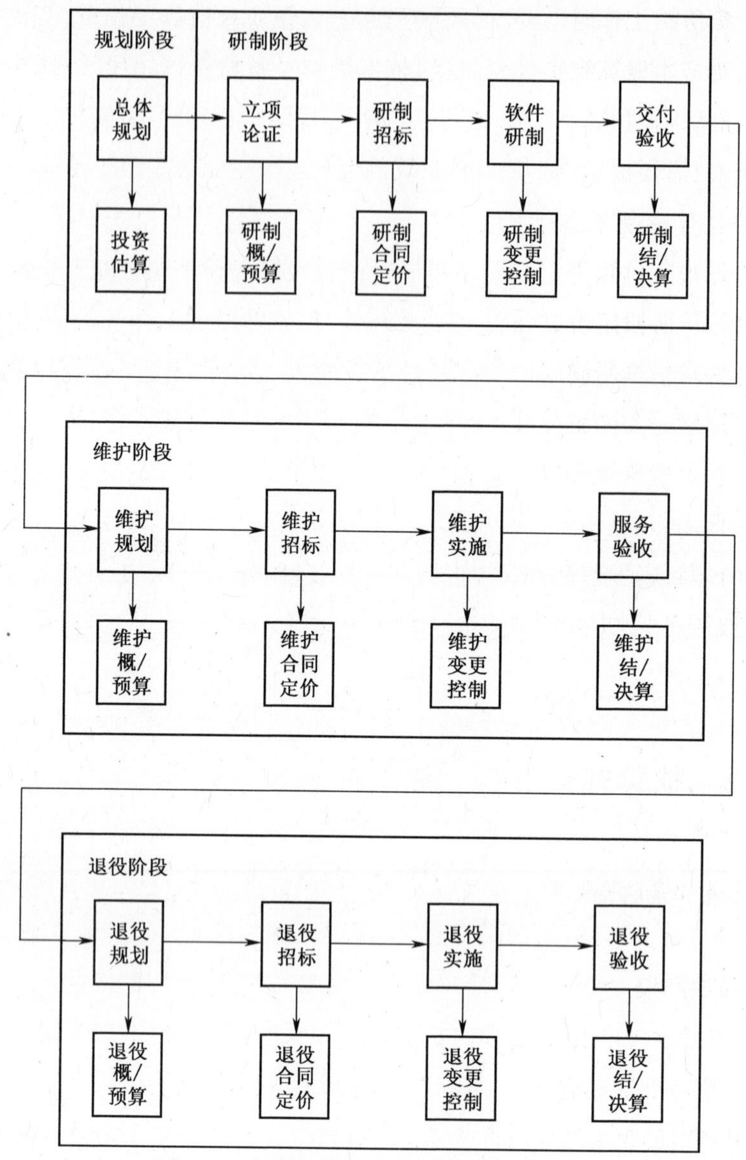

图 8-1 指挥控制软件定价管理基本过程

况控制研制质量和风险,在一定范围内上下调整定价;在交付验收时,需要根据合同定价和定价的调整情况,结算研制的费用。

(3) 维护定价管理。主要管理指挥控制软件维护费用。参照行业惯例,指挥控制软件维护工作通常按年度定价。基于指挥控制软件维护阶段定价方法在规划年度维护工作时,首先需要根据维护工作要求估算工作量,其次依据工作量和劳动成本概算维护经费,最后依据维护经费概算确定维护预算;在维护招标时,根据维护预算和维护单位竞标情况,确定中标单位的维护合同定价;在维护实施时,需要根据维护的具体情况控制风险,在一定范围内上下调整定价;在交付验收时,需要根据合同定价和定价的调整情况,结算维护费用。

(4) 退役定价管理。主要管理指挥控制软件退役费用。参照指挥控制软件研制和维护阶段定价方法,在规划指挥控制软件退役工作时,首先需要根据退役工作要求估算研制(如开发一些特殊的数据处理软件等)和维护(如提供备份服务、移植服务等)的工作量,其次依据工作量和劳动成本概算退役经费,最后依据退役经费概算确定退役预算;在退役招标时,根据退役预算和退役服务单位竞标情况,确定中标单位的退役服务合同定价;在退役实施时,需要根据退役实施中的具体情况控制研制和服务的质量与风险,在一定范围内上下调整定价;在退役服务验收时,需要根据合同定价和定价的调整情况,结算退役服务费用。

8.3　软件知识产权

8.3.1　基本概念

1. 知识产权

"知识产权(intellectual property)",这一术语的使用始于西方国家的学者。它开始只是一个学理概念,主要倡导者是17世纪中叶的法国学者卡普左夫,后来又为比利时的著名法学家皮卡第(Pica. die)所发展。皮卡第认为,知识产权是一种特殊的权利范畴,它根本不同于对物的所有权。这一学说在国际上经过三百多年的演变发展,逐渐得到了世界上许多国家和国际组织的承认。

1961年签订的《建立世界知识产权组织公约》第二条中规定"知识产权"包括:关于文学、艺术和科学作品的权利;关于表演艺术家的演出、录音和广播的权利;关于人们努力在一切领域的发明的权利;关于科学发现的权利;关于工业品式样的权利;关于商标、服务商标、厂商名称和标记的权利;关于制止不正当竞争的权利;以及在工业、科学、文学或艺术领域里一切其他来自知识活动的权利。1967年在斯德哥尔摩修订的《保护工业产权巴黎公约》中规定工业产权的保护对象是专利、实用新型、工业外观设计、商标、服务商标、商号、产地标记或原产地名称以及制止不正当竞争。从上述规定可以见,知识产权包括版权(也称著作权)、专利权、商业秘密专有权等。

知识产权的客体通常具有以下基本特点:

(1) 创造性。知识产品与物质产品不同,要想得到法律的保护,必须有所创新有所突破。从专利、作品到商业标志,它们的创造程度依次降低,但都有一定程度的创造性。专利的创造性要求最高,必须是该技术领域中最先进的科学技术成就。

(2) 非物质性。知识产品与物质产品的本质区别在于其要求法律保护的对象具有内在价值和使用价值的精神产品,而不问这种知识产品的物质载体是何种形式。它不像物质产品那样可以被某个人(包括集体)占有。"知识产品虽然具有非物质性特点,但总要通过一定的客观形式表现出来,使知识产品的创造者以外的人能够了解。"客观的表现形式就是知识产品与某种物质载体结合所表现出来的形式。

(3) 公开性。知识产权的客体中除了技术秘密,其余客体受到知识产权保护的条件之一就是将其公开。这是一种社会契约,即以国家面貌出现的社会同知识产品所有人签订的特殊契约。

我国对于知识产权的概念比较权威的定义是:知识产权指的是人们可以就其智力创造的成果依法享有的专有权利。

纵观各国的知识产权法以及有关国际条约,创设知识产权制度不外乎两个目的:一是鼓励创新,通过赋予智力创造者一定的专有性权利,使其得到物质与精神上的补偿,以此来推动人们的创造积极性,使得更多知识产品得以产生;二是促进新技术、新知识的使用,从而推动整个社会的科技进步与经济发展,以造福全人类。

当然,知识产权也是把双刃剑,它既能鼓励技术创新和开发生产,同时又能使厂商控制市场和形成垄断，人为地限制知识的传播和使用，从而增加社会进步的成本。因此，适宜的知识产权保护水平应该兼顾社会公众的利益，促进知识的创新和知识产品的扩散，达到权利人和社会公众利益的平衡。

2. 软件知识产权

软件知识产权是软件的创造者或所有人依法所享有的权利。在世界贸易组织协定中《与贸易有关的知识产权协议》的第二部分——有关知识产权的效力、范围及利用的标准中，将计算机软件作为知识产权客体给予保护。《世界知识产权组织版权公约》也视计算机软件为一种知识产权客体，将其归为著作权保护的对象。

计算机软件知识产权客体的基本特征体现为：

(1) 计算机软件的创造性。计算机软件，特别是大型计算机软件是一个团体大量的智力劳动投入，经过需求分析、设计开发、测试等诸多复杂的工序而达到用户的某种功能需求，解决了人类诸多领域的问题，所以计算机软件的创造性是不言而喻的。

(2) 计算机软件的非物质性。不管是计算机源程序还是目标程序，它们最根本的工作原理是通过信息的传递，最终形成电磁信号来驱动硬件的工作。因此，信息是计算机软件的灵魂，无形的信息才是计算机软件需要保护的实质。

(3) 计算机软件的公开性。计算机软件开发完成之后，需要提交给用户一份复制件，然后由用户安装到计算机才能工作。当然，要想了解软件的详细代码还需要借助一些特殊的技术手段。

从以上分析可以看出，计算机软件完全具备知识产权客体的基本特征，其得到知识产权的保护具备合理性。

当然，国际知识产权保护的相关规定也表明，计算机软件是一种特殊的知识产权客体，具有知识产权保护的特殊性，主要体现在以下4点：

(1) 计算机软件作为人类智慧的表现形式，同时具备着作品性及工具性双重属性。

(2) 计算机软件在研发设计的过程中，实现着思想内涵与表现形式的高度融合，两者的相互渗透、相互融合使得界定区分较为困难。

（3）计算机软件所具有的更新周期逐渐缩短、更新换代逐渐加快，增加了知识产权保护的难度。

（4）计算机软件的研发设计成本普遍较高，但复制推广的成本却相对较低。

计算机软件所具有的区别于其他的知识产权客体的诸多性质，强调着计算机软件并非一般的作品及技术，强调着不可将计算机软件这一知识产权客体与传统知识产权客体一视同仁，要综合计算机软件的特殊性给予知识产权相应的保护。

8.3.2 软件知识产权保护

在软件知识产权保护方面，当前主要有技术和法律两方面的手段，并且日益将两者结合起来。技术方面主要指用一定的技术措施来防止软件盗版和侵权，例如常用的软件加密、软件水印等技术，可行的法律途径主要有版权法保护、专利法保护、商业秘密法保护等模式。

1. 版权法保护模式

这是目前世界上对计算机软件最主要的保护方式。计算机软件自受到法律关注以来，就以其“作品性”极易满足而受到版权法的青睐。从版权法保护的客体和计算机软件的作品特性来看，用版权法来保护软件是必然的选择。

1）计算机软件的著作权客体特征

计算机软件能获得著作权的保护，正是因为其具有作品的特征。计算机软件主要包括文档和程序两部分。文档与传统的作品具有同样的属性，获得著作权的保护没有任何的争议。程序包括源程序和目标程序，源程序是字母、数字及符号按照特殊的计算机语言语法规则表达出来的，这与传统作品的表达也是非常类似的，对计算机专业人士来说也具有阅读价值，通过对源程序的阅读，可以理解计算机软件的设计思路，设计技巧；目标程序是由“0、1”代码组成的代码序列，这种代码序列只供计算机识别，对一般人包括大多数计算机专业人士来说不具有阅读价值，但通过特殊的计算机程序工具和逆向工程也可以将其翻译成源程序，从而达到对目标程序的间接阅读。因此，程序也具有传统文字作品的阅读价值。基于以上两点,软件获得著作权保护是合理的。

2）版权法保护软件知识产权的优点

（1）手续简单。一般来说作品一经产生,法律就会自动承认权利人就该作品所享有的权利,无须审批,至多要求登记注册即可。这一原则在知识产权协定 TRIPS 中得到进一步肯定,这使得版权保护的手续简单。

（2）容易获取。版权法对保护对象的要求较低,只要求具有原创性,即要求作品是自己创造的即可。这样几乎所有的软件只要是独立完成的,均可获得保护。

（3）具有最实质性的复制权。软件侵权最主要的表现形式是复制,虽然在互联网上复制的形式有多种,对网络环境下"复制"的解释尚无定论,但是软件权利人有权禁止他人未经允许进行任何形式的复制。

（4）不具有绝对的排他性。人们可以就相同主题发挥自己的创造力,创造者还可以借鉴别人的创作思想,有利于技术的进步。

（5）版权保护申请和维护费用较低。不会因为获取知识产权保护权利而增加过多的经济负担,有利于促进权利人进行知识产权的开发。

3）版权法保护软件知识产权的缺陷

（1）计算机软件的算法和设计思路等核心价值得不到保护。版权法对计算机软件知识产权保护的最大缺陷表现在版权法保护作品时遵守的"思想/表达二分法"。计算机软件著作权只能针对软件的非法复制,不能防止对软件创造性设计思想的盗用。软件的算法和软件开发者的创造性思路对于软件解决具体问题具有基础性的、至关重要的作用,是计算机软件需要保护的重点,但著作权法对此无能为力,思路是属于思想领域的东西,不归于版权法保护,否则会导致思想垄断。我国的《计算机软件保护条例》第七条明确规定,"本条例对软件的保护不能扩大到开发软件所用的思想、概念、发现、原理、算法、处理过程和运行方法。"此外,在适用版权法的时候,如何区分思想和表达成为一个难题,因为计算机软件之所以被设计出来,就是为了完成一定的任务,它的思想混合在表达形式之中,二者往往相互交叉渗透,难以区分。

（2）著作权的保护期过长,不利于软件技术的发展。著作权的保护期限为

50 年,软件著作权保护期限也不例外。但是计算机技术是日新月异飞速发展的技术,计算机软件在市场的存活时间一般不会超过十年,过长的保护期限,使得软件在市场上发挥经济价值之后仍然被封锁,极大地阻碍了软件技术的交流和进步。

2. 专利法保护模式

由于长期以来,认为软件属于思维步骤或运算规则和方法,不在授予专利的范围,因此未能受到专利法的保护。开始利用专利法来保护软件知识产权,是计算机软件的技术性和实用性在商业活动中被大幅度认可后发生的。

我国专利法规定,对智力活动的规则和方法不授予专利权;专利法实施细则指出,专利法所称的发明是指对产品、方法或其改进所提出的新的技术方案。但是如果计算机程序属于一项发明的组成部分,该计算机程序不仅仅涉及数学算法或数学方法,而且涉及了某种技术概念,即该计算机程序与某一技术领域相关、至少涉及了一个技术问题并且还能够产生一定的技术效果,那么这种发明中所涉及的计算机程序,称之为具有技术性的计算机程序,是可以属于专利保护的范畴的。

1) 计算机软件的可专利性

(1) 软件技术方案具有创造性。数学公式是自然法则,专利法不对自然法则授予专利,以免造成对自然法则的垄断。计算机软件的算法包含采用编程语言对数学公式的精心选择、编排和组织,例如算法程序采用语言实现的逻辑结构,它是计算机软件创造性的体现,也是某个计算机软件相对于其他计算机软件的创新之处。此外,计算机程序不只是涉及数学公式,也涉及了数据库技术、网络通信技术、软件工程技术等。因此,对计算机软件给予专利保护实际上保护的是一种技术方案,并不是程序中的数学公式等自然规律和科学原理。

(2) 计算机软件具有实用性和技术性。实用性是获得发明与实用新型专利权的三个实质条件的第一个实质条件,也是必要条件。计算机软件开发完成之后,不仅仅是停留在代码的状态,而是通过计算机硬件对其运行,解决某方面的实际问题,比如进行数值计算、可视化等。计算机软件不是一种理论,而是能够在实践中实施的,是有实际用途的,具有实用性。此外,实用性的基本要求是要有技术性,其对技术问题的解决方案能产生技术效果,由此发明和实用新型才能在产业中应用。计算机软件的工作过程实质是通过计算机指令传达电磁信号,控制硬件设施来完成各个领域的技术任务。因此计算机软件的工作过程利用了自然规律,也改造了自然,利用技术手段解决了技术问题。

2) 专利保护软件知识产权的优点

(1) 可保护核心技术。专利法可以保护软件产品最核心的技术构思,弥补了版权法只保护表达、不保护思想创意的不足。

(2) 可行性强。专利权的保护范围比较明确,以权利要求书为准,较易于进行侵权判定,避免了软件版权侵权判定中思想和表达分界的模糊性。

(3) 有利于软件技术推广。获得专利的软件产品需要公开全部的技术方案,包括软件流程图等核心部分,有利于促进软件技术的进一步发展,使软件产品的社会效益最大程度地得以发挥和实现。此外,专利法的法定保护期限要短于版权法的保护期限。软件产品的更新换代速度很快,缩短保护的期限,有利于从整体上推动软件技术的发展。

3) 专利法保护软件知识产权的缺陷

(1) 专利法的规则要求一个发明要取得专利,必须具有三性:实用性、新颖性、创造性,要求较高,不是所有的软件都能得到专利保护。

(2) 软件专利审查对技术性的要求比较高,在软件领域存在很多领先技术,但由于软件技术的复杂性,专业人员很难及时对其跟踪和掌握并纳入检索范围,使得专利审查员在对软件的新颖性和创造性进行判断时存在困难。

(3) 缺乏可依据的计算机软件技术进步判断标准。专利法对发明的创造性和新颖性的要求很高,发明必须有突出的实质性特点和显著的进步。而软件的更新速度很快,产品的代际差异不明显。对于计算机软件的更新和升级,有时是针对一些细节的改进,属于量的进步,而不是质的改变,发明的“突出的实质性特点和显著的进步”体现的不明显,缺乏可操作的评价质变的标准。

(4) 专利的审批程序较为严格,周期较长,不适宜于计算机软件更新快的特点。

3. 商业秘密法保护模式

在运用版权法和专利法保护计算机软件之前，软件所有者大多是通过商业秘密的有关规定来保护他们的软件权利的。

1）计算机软件商业秘密的法律基础

用商业秘密的有关规定保护计算机软件有良好的法律基础。《反不正当竞争法示范条款》与TRIPS第39条第2款都规定，“秘密信息”可以包括计算机软件。根据我国《反不正当竞争法》《关于办理科技活动中经济犯罪案件的意见》等相关规定，“技术秘密”也包括计算机软件。

2）商业秘密法保护软件知识产权的优点

（1）商业秘密的保护制度保护的是软件权利人未公开的技术秘密，它既不像专利法一样要求将技术公开，也不要求履行专利法所规定的申请、登记。在此期间，软件权利人可以自愿选择是否通过合同、雇佣、业务等关系将技术秘密传授给他人，这有利于软件权利人在保持技术秘密垄断的同时，获取经济效益。

（2）商业秘密法可保护的软件产品范围较广。发生企业人员流动时，软件开发人员有可能使用原单位的软件思想来编写一套“表达形式”不同，功能却相同的软件，这通过版权法是无法判定侵权的；此外，软件开发通常需要一个周期，未开发完成的软件是无法受到版权法和专利法的保护的。这些情况下，只有将它认定为商业秘密，才能赋予软件所有权人保护自己的软件的权利。

（3）商业秘密法保护软件较为方便，无须履行复杂的手续。在商业秘密领域内，只要是不为公众所知悉，能为权利人带来经济利益，具有实用性并经权利人采取保密措施的技术信息和经营信息就属于商业秘密，就可以得到法律的保护。

3）商业秘密法保护软件知识产权的缺陷

（1）软件的技术秘密存在被披露的风险。披露之后的信息将丧失商业秘密的保护，特别是这种披露来自于合法的反向工程时，信息的泄露也不能获得任何补偿。

（2）不利于软件技术推广。软件开发商将软件的技术保密而不公开将不利于软件标准的统一，各个公司开发的软件将难以兼容，也不利于软件程序开发学习人员、从业人员之间的相互学习，不利于整个社会软件技术的发展。

从以上的分析可见，现有主要的计算机软件法律保护有关规定都存在各自的优点和缺点，因此，在具体实践中需要明确保护软件知识产权的目标，综合运用法律保护软件知识产权。

8.4　指挥控制软件知识产权

8.4.1　指挥控制软件知识产权的内涵和特点

指挥控制软件是在指挥控制软件全寿命周期使用软件工程进行质量管理的产品，是建立在知识、经验和智慧基础上的具有独创性的产物，其研制过程相当复杂，把知识和技术转化成了信息产品，使用程序语言表达了特定的逻辑思维，凝聚了各类人员的高强度创造性劳动，可以申请软件著作权，对于软件及文档中附着的方法、算法等符合专利要求的内容，还可以申请专利。

与普通软件相比，指挥控制软件知识产权拥有其特殊性：

(1) 国防目的性。普通软件的知识产权为了调整知识劳动成果发明者和使用者在社会经济生活中的利益关系，必须明确知识劳动成果的权利与归属，带有权益倾向；而用于军事领域的指挥控制软件知识产权则不同，国防知识产权的目的是要明确国家和军队对知识产权的所有权，以便于更好地利用这些知识产权为国防建设服务。因此，指挥控制软件知识产权带有很强烈的国防目的性。

(2) 严格保密性。普通软件的知识产权具有很大程度的公开性，而国防知识产权主要用于国防目的，为了国家安全的需要，军队通常需要对某些知识产权进行独占，以保证其战斗力。因此，绝大部分的指挥控制软件知识产权都处于高度机密或半秘密状态。

(3) 军民兼用性。虽然指挥控制软件知识产权是在国防科研活动中产生的，但是作为人类的知识劳动成果，其本身就具有多项职能，存在军民两用的性质。

(4) 知识产权主体的国有性。指挥控制软件的研制投资方绝大多数是国家或军队，其职能及从事的事业决定了绝大部分的知识产权，尤其是最尖端的指挥控制软件成果只能由军队和国家所占有。而普通软件的知识产权主体是多种多样的，既可以是国家，也可以是个人。

(5) 成果的先进性。指挥控制软件担负国防安全的特殊使命，因此，在研制过程中投入了大量的人力、物力和财力。这种竞争机制的形成是刺激指挥控制软件知识产权不断发展进步的强大动力，使得最先进的知识成果常常在指挥控制软件中最先被发明并应用。

8.4.2 指挥控制软件知识产权的管理办法

为持续提升军事领域指挥控制软件的科研能力和技术成果的先进性，需要加大指挥控制软件知识产权的开发、推广和引进，特别是在军民融合大发展战略中，主动地走出并加大引进力度，是保持指挥控制软件成果先进性的关键。

(1) 开发知识产权。首先，要在国防知识产权开发的大环境下，在指挥控制软件全寿命周期加强指挥控制软件的知识产权开发保护意识。要与科技成果鉴定和奖励制度一样，形成相应的知识保护氛围，建立相应的知识产权保护机构，明确知识产权的归属与利益分配相关规定，加强相关知识的宣传教育，构建关联机制，提高保护意识。通过宣传和培训转变观念、提高认识，强化知识产权宣传和人才队伍建设。建立合理有效的国防知识产权关联机制，将国防知识产权与相关企业、科研院所的业绩，与科研人员的晋升、考评和待遇相关联，以此激起企业、科研院所和科研人员进行知识产权申请和保护的热情，进而提高国防知识产权的保护意识。第二，要针对指挥控制软件研制过程中知识产权形成的特点，细化知识产权申请和保护的具体措施。特别是明确投资方、研制方、需求方等在知识产权中的权益分配，在配置管理中就按照确定的权益分配机制实现对代码、软件和文档的管控。第三，要落实相关制度，按照明确的流程申请知识产权。这是指挥控制软件知识产权保护实践的第一步，主要是针对软件著作权和专利不会自动获取等特点，主动按照相关领域计算机软件著作权登记办法完成指挥控制软件著作权登记，主动申请专利，摆脱知识产权的赤贫状态，成为知识产权保护的受益者，成为指挥控制软件知识产权保护环境的守卫者。

（2）推广知识产权。知识产权保护的目的就是鼓励个体科技创新的激情，提高整体的科学技术水平。指挥控制软件知识产权承载的是本领域具有实用性、创新性、新颖性的技术方法。因此，需在遵循保密要求的前提下，对其进行推广和应用，提高本领域的整体技术水平。特别是结合指挥控制信息系统立项论证工作，在指挥控制软件设计和技术选型的时候，加强知识产权的示范引导，促进先进技术的应用。此外，需要遵照《国防专利条例》《中华人民共和国促进科技成果转化法》等相关知识产权法律，设立专门的机构，由专人负责，对现有指挥控制软件相关知识产权进行分类梳理，可按照技术、时间、组织、专利权人、适用范围、知识产权类别、处理方式、用途等分类，编制指挥控制软件知识产权现状分析报告，建立通报机制，发布内部通报，设立交流渠道，确保最先进的技术优先使用于本领域，适应国防现代化建设的需要。当然，在指挥控制软件的推广使用过程中，由于软件的零成本复制特点，往往容易被忽略掉知识产权，需要加强附着在其上的知识产权，如软件著作权的保护。此外，由于指挥控制软件的组织运用通常由用户方组织实施，作为主要研制单位，由于保密原因难以或不能获悉使用情况，不能获悉可能的侵权使用行为。因此，在知识产权开发的时候必须考虑这一特殊性。当涉及军贸时，研制方更应考虑使用软件水印、代码模糊和防篡改技术等来保护所拥有的知识产权。

（3）引进知识产权。在推广指挥控制软件知识产权的同时也需要积极引进，引进范围既包括本国指挥控制领域同行，也包括通信、情报、武器平台等领域和民用领域以及外军。引进先进技术，推动知识产权工作与科研、生产和使用的融合，加强知识产权信息流通，加强各方开放共享，乃至从国家层面引导加快实施“走出去”战略，鼓励军工企业参与国际竞争和合作，推动先进武器装备军贸产品走向世界，在知识产权保护与使用之间形成良性互动，创立尊重知识产权的氛围和环境，加强国际合作，能够在更高的基础上不断进步，优化科研资源配置，能够促进更多、更新的技术为指挥控制信息系统建设所用，是持续保持其先进性的关键。

参考文献

[1] 孙天祥,谢江鸣. 军用装备软件定价方法思考[J]. 空军装备,2016,(8).
[2] 杨涛,韩朋林. 军事装备专用软件产品定价研究[J]. 装备经济管理,2009,2.
[3] 周继广,王豪,李文钦. 军用软件定价问题分析[J]. 海军装备维修,2014,4.
[4] 聂静涛,张海涛. 军品软件定价方法研究[J]. 航空科学技术,2015,5(26).
[5] 张剑. 基于功能点分析法开展软件规模度量研究[J]. 海军装备,2015,3.
[6] 王颖,柳小军,郭继光. 基于功能点的软件度量在项目管理中的应用[J]. 中国电子科学研究院学报,2013,2.
[7] 周汉兵,关听,马力. 功能点度量在软件开发中的应用[J]. 计算机工程与设计,2016,2.
[8] 喻涛,刘俊杰,王君. 复杂信息系统软件成本[J]. 指挥信息系统与技术,2012,8.
[9] 沈海波,洪帆. 保护软件知识产权的三利器[J]. 计算机与现代化,2005,(4).
[10] 庞博文,白海威. 对我国国防知识产权保护的几点思考[J]. 装备指挥技术学院学报,2010,(21).
[11] 王瑞华,贾继峰. 对我国限制知识产权滥用问题的思考[J]. 北京电子科技学院学报,2006,(14).
[12] 朱翔华,王益谊. 发达国家标准与知识产权结合现状及启示[J]. 信息技术与标准化,2009,(1).
[13] 韩祥斌,刘川. 基于构件的应用集成中间件平台设计与实现[J]. 计算机科学,2004,(31).
[14] 赵志刚,朱晓丽,陈丽娟,李良. 面向服务的软件集成模型[J]. 计算机工程与应用,2008,(44).
[15] 樊云峰. 论计算机软件的知识产权保护[D]. 郑州大学,2007.
[16] 李金果. 我国计算机软件的知识产权保护制度探讨[D]. 西南大学,2010.
[17] 马加. 中国计算机软件知识产权保护立法问题研究[D]. 湖南师范大学,2011,11.
[18] 孙安斗. 计算机软件知识产权的国际保护研究[D]. 哈尔滨工业大学,2008.
[19] 张悦. 适度保护我国计算机软件知识产权研究[D]. 哈尔滨工业大学,2006.
[20] 董雪兵. 软件知识产权保护制度研究[D]. 浙江大学,2006.